Widmung

Für Tina, meine Frau, und Florian, unseren Sohn.
Für Karin und Hermann, meine Eltern.

Ich danke euch für all die Unterstützung!

Martin Sernko

Verändere die Wirklichkeit

… und sie machen, was DU willst!

BusinessVillage

Martin Sernko
Verändere die Wirklichkeit
... und sie machen, was DU willst!
1. Auflage 2013
© BusinessVillage GmbH, Göttingen

Bestellnummern
ISBN 978-3-86980-232-9 (Druckausgabe)
ISBN 978-3-86980-233-6 (E-Book, PDF)

Direktbezug www.BusinessVillage.de/bl/893

Bezugs- und Verlagsanschrift
BusinessVillage GmbH
Reinhäuser Landstraße 22
37083 Göttingen
Telefon: +49 (0)5 51 20 99-1 00
Fax: +49 (0)5 51 20 99-1 05
E-Mail: info@businessvillage.de
Web: www.businessvillage.de

Vorlektorat
Mag. Doris Lasser, www.dl-translations.com

Layout und Satz
Sabine Kempke

Foto des Autors
Sonja Rabitsch, www.fotobaldur.at

Illustrationen im Buch
Mike Fitsch, www.mikefitsch.com

Druck und Bindung
www.booksfactory.de

Inhalt

Über den Autor

 Mag. Martin Sernko zählt zu den führenden Kommunikationsexperten Europas. Er ist seit zwanzig Jahren im Geschäft und entwickelt bis heute, gemeinsam mit seinen Mitarbeitern, Beratungs-, Trainings- und Coaching-Leistungen für rund zweihundert führende Konzerne, Firmen und Institutionen. Hierbei schult er persönlich Teilnehmer aus siebzehn Ländern. Absoluter Praxisbezug steht bei Martin Sernko seit jeher an erster Stelle. Bekannt für seinen eigenen, unverwechselbaren Stil – geprägt von hoher Dynamik, Innovation und Motivation –, steht der Autor dafür, Altbekanntes stets kritisch zu durchleuchten sowie gänzlich neue Ansätze und Techniken zu entwickeln. Martin Sernko ist Erfinder des ›Elements of Excellence®‹-Trainings- und Mitarbeiterentwicklungsansatzes sowie verschiedener bekannter Trainingsformate.

Kontakt:
Internet: www.sernko.at
E-Mail: martin@sernko.at

Vorwort

»Alice fing an sich zu langweilen; sie saß schon lange bei ihrer Schwester am Ufer und hatte nichts zu tun. Das Buch, das ihre Schwester las, gefiel ihr nicht, denn es waren weder Bilder noch Gespräche darin. ›Und was nützen Bücher‹, dachte Alice, ›ohne Bilder und Gespräche?‹« [1]

In diesem Sinne wünsche ich dir viel Spaß und zahlreiche, spannende Momente mit diesem ganz speziellen Buch: Ein Buch, das Bilder in deinem und den Köpfen anderer entstehen lässt. Ein Buch, das dir Hunderte Beispiele für die rasche Beeinflussung von Gesprächen gibt. Ein Buch, das dir die Türe zum Wunderland der angewandten Kommunikation weit öffnet!

»Der Eingang zum Kaninchenbau lief erst geradeaus, wie ein Tunnel, und ging dann plötzlich abwärts. Ehe Alice noch den Gedanken fassen konnte, sich schnell festzuhalten, fühlte sie schon, dass sie fiel. Wie es schien, in einen tiefen, tiefen Brunnen. Entweder musste der Brunnen sehr tief sein, oder sie fiel sehr langsam, denn sie hatte Zeit genug, sich beim Fallen umzusehen und sich zu wundern, was nun wohl geschehen würde.« [2]

Betritt also nun, gemeinsam mit mir, den geheimen Kaninchenbau beeinflussender Kommunikation. Lass dich immer tiefer fallen, aber ohne Eile. Schau dich in aller Ruhe um und verändere – so wie Alice – Schritt für Schritt deine Wirklichkeit!

Martin Sernko, Graz, 2013

1.
DAS ZIEL – Wie du deine Wirklichkeit veränderst

1.1 Von Konstruktivismus, Quantenphysik und Kommunikation

Graz, 1991. Ich besuche die siebente Klasse des Realgymnasiums. Seit diesem Jahr steht das Thema ›Philosophie und Psychologie‹ auf dem Lehrplan. Eines Tages beginnt unser Lehrer die Stunde mit folgenden Worten: »Heute beschäftigen wir uns mit dem Konstruktivismus beziehungsweise dem radikalen Konstruktivismus. Ein solches Weltbild geht davon aus, dass es so etwas wie eine Wirklichkeit nicht gibt.« *Plötzlich sind wir wach. Sämtliche Augenpaare wandern nach und nach Richtung Lehrerpult. Er fährt fort:* »Ihr, ich, jeder Mensch erschafft sich seine eigene Realität – konstruiert sie sich also aus Informationen, die er über seine Sinnesorgane erhält. Ein Beispiel: Denkt an den großen Baum auf dem Schulhof. Obwohl ihr ihn seht und anfassen könnt, heißt das noch lange nicht, dass er auch wirklich existiert. Das birgt in sich generell kein Problem, solange sich die meisten Personen darüber einig sind, dass dieser Baum da steht.« *Eine lebhafte Diskussion beginnt. Kernpunkt: Die Klasse hält ein solches Weltbild für alles Mögliche, nur für eines sicher nicht: glaubhaft! Hämische Fragen, ob unser Lehrer wirklich existiert, oder nur von uns gesehen wird, da uns gesagt wurde, dass er real ist, runden die Unterrichtsstunde ab.*

Heute, viele Jahre später, betrachte ich diese Theorie und die gut gemeinten Versuche unseres Lehrers, seine Schüler für diese zu erwärmen, mit anderen Augen. Die Quantenphysik zeigt, dass unser klassisches Wissen über Materie und Wirklichkeit alles andere als absolut ist. Forschungsergebnisse verschiedenster Nobelpreisträger, die sich mit Quantentheorie auseinandersetzen, bringen philosophische Konsequenzen zutage, die auf den ersten Blick ungeheuerlich erscheinen:

Die Wirklichkeit ist für uns Menschen nicht erkennbar. Sie ist unsere Erfindung.

Objektivität ist eine Illusion. Sie beruht auf dem falschen Glauben, dass Beobachtungen ohne einen Beobachter gemacht werden können.

Jeder erschafft sich seine eigene Wirklichkeit, überzeugt davon, dass diese die einzig echte ist. Wir erzeugen Wirklichkeit im wahrsten Sinne des Wortes dadurch, dass wir sie ›leben‹.

Nun bin ich weder ein bekannter Philosoph noch ein begnadeter Physiker. Einigen wir uns deswegen vorerst gerne darauf, dass ein Baum, den wir beide sehen, auch existiert. Lassen wir zusätzlich physikalische Teilchenexperimente aller Art beiseite. Trotzdem versichere ich dir Folgendes: Alle drei oben genannten Punkte sind wahr! Es ist für mich immer wieder faszinierend zu erleben, dass wir Menschen tatsächlich in verschiedenen Wirklichkeiten leben. Und diese entstehen schlicht und einfach durch Kommunikation! Wie stellt schon Paul Watzlawick, der weltbekannte Kommunikationswissenschaftler, Psychotherapeut und Autor in seinem Buch *Wie wirklich ist die Wirklichkeit?* so treffend fest: »Die sogenannte Wirklichkeit ist das Ergebnis von Kommunikation. Der Glaube, dass es nur eine Wirklichkeit gibt, ist eine gefährliche Selbsttäuschung. Es gibt vielmehr zahllose Wirklichkeitsauffassungen, die sehr widersprüchlich sein können, die alle das Ergebnis von Kommunikation sind und nicht der Widerschein ewiger, objektiver Wahrheiten.«[3] Und das wiederum bedeutet, dass du deine und die Wirklichkeit anderer jederzeit beeinflussen und zu deinen Gunsten verändern kannst! – und zwar unbemerkt, durch kommunikative Techniken und Instrumente. Oder, um ein weiteres Zitat von Watzlawick zu gebrauchen: »Ich bin frei, denn ich bin einer Wirklichkeit nicht ausgeliefert, ich kann sie gestalten.«

1.2 Wirklichkeit und Teilwirklichkeiten – Steve Jobs lässt grüßen

Der Titel dieses Buchs lautet: *Verändere die Wirklichkeit*. Er hat sich angeboten, denn genau darum geht es: Die Veränderung von Wirklichkeiten durch beeinflussende, angewandte Kommunikation. Im Mittelpunkt steht hierbei natürlich zuerst einmal deine eigene Wirklichkeit. Lass uns deswegen gleich einmal festlegen, was ich darunter verstehe: Deine momentane Lebenssituation, die hiermit empfundene Zufriedenheit sowie deine private Einschätzung des Erfolgs. Mit anderen Worten: Wie gut geht es dir? Wie nimmst du dein Leben wahr? Wie glücklich bist du heute und jetzt? Dein Ziel ist es nun sicherlich, gleich jedem Menschen, deine derzeitige Situation, also die eigene Wirklichkeit, zu optimieren: mehr Erfolg, Glück, Zufriedenheit ... kurzum: Du willst, unabhängig davon, wie gut es dir heute geht, dein generelles Wohlbefinden so weit wie möglich steigern. Um ein solches Lebensziel zu erreichen und hiermit deine eigene tägliche Wirklichkeit zum Positiven zu verändern, braucht es als Erstes die Vermehrung verschiedener kleinerer Erfolge. Das ist der erste Schritt. Anschließend soll dein neu erreichter Zufriedenheits- und Erfolgslevel natürlich gehalten und weiter ausgebaut werden. Abhängig von deinen individuellen, privaten und beruflichen Herausforderungen und Tätigkeiten können die Bereiche, in denen sich dies abspielt, verschieden ausgeprägt sein: höhere Verkaufsabschlüsse, motiviertere Mitarbeiter, angenehmere Kunden, besseres Auskommen mit Kollegen, weniger Konflikte, überzeugendere Präsentationen, bessere Wirkung beim Flirten, weniger Streit in der Familie, glücklichere Beziehungen, einsichtigere Kinder und so weiter und so fort.

Die Wirklichkeit verändern

Zwei Wege, um solche gewünschten Veränderungen, in welchem Bereich auch immer, sicherlich auszuschließen, sind folgende: Der erste ist die beliebte Strategie zu warten und zu hoffen:

- *»Es wird schon besser!«*

- *»Da kommen schon klügere und gescheitere Kunden!«*
- *»Morgen sind die Kunden sicher einfacher!«*
- *»Die anderen sind demnächst bestimmt weniger streitsüchtig!«*
- *»Das nächste Publikum schätzt meine Präsentation!«*
- *»Nächstes Wochenende klappt das beim Flirten besser!«*
- *»In Zukunft komme ich besser mit meinem Bruder aus!«*
- *»Die Probleme mit dem Partner legen sich hoffentlich!«*

Mit einer solchen Einstellung ändert sich maximal Eines: Deine Wirklichkeit wird noch stressiger. Denn die einfache Wahrheit ist: Die anderen ändern sich sicherlich nicht, ohne dass du etwas dazu tust. Und die Hoffnung stirbt zwar bekanntlich zuletzt, aber leider auch mit dir. Der andere Weg, gar nichts zum Positiven zu verändern, ist, die Schuld bei anderen Personen oder Gegebenheiten zu suchen:

- *»Die anderen sind schuld!«*
- *»Die war so schwierig!«*
- *»Der hat nicht auf mich gehört, obwohl ich recht hatte!«*
- *»Wenn der vernünftig mit sich hätte reden lassen …«*
- *»Wenn die verstehen würden, was ich meine …«*
- *»Wenn ich ein besseres Produkt hätte …«*
- *»Wenn der Chef das und das so und so gemacht hätte …«*
- *»Wenn der anders wäre, als er ist …«*
- *»Wenn ich mehr Geld und Zeit hätte …«*
- *»Wenn ich solche Möglichkeiten hätte wie XY …«*
- *»Wenn das so gelaufen wäre, wie es sollte …«*

Auch auf diese Art verändert sich nichts. Dein Frust steigt, die gefühlte Hilflosigkeit nimmt zu. Alle anderen sind schuld! Stillstand im System. Der einzig wirklich zielführende Weg ist der proaktive. Du übernimmst die Verantwortung! Du änderst dein Verhalten! Du erlernst, festigst und benutzt die richtigen, entscheidenden Kommunikationstechniken! Du veränderst deine Wirklichkeit – Tag für Tag! Ob Erfolge letztendlich zahlreich und beständig eintreten, ist immer abhängig von deiner Fähigkeit, überzeugend zu kommunizieren und hierdurch andere Menschen zielorientiert zu beeinflussen. Berufliche und private Ergebnisse entstehen stets aufgrund vorangegangener Gespräche. Durch hohe Fertigkeiten auf diesem Gebiet veränderst du kontinuierlich den Ausgang von Gesprächen und erreichst hiermit gewünschte Ergebnisse und Reaktionen. Deine eigene Wirklichkeit verändert sich in die gewünschte Richtung!

Einer, der offensichtlich wusste, wie das geht, war Steve Jobs, der Erfinder und kürzlich verstorbene Chef von Apple. In seiner von Walter Isaacson geschriebenen Biografie kommt ein führender Apple-Entwickler zu Wort: *»Tribble erwiderte, Jobs akzeptiere keine Fakten, die ihm nicht passten. ›Am besten beschreibt man es mit einem Begriff aus Star Trek‹, erklärte er. ›Steve hat ein Reality Distortion Field.‹ Als Hertzfeld nachfragte, was er damit meinte, führte Tribble aus: ›In seiner Gegenwart wird die Wirklichkeit formbar. Er kann praktisch jeden von praktisch allem überzeugen. Wenn er nicht da ist, lässt der Effekt nach, aber realistische Zeitpläne haben kaum eine Chance dagegen.‹ Steve Jobs hatte also die Fähigkeit, die Wirklichkeit zu verändern. Darüber wurde in seiner Umgebung auch ganz offen gesprochen. Man entwickelte sogar Maßnahmen, wie man sich denn diesem ›gefährlichen‹ Kraftfeld entziehen könne.«* [4]

Beeindruckend, oder? Und die beste Nachricht des Tages: Was Steve Jobs konnte, kannst du auch! Auch ohne Chef eines Megakonzerns zu sein. Auch ohne dass versucht wird, Gegenmaßnahmen zu entwickeln. Du kannst die Wirklichkeit verändern, in jeder Lebenslage überzeugen, das Verhalten anderer beeinflussen und deine Ziele und Wünsche direkt und schnell erreichen. Der Schlüssel hierfür ist schlicht und einfach Kommunikation! Und wenn du dir die Anleitungen, Hilfestellungen und Techniken in diesem Buch zu Herzen nimmst, diese immer wieder übst und anwendest, dann schaffst du all das, und das ist der entscheidende Punkt, sogar ohne dass jemand deine ›magischen‹ Fähigkeiten bewusst erkennt. Deine Gesprächspartner reagieren in gewünschter Weise, ohne deine Beeinflussung zu bemerken.

2.
DAS WERKZEUG –
Was du zu Beeinflussung durch Kommunikation wissen solltest

● ●

2.1 Unwissenheit, Übertreibung, Geschäfte-macherei

Von 2001 bis 2007 lebe ich in Kroatien. Meine damalige Firma entwickelt verschiedenste Leistungen im Bereich der Personalentwicklung. Im zweiten Jahr meines Aufenthalts starten wir das erste landesweite, offen zugängliche Trainingsprogramm ›Training Days‹ mit der Kroatischen Wirtschaftskammer als Partner. Ich präsentiere meinem Team Ideen zu Trainingstiteln. Die Mitarbeiter überfliegen die Themen und beginnen gleichzeitig, die Stirn zu runzeln. »So können wir das nicht nennen! Manipulation und Beeinflussung dürfen nicht im Titel vorkommen.« Ich schaue sie fragend an und erwidere: »Wieso denn bitte nicht?!« »Das ist negativ besetzt. Das schreckt Leute ab, vor allem Firmenchefs. Und die Wirtschaftskammer wird hier ein Veto einlegen.« Und was soll ich sagen? Meine Mitarbeiter behalten in allen Punkten recht.

Auch in Mitteleuropa herrscht nach wie vor eine gewisse Skepsis, Wörter wie ›Beeinflussung‹ oder ›Manipulation‹ in einem Zug mit Kommunikationstrainings zu nennen. Dies gilt insbesondere bei firmeninternen Veranstaltungen. Man will ja keine falschen Eindrücke oder Anforderungen erwecken. Auch in der Presse, auf Internetseiten und bei Kundenstimmen zu gewissen Zugängen oder Büchern stolpert man immer wieder über ängstliche oder gar eindringlich warnende Stimmen. »Manipulation und Beeinflussung durch Kommunikation: Teufelswerk! Vorsicht! Gefährlich!« Ist das wirklich so? Erhältst du durch entsprechende Kurse oder ein Buch wie meines unethisches Wissen, das Furchtbares auslöst? Ich sage: »Nein!« Kein Gespräch kommt ohne beeinflussende oder manipulative Komponenten aus. Immer, wenn du mit jemanden redest, hast du ein gewisses Ziel und bemühst dich stets redlich deinen Wunsch bestmöglich zu präsentieren, um gewünschte Ergebnisse zu erreichen. Wäre es anders, bräuchten wir ja gar nicht mehr mit anderen Menschen zu sprechen. Das Erlernen von kommunikativen Techniken erlaubt es dir, Inhalte überzeugender auszudrücken und gewünschte Reaktionen schneller und einfacher zu erhalten. Du vergrößerst deine Kommunikationsmöglichkeiten und erhöhst somit deine Erfolgschancen. Training hin, Buch her – ich bin mir sicher, kein Mensch regt sich darüber auf, wenn jemand besser mit seinen Nachbarn auskommt, besser verkauft als Kollegen oder seine Kinder schneller dazu bekommt, ihre Hausaufgaben zu erledigen. Und wie schaffen diese Menschen das? Verfügen sie über magische Fähigkeiten? Natürlich nicht! Der Schlüssel für solche außerordentliche Leistungen ist Kommunikationsfertigkeit. Die Fähigkeit, besser als andere zu überzeugen und somit seine eigene Wirklichkeit erfolgreich zu gestalten, ist nichts Verwerfliches. Im Gegenteil! Es ist das Grundrecht jedes Menschen, Fähigkeiten und Fertigkeiten jeder Art zu erlernen und zu verbessern. Und das gilt natürlich auch für die Kommunikation. Es ist ja auch nicht asozial, Vorteile aus besseren Fremdsprachenkenntnissen zu ziehen, einen besseren Job aufgrund herausragender Computerkenntnisse zu erhalten oder durch besondere Kochkünste mehr Glück beim anderen Geschlecht zu haben.

Hauptsache es verkauft sich gut

Natürlich ist die Kommunikationsindustrie nicht ganz schuldlos an der teils ›ver-rückten‹ Ansicht warnender Mitmenschen. Anbieter wissen ganz genau, dass Worte wie ›Manipulation‹ und ›Beeinflussung‹ großes Interesse wecken. Wer wünscht sich insgeheim nicht, mit möglichst geringem Aufwand Dinge zu seinen Gunsten verändern zu können? Was hierbei allerdings oft vergessen wird, ist die Tatsache, dass das Erlernen von kommunikativen Fähigkeiten nicht mit mystischer Bewusstseins- und Verhaltenssteuerung gleichzusetzen ist. Gesprächspartner werden weder zu willenlosen Objekten noch schalten sie innerhalb von Sekunden ihren gesunden Menschenverstand aus. Auch einzelne reißerische Buchtitel suggerieren gerne Allmachtsfantasien, die das Thema ›Beeinflussende Kommunikation‹ in einer Weise darstellen, die schlichtweg nicht der Wahrheit entspricht. Ich persönlich warte ja nur noch auf Buchtitel wie *Todeskommunikation für jedermann*, *Ultrarabenschwarze Zerstörungsrhetorik* oder *Wie man andere durch Körpersprache zu Zombies macht – Ein Voodoopriester packt aus*.

2.2 Ich bin ein Mentalist – Holt mich hier raus!

Die Inhalte zahlreicher Bücher zum Thema ›Beeinflussung durch Kommunikation‹ stellen sich leider als ziemlich bieder heraus und erzeugen bei Lesern verärgerte Reaktionen. Dies wundert auch nicht weiter, wenn Titel die Fähigkeit des Gedankenlesens und Ähnliches versprechen und anschließend entweder gar keine anwendbaren Tipps und Tricks verraten oder Anleitungen preisgeben, die gelinde gesagt ungläubiges Kopfschütteln hervorrufen. Beispiel gefällig? Benutze, um andere zu verblüffen, Feststellungen wie »Ihr Auto ist blau«, »Deine Armbanduhr war ein Geschenk« oder »Sie wohnen an einer Adresse, die eine ›2‹ enthält« Dies trifft dann angeblich in den meisten Fällen zu. Tja, ich spreche jetzt einmal nur von mir: In meinem Fall trifft keine der Aussagen zu, aber dieser ›kommunikative‹ Trick eignet sich sicherlich ganz gut für meinen zwölfjährigen Sohn, um bei einem Kindergeburtstag hin und wieder jemanden zu verblüffen.

Der unglaubliche Mister Brown

»Kennst du die englische Serie ›The Heist‹ mit diesem Derren Brown?«, fragt mich vor zwei Jahren ein Trainingsteilnehmer ganz aufgeregt. »Da hat er ganz normale Menschen aus dem mittleren Management innerhalb von nur zwei Wochen dazu bekommen, einen Geldtransporter zu überfallen. Und das alles, ohne dies auch nur einmal zu erwähnen, nur durch kommunikative Manipulation!« Ich kenne Derren Brown. Er ist ein britischer Zauberer, Mentalist und Autor, der in seinen beliebten Fernsehsendungen allerhand Tricks vorführt. Was ihn über andere Mentalisten stellt, ist, dass es ihm ein großes Anliegen ist, stets klipp und klar darauf hinzuweisen, dass alles, was er tut, in keinster Weise paranormal ist und dass Menschen mit scheinbar übernatürlichen Kräften sich ebenfalls ausschließlich der Psychologie bedienen. Die besagte Serie kenne ich allerdings nicht. Also sehe ich sie mir an, um zu erleben, wie Herr Brown diese unglaublich klingende Manipulation zustande bringt.

Vorweg: Es ist bei solchen Formaten in Wirklichkeit unmöglich zu sagen, ob das Ganze real oder gestellt ist. Nehmen wir trotzdem einmal im Sinne von Derren Brown an, es handelte sich um eine realistische Dokumentation. Schafft er es wirklich, andere nur durch Sprache so zu steuern, dass sie zu Schwerverbrechern werden? Natürlich nicht! Kein Mensch lässt sich durch ein paar Worte und Techniken derart beeinflussen. Sonst bräuchte ja jeder, der sich im Bereich der beeinflussenden Kommunikation auskennt, einen Waffenschein und dieses und ähnliche Bücher stünden auf dem Index des Verfassungsschutzes.

In Wirklichkeit benutzt Derren Brown ein Szenario, das im realen Leben nicht durchführbar ist. Er kaserniert zwölf ahnungslose Freiwillige auf einem Schloss ein und führt als Tarnung ein Seminar zum Thema Beeinflussung durch. Vergiss an dieser Stelle nicht, dass er in England eine Berühmtheit ist und die Anwesenden ihn als absolute Autoritätsperson sehen. Das macht sie schon einmal manipulierbarer. Zusätzlich wird alles gefilmt, und wer will im Fernsehen schon als stur und schwierig dastehen, wenn es um Anweisungen und Übungen geht? Im Mittelpunkt von Derren Browns Tun steht die Auswahl. Durch Übungen findet er heraus, welche der Teilnehmer sich leicht beeinflussen lassen. Die weniger gut steuerbaren Teilnehmer siebt er nach und nach aus. Während der vierzehn Tage benutzt er immer wieder unterschwellige Aussagen, die den Ausgewählten suggerieren, dass sie Regeln brechen müssen, um erfolgreich zu sein. Auch lässt Derren Brown seine Schäfchen Mutproben und Tests bestehen, in denen es zum Beispiel darum geht, in einem Supermarkt einen Schokoriegel zu stehlen. Zur Abrundung nützt er in schier unglaublichem Maß sogenannte Anker, wie die Farbe Grün, ein bestimmtes aufputschendes Lied oder angebliche Verstärkungsrituale, die einen unverwundbar machen. Er geht sogar so weit, wohl wissend, dass seine Teilnehmer schon bald alles glauben, was er ihnen sagt, spezielle Energietechniken vorzustellen, durch die man in der Lage sei, andere Personen innerhalb von Sekunden wehrlos zu machen. Die wirken zwar nicht, aber die teilnehmenden Manager glauben es – und nur das zählt.

Nach zwei Wochen Dauerberieselung und Gehirnwäsche werden die verbliebenen Probanden zu einer großen Abschlussprüfung geschickt, natürlich ohne zu wissen, worum es geht. Noch ein bisschen Motivation hier, ein bisschen liebevoller Druck da und schon geht es in einen bestimmten Londoner Stadtteil. Dieser ist natürlich abgesperrt. Versteckte Kameras nehmen alles auf. Eine menschenleere Straße, ein grüner Geldtransporter, noch mehr Grün an jeder Ecke, das motivierende Lied erschallt aus einem vorbeifahrenden Auto, ein ungeschickter Wachmann, und sogar die in einer Übung der letzten Woche benötigte Spielzeugpistole muss auf Anweisung eingesteckt sein. Und siehe da: Drei von vier Prüflingen überfallen dann doch wirklich den armen Wachmann, der ganz alleine seine Geldkoffer schleppt.

Ist das Beeinflussung durch angewandte Kommunikation? Na ja, sagen wir doch eher psychologische Gehirnwäsche und der Aufbau von Druck in einer komplett realitätsfremden Umgebung. Fazit: Obwohl gut gemacht, hat diese ›Dokumentation‹ nichts mit angewandter Beeinflussungskommunikation zu tun, außer du bist ein bekannter Fernsehstar.

2.3 Ich nenn's dann einfach mal Rhetorik

Kennst du das Buch *Verbotene Rhetorik: Die Kunst der skrupellosen Manipulation* von Gloria Beck? Der erste fahle Nachgeschmack kommt auf, wenn einem bewusst wird, dass das Buch gar nichts mit Rhetorik zu tun hat. Vielmehr gibt die Autorin angebliche Mobbing-Techniken preis, die helfen sollen, ausgesuchte Kollegen beziehungsweise Opfer möglichst effektiv fertigzumachen. Die Autorin beschreibt in ihrem Buch auch, was einen wahren Meister skrupelloser Manipulation im Sinne des Titels auszeichnet:

- Aggressionen fördern
- Arglosigkeit ausnutzen
- Gleichgültigkeit angesichts des Leides anderer

- hinterlistig vorgehen
- lügen
- Vertrauen missbrauchen, Zuneigung vortäuschen
- respektloses Umgehen des freien Willens
- Gewaltbereitschaft herstellen
- Menschen als willenlose Werkzeuge einsetzen
- Freude am Leid anderer
- mögliche Strafbarkeit des Verhaltens in Kauf nehmen

Die meisten Techniken entbehren nicht einer gewissen Komik. So beschreibt sie beispielsweise die ›Aberglauben-Technik‹, die dazu dient, vorhandenen Aberglauben zu nutzen oder selbigen entstehen zu lassen, um ausgewählte Opfer unsicher zu machen. Wirklich ›spannend‹ wird es dann aber bei Kapiteln wie der ›Sündenbock-Technik‹. Anbei zwei Textpassagen im Originallaut:

»Kennzeichen eines guten Sündenbocks … Unbeliebt, weil sie zu dick oder zu dünn sind, zu hässlich oder zu gut aussehend, zu ungewaschen oder zu parfümiert – kurz, weil sie von der Norm abweichen. [...]

Diese Personen sind relativ gefahrlos als Sündenböcke zu gebrauchen. Bedenken Sie aber den zeitlichen Aspekt. Die meisten Sündenböcke (Werkzeuge) halten dem Druck (Mobbing) der Gruppe (Ihrer Zielpersonen) nicht stand und erleiden psychische und physische Schäden. Nach Schätzungen von Wissenschaftlern in Schweden stehen zehn bis zwanzig Prozent aller Suizide mit Mobbing im Zusammenhang. Da heißt es, die Situation rasch zu nutzen. Denn sonst wäre ihr Sündenbock möglicherweise gar nicht mehr für Sie verfügbar.« [5]

Ich weiß ja nicht, wie es dir beim Lesen solcher Anleitungen geht. Mir dreht sich auf jeden Fall der Magen um. Solche Techniken haben nichts, aber auch gar nichts mit der hohen Kunst beeinflussender Kommunikation zu tun!

2.4 Von Kommunikation und Messern

Wahre beeinflussende Kommunikation ermöglicht es dir, Gespräche zu steuern und das Verhalten deines Gegenübers zu verändern. Besser und überzeugender zu kommunizieren ist dein Recht! Es ist nicht nur dein Recht, sondern in einer immer komplexer werdenden Welt eine absolute Notwendigkeit, um beruflich und privat Erfolg zu haben. Egal ob als Führungskraft, Geschäftsmann, Vortragender, Partner oder Elternteil: Ziele schneller zu erreichen, höheres Verständnis zu erlangen und sich die Unterstützung anderer zu sichern ist für die Erhöhung der eigenen und gemeinsamen Lebensqualität unabdingbar.

Merke dir aber: Beeinflussungskommunikation funktioniert immer dann am besten, wenn deine Absichten positiv sind. Vorsätzliche Manipulation, deren Ziel es ist, anderen zu schaden, geht immer nach hinten los. Manchmal sofort, da dein Gesprächspartner dein Ansinnen bemerkt, manchmal erst später, wenn er erkennt, dass er von dir zu etwas verleitet wurde, das ihm geschadet hat, und dass dies von dir rücksichtslos in Kauf genommen wurde. Alle Techniken in diesem Buch verfügen über große Macht. Dies bedeutet auch Verantwortung im Umgang mit ihnen. Das ist das Gleiche wie ein Set von Küchenmessern. Diese kannst du legal erwerben und benutzen. Logisch, denn sie helfen dir ja in der Küche und niemand, der bei Verstand ist, entsorgt all seine Küchenmesser im Müll, nur weil sie scharf sind. Setzt du sie allerdings so ein, dass andere verletzt werden, so hast du mit Konsequenzen zu rechnen – sei es eine Gerichtsverhandlung oder auch Gefängnis. Auch der rücksichtslose Einsatz von Kommunikationstechniken zum Schaden anderer zieht Konsequenzen nach sich: Misserfolg, verärgerte Mitmenschen und einen schlechten Ruf. Wie heißt es so schön? »Alles im Leben kommt zurück!«

3.
DER WEG –
Wie du zum erfolgreichen
Wirklichkeitsveränderer wirst

3.1 Der geladene Mensch

Wie erlangst du außerordentliche Kommunikationsfähigkeiten? Wie stellst du sicher, dass dieses Buch bei dir gewünschte Veränderungen auslöst und du beständigen Erfolg in sämtlichen Gesprächssituationen erlangst? Warum garantieren dir die vorgestellten Techniken eine nachhaltige Veränderung deiner Wirklichkeit und was sind die Hintergründe, Funktionsweisen und Abläufe, die hinter beeinflussender Kommunikation stecken? Um diese Fragen zu beantworten, benutze ich als Rahmen ein bekanntes Kommunikationsmodell, das ich für dich im Sinne der Kunst des Beeinflussens abwandle und erweitere.

Ein Eisberg schwimmt zu einem Bruchteil über dem Wasser. Nur ein kleiner Teil von ihm, nämlich rund zehn Prozent, ist sichtbar. Der ganz große Anteil seiner Eismasse, also ungefähr neunzig Prozent, liegt versteckt unter der Wasseroberfläche. Diesen Vergleich legen wir jetzt als ersten Schritt auf dich um. Nur ein Zehntel deines Verhaltens ist bewusst. Das heißt, du setzt zu jeder Zeit nur eine von zehn Handlungen wissentlich. Bei dieser einen Tätigkeit entscheidest du nach einer bewussten Überlegung, welches Verhalten du einsetzt. Mit anderen Worten: Wenn du etwas bewusst tust, so

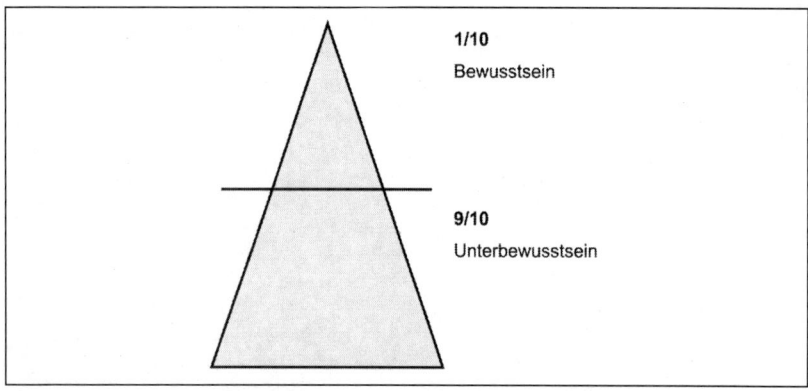

Abbildung 1: Der Mensch als Eisberg

bist du dir zu diesem Zeitpunkt darüber im Klaren. Die anderen neun von zehn Handlungen geschehen unterbewusst.

Unbewusstes Verhalten geschieht stets, ohne dass du darüber nachdenkst. Es läuft automatisiert ab. Ein Beispiel: Im Moment atmest du nicht bewusst, machst dir keine Gedanken, wie du sitzt oder wie hart die Lehne des Sessels ist. Erst jetzt, wo ich dir diese Dinge ins Bewusstsein gerufen habe, achtest du darauf.

Das Gleiche gilt für Kommunikation. Neunzig Prozent deiner gesetzten Argumente, Formulierungen, Gesten etc. setzt du unbewusst – ohne viel darüber nachzudenken. Nur hie und da denkst du wirklich darüber nach, wie du etwas deinem Gesprächspartner am besten kommunizierst und darlegst.

Gute Teilchen, schlechte Teilchen
Nun wird es etwas abstrakt. Stelle dir vor, dass du mit Teilchen geladen bist. Diese Teilchen stehen für kommunikative Techniken, Vorgehensweisen, Muster und Verhaltensweisen.

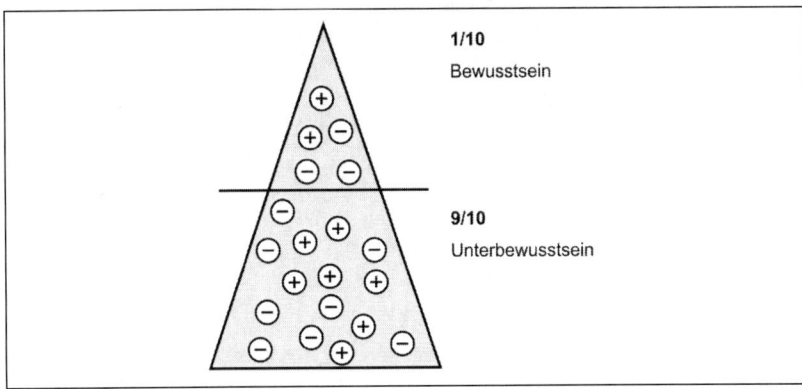

Abbildung 2: Der geladene Mensch

Sowohl bewusst als auch unterbewusst benutzt du verschiedene Taktiken, Formulierungen und Ausdrucksweisen, wenn du Gespräche führst. Diese Teilchen können auf zwei verschiedene Arten geladen sein: positiv oder negativ. Positive Teilchen stehen für kommunikative Ausdrücke und Methoden, die von deinem Gesprächspartner ebenso aufgenommen werden: positiv. Sie unterstützen dich dabei, Gespräche in deinem Sinne zu beeinflussen und zu steuern. Negative Teilchen auf der anderen Seite sind kommunikative Angewohnheiten und Vorgehensweisen, die bei deinem Gegenüber schlecht ankommen. Sie schwächen das von dir Gesagte und erschweren es dir, deine Wünsche und Ziele in Gesprächen durchzusetzen. Das klare Ziel, wenn es um das Erlangen von kommunikativen Fertigkeiten geht, ist es, dich mit möglichst vielen positiven Teilchen zu laden. Dies erreichst du einerseits durch den Abbau von negativen Mustern und Verhaltensweisen und andererseits durch das Erlernen neuer Techniken, die deine Gesprächspartner positiv beeinflussen.

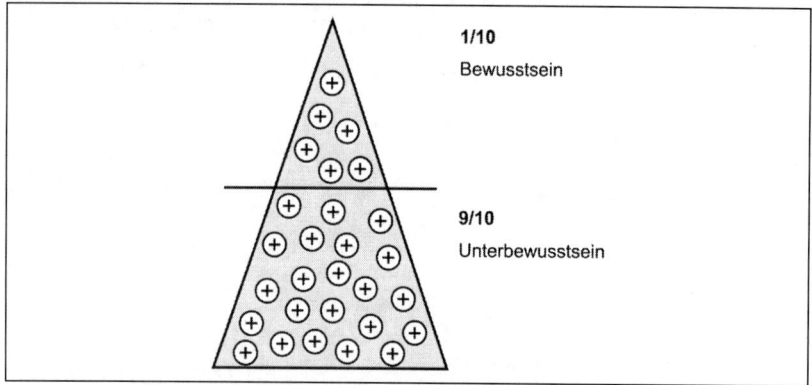

Abbildung 3: Das Ziel

3.2 Der große Irrtum ›Mehrabian Circle‹

Dir stehen drei generelle Klassen von Teilchen zur Verfügung: Sprache, Stimme und Körpersprache.

Welche Art von Teilchen sind nun die effizientesten und effektivsten? Werfen wir hierfür einen Blick auf eine weltbekannte Studie. Deren Ergebnisse sind als ›Mehrabian Circle‹ bekannt. Kaum ein Buch oder Training im Bereich der Kommunikation, das diesen ›Kreis der Kreise‹ nicht anführt. Albert Mehrabian ist US-amerikanischer Psychologe und Professor. Anfang der Siebzigerjahre untersucht er die Wirkung kommunikativer Faktoren. Ihn interessiert, wie wichtig diese dafür sind, ob eine Botschaft geglaubt wird oder nicht. Hierfür legt er seinen Augenmerk auf die bereits oben angeführten drei kommunikativen Komponenten: Sprache, Stimme und Körpersprache. Das überraschende Ergebnis stellt sich wie folgt dar:

Sprache: 7 Prozent
Stimme: 38 Prozent
Körpersprache: 55 Prozent

Ob ein Mensch als überzeugend wahrgenommen wird und das von ihm Gesagte als glaubhaft eingestuft wird, hängt nur zu 7 Prozent von den Wörtern ab, die er wählt. Die Stimme trägt im Gegensatz hierzu bereits ganze 38 Prozent bei und der klare Sieger sind körpersprachliche Aspekte, die den stolzen Teil von 55 Prozent am Kuchen für sich einnehmen. Ist das wirklich so? Hat diese 7-38-55-Regel allgemeine Gültigkeit, wenn es um zwischenmenschliche Kommunikation geht? Natürlich nicht! Wenn es sich so verhalten würde, wäre Rhetorik ein völlig sinnloses und unwirksames Instrument für Gespräche jeder Art. Es wäre komplett egal, wie sinnvoll, kompetent oder wahr das von dir durch Worte zum Ausdruck Gebrachte ist. So lange du nur deine Stimme und Körpersprache optimal einsetzt, glauben dir alle Leute und lassen sich spielerisch von deinen Ausführungen überzeugen. Ist dieses Studienergebnis also falsch? Wieder »Nein!«. Die meisten Trainer oder Autoren vergessen nur, ein kleines, aber entscheidendes Detail zu nennen, das auch Albert Mehrabian selbst wiederholt zur Klarstellung der falsch interpretierten Zahlen nennt. Lassen wir den Herrn Professor kurz selbst zu Wort kommen.

»Nehmen Sie bitte zur Kenntnis, dass diese und andere Gleichungen bezüglich der relativen Wichtigkeit von verbalen und nonverbalen Botschaften von Experimenten gewonnen wurden, die sich mit der Kommunikation von Gefühlen und Grundhaltungen beschäftigten. Solange der Kommunizierende nicht über seine Gefühle oder Grundhaltungen spricht, sind diese Gleichungen nicht anwendbar.«[6]

Hiermit ist alles gesagt. Die 7-38-55-Regel gilt ausschließlich für hochemotionale Aussagen, die eine gewisse Grundhaltung wiedergeben. Dann macht das alles natürlich Sinn. Wenn jemand zu dir »Ich liebe dich!« sagt und dabei verärgert dreinschaut, den Kopf schüttelt und laut mit dem Fuß aufstapft, dann fehlt dir der Glaube an das Gesagte. Gleiches gilt für den Fall, dass ein Politiker mit nervöser, zittriger und kaum verständlicher Stimme dem Wahlkampfpublikum erklärt, dass er ein standhafter Machertyp ist, der es den anderen Parteien schon zeigen wird.

Wenn es um Beeinflussung geht, sind rhetorische Techniken die wichtigsten. Dies heißt jetzt natürlich nicht, dass Stimme und Körpersprache keinen Einfluss auf deinen Gesprächserfolg haben. Beide unterstützen, richtig eingesetzt, das von dir Gesagte und ermöglichen dir schnellere und beeindruckendere Ergebnisse. Ohne das Wissen über wichtige körpersprachliche und stimmliche Mittel und Möglichkeiten verlierst du an Überzeugungskraft. Sowohl Stimme als auch Körpersprache müssen, wenn du andere beeinflussen willst, zumindest im Einklang mit dem von dir Gesagten stehen. Im besten Fall – und das ist das erklärte Ziel – verstärkst du durch sie die Wirkung deiner rhetorischen Fähigkeiten um ein Vielfaches.

3.3 Wie du Kommunikationsfertigkeiten verinnerlichst und automatisierst

Viele der in diesem Buch vorgestellten Techniken sind voraussichtlich neu für dich. Sagen wir, du willst nun die erste Technik deiner Wahl anwenden. Um dies zu erreichen, musst du dies bewusst machen. Du nimmst es dir vor und setzt die Technik in deinem nächsten Gespräch wissentlich ein.

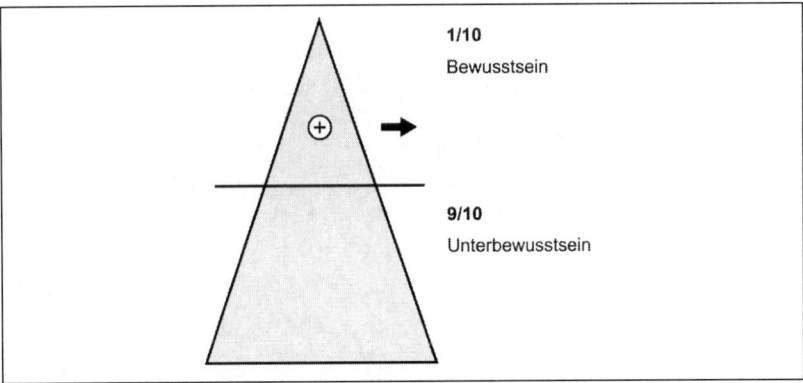

Abbildung 4: Bewusste Anwendung einer Kommunikationstechnik

Das sollte soweit auch zu deiner Zufriedenheit klappen. Schwierig bis unmöglich wird es allerdings dann, wenn du versuchst, gleich mehrere neue Techniken auf einmal in einem wichtigen Gespräch anzuwenden.

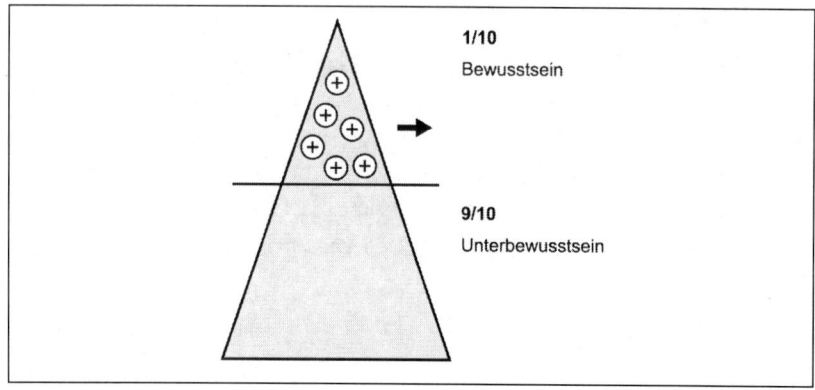

Abbildung 5: Bewusste Anwendung vieler Kommunikationstechniken

Jede bewusste Handlung erfordert Konzentration und wenn du zu viele Dinge auf einmal wissentlich umzusetzen versuchst, folgt daraus ein ungewollter, negativer Effekt. Du bist überfordert. Zu viele Dinge sind zu beachten. Vor lauter Bemühen, Techniken zu setzen und einzubinden, kommst du im Gespräch ins Stocken und das von dir Gesagte wirkt unnatürlich und unpassend. Deswegen ist es unabdingbar, dass du die positiven Teilchen, also die verschiedenen Kommunikationstechniken, in dein Unterbewusstsein beförderst, sie verinnerlichst und automatisierst. So benutzt du sie stets, ohne groß darüber nachdenken zu müssen. Deine Kommunikation erscheint deinen Gesprächspartnern natürlich und glaubhaft.

Aber wie bekommst du nun die positiven Teilchen in dein Unterbewusstsein? Wie automatisierst du schnell und sicher all die verschiedenen Kommunikationstechniken, sodass das von dir zum Ausdruck Gebrachte stets überzeugend wirkt?

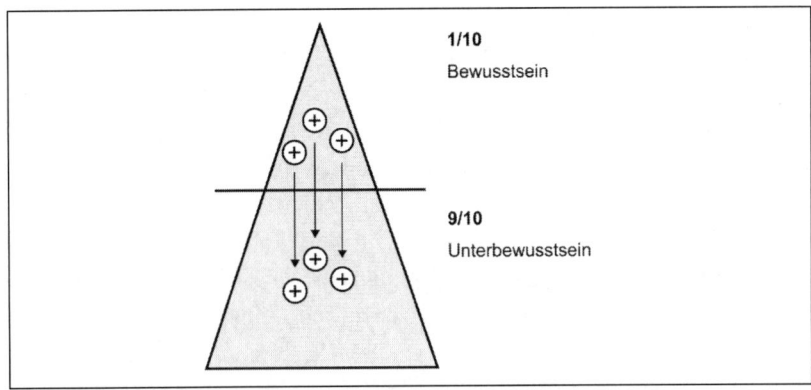

Abbildung 6: Die Verinnerlichung von kommunikativen Fertigkeiten

Die erste Fahrstunde

Wir schreiben das Jahr 1992. Meine erste Fahrstunde. Mit voller Konzentration stecke ich den Zündschlüssel ins Schloss, starte den Motor, lege den Gang ein, lasse die Kupplung kommen und gebe Gas. Mehr hopsend als fahrend – Schweißperlen auf der Stirn – rolle ich die Hauptstraße entlang. Nach gefühlten zwanzig Mal Motor abwürgen erreiche ich dann auch schon die rund hundert Meter entfernte Kreuzung.

Warum erzähle ich dir diese Anekdote? Ganz einfach! Was glaubst du? Muss ich heute, zwanzig Jahre später, noch immer darüber nachdenken, wie ich Auto fahre? Natürlich nicht. Heute, nach Hunderttausenden gefahrenen Kilometern, habe ich alles im Griff. Autobedienung, Verkehrsregeln: alles automatisiert! Und wie habe ich dieses »Wunder« wohl vollbracht? Ganz einfach! Durch Übung, Übung und nochmals Übung!!!

Übung macht den Meister

Egal welche neuen Fähigkeiten du erlernen und verinnerlichen willst: Übung ist der Schlüssel zum Erfolg! Durch Übung gelangen Dinge in dein Unterbewusstsein. Sprachen, Kochen, Sport, Kartenspiele, Liebhaberkünste: ganz egal! Und warum sollte es sich nun bei kommunikativen Fertigkeiten anders verhalten? Auch hier gilt: Das beste Training und die großartigsten Bücher können eines nicht für dich tun: Sie können dir das notwendige Üben nicht abnehmen! Ohne bewusstes Probieren und Trainieren werden rhetorische oder körpersprachliche Techniken nicht verinnerlicht. Sie fallen dir schwer und wirken unnatürlich, auffällig und steif. Kein Buch, kein Trainer und kein Coach kann dir eines abnehmen: Eigenverantwortung! Wenn du kommunikative Meisterschaft erreichen willst, musst du die Initiative ergreifen und daran arbeiten. Üben, üben, üben – jeden Tag, in jeder sich bietenden Situation! Das alleinige Lesen dieses Buchs ersetzt nicht das Erlernen der Fähigkeiten und Fertigkeiten selbst. Das ist genau dasselbe wie bei einem Kochbuch, Sprachbuch oder Fitnessbuch. Ohne Rezepte auszuprobieren wirst du kein Meisterkoch. Ohne Übung erlernst du keine Sprache und ohne den Besuch eines Fitnessstudios purzeln die Kilos nun einmal nicht.

»Alles, was man 33 Mal macht, sitzt!«, heißt es. Ich gehe so weit zu sagen, dass gerade beim Erlernen von Kommunikationstechniken oft auch 333 Mal notwendig sind, damit du auf der sicheren Seite bist. Mache dir deshalb stets bewusst: Kommunikationsfertigkeiten werden nicht erlernt, sie werden erübt! Jede einzelne Technik muss immer und immer wieder benutzt werden, bis sie wie von Zauberhand ganz automatisch zu jeder Zeit richtig und einnehmend angewandt werden kann. Neue Kommunikationstechniken anzuwenden, ist ungewohnt und meist mit einem ganz speziellen Phänomen verbunden, das man wunderbar bei Trainings beobachten kann. Egal ob Präsentation, Verkauf oder Konflikt: Wenn die Teilnehmer neue Techniken üben, haben sie oft den Eindruck, dass sie mit den neuen Hilfsmitteln unsicherer wirken als ohne sie. Das stimmt auch. Um Dinge anders zu tun, bedarf es eines Umdenkens und Ungewohntes fällt einem am Anfang immer schwer. Die Dinge wirken holprig. Das ist normal und muss so sein, solange sie noch nicht fest in deinem Unterbewusstsein verankert sind. 33 bis 333 Mal dauert es mindestens, bis alles so läuft wie gewünscht. Der Lohn hierfür ist diesen Aufwand aber hundertfach wert. Eine Technik nach der anderen gelangt in dein Unterbewusstsein und vergrößert so dein kommunikatives Repertoire. Sei dir deswegen immer im Klaren darüber, dass aller Anfang schwer ist. Optimale Ergebnisse brauchen immer etwas Zeit! Dran bleiben! Es liegt nur an dir!

Übung macht natürlich immer Sinn. Und da wir wissen, dass das Festigen von Kommunikationstechniken Wiederholung benötigt, ist es umso wichtiger, wirklich jede Möglichkeit hierfür zu nutzen. Darum folgender Tipp: Du kannst jeden Tag unzählige Male üben. Nicht nur in einem wichtigen Gespräch mit dem Kunden, Mitarbeiter oder Vorgesetzten, sondern tagein, tagaus in den unterschiedlichsten, oft nebensächlich erscheinenden Situationen: Ein Gespräch mit dem Kellner, ein Plausch mit dem Trafikanten, ein Telefonat mit der Behörde. Zusätzlich bedarf es nicht immer aktiver Gesprächsführung, um deine Kommunikationsfertigkeiten zu steigern. Oft reicht einfaches, bewusstes Zuhören. Achte auf Gespräche in deiner Umgebung und lausche einfach konzentriert und stillschweigend: im Büro, in der Familie, im Kaffeehaus, im Restaurant. Auch so schärfst du dein Gespür für Hintergründe und Funktionsweisen beeinflussender Kommunikation.

Das Shopping-Prinzip

Du hast sicherlich ein Geschäft, egal ob real oder online, in dem du dir gerne Sachen kaufst. Kleidung? Bücher? Schuhe? DVDs? Werkzeug? Schmuck? Etwas für dein Hobby? Stell dir nun dein Lieblingsgeschäft vor und all die schönen Sachen, die dir gefallen und die du gerne hättest. Lass dies einen Moment auf dich wirken. Nun meine Frage: Kaufst du dir all diese Sachen? Wohl kaum, denn du hast höchstwahrscheinlich ein gewisses Limit finanzieller Art. Darum wirst du, gleich allen Menschen, dir ein, zwei Dinge deines Interesses aussuchen. Beim nächsten Gehalt verfügst du dann wieder über ein neues Budget und suchst das Geschäft deines Vertrauens wieder auf, um weitere Einkäufe zu tätigen. Beim Erlernen von kommunikativen Fertigkeiten verhält es sich ähnlich. Du findest in diesem Buch eine große Menge an Techniken, Instrumenten und Kniffen und trotzdem kannst du sie nicht alle auf einmal ›kaufen‹, also verinnerlichen. Du hast ein Limit.

Diese Einschränkung basiert nicht auf finanziellen Möglichkeiten, sondern auf der Fähigkeit eines Menschen, Dinge bewusst umzusetzen. Wenn du in deinen nächsten Gesprächen versuchst, zehn oder fünfzehn der in diesem Buch beschriebenen Techniken auf einmal einzusetzen und zu üben, ist das Scheitern vorprogrammiert. Es ist einfach zu viel! Der Transfer in dein Unterbewusstsein findet nicht statt. Wähle deswegen immer maximal drei Techniken und setze diese bewusst ein. Dann und zwar wirklich erst dann, wenn diese sitzen und von dir automatisiert wurden, nimmst du drei weitere in Angriff. So festigst du nach und nach alle Fähigkeiten und das beständig und in schnellstmöglicher Zeit.

Jetzt ist es natürlich deine freie Entscheidung, welche Techniken du in welcher Reihenfolge übst und somit nachhaltig festigst. Nichtsdestotrotz anbei eine ausdrückliche Empfehlung von meiner Seite: Ein Sachbuch oder Ratgeber erlaubt es dir, ein Buch kreuz und quer zu lesen, was bei einem Roman sinnlos wäre. Und doch hat auch ein Sachbuch die gleiche Struktur. Es hat einen Anfang, einen Mittelteil, ein Ende und besteht aus logisch aneinander gereihten Kapiteln. Die Reihenfolge der Kapitel in diesem Buch hat einen guten Grund und ist sorgfältig durchdacht. Widerstehe deswegen der Versuchung, Kapitel zu überspringen. Übe und verinnerliche die Techniken Kapitel für Kapitel, in der vorliegenden Anordnung. So stellst du optimale Ergebnisse sicher!

Nein, diese Suppe ess' ich nicht!

So sagt es der Suppenkaspar. Und solche Reaktionen kommen auch gerne von einzelnen Teilnehmern bei meinen Trainings. Der eine oder andere Vorschlag von mir wird skeptisch bewertet und abgelehnt. Neue oder ungewohnte Dinge rufen in uns oft Skepsis oder Ablehnung hervor. Der Einsatz selbiger verlangt Veränderungen. Menschen wollen aber in ihrem Innersten keine Veränderung, denn eine solche zwingt uns aus unserer Komfortzone zu gehen, Dinge neu zu bewerten und einen gewissen Aufwand zu betreiben. Es ist immer einfacher, Altbewährtes, das man schon kennt und kann, fortzuführen, als Neues auszuprobieren und zu erlernen. Falls dir daher bei der einen oder anderen Technik Zweifel kommen, gebe ich dir folgenden Ratschlag: Es gibt nur eine wissenschaftlich anerkannte Möglichkeit herauszufinden, ob etwas funktioniert oder nicht. Ob etwas stimmt oder nicht. Und dieses Vorgehen nennt sich Experiment. Nur durch das Testen einer Technik kannst du dir sicher sein, ob selbige ihre Berechtigung hat. Gib deswegen jeder Technik eine Chance und vergiss nicht: Eine Chance bedeutet nicht ein Mal ausprobieren, sondern 33 bis 333 Mal! Abschließend zur Vollständigkeit meine Standardantworten auf die gängigsten Einwände:

Einwand	Antwort
Das funktioniert nicht!	*Ich verstehe, mach es trotzdem!*
Das passt nicht zu mir!	*Gut, mach es trotzdem!*
Das fühlt sich komisch an!	*Das ist in Ordnung, mach es trotzdem!*
Aber, ...!	*Du hast recht, mach es trotzdem!*

Weniger ist mehr!

Am Kommunikationsmarkt gibt es verschiedenste Schulen, Zugänge und Methoden. Bei genügend Zeit und Geld kannst du jedes Jahr hundert Trainings besuchen oder fünfhundert verschiedene Bücher zu diesem Thema kaufen. Der Effekt ist meist bescheiden. Mehr ist nicht immer besser! Da Fähigkeiten in der Kommunikation nicht über Nacht verinnerlicht werden, wirkt sich ein solches Vorgehen kontraproduktiv aus. Die größten Erfolge sind eine anhaltende Verwirrung aufgrund der komplett unterschiedlichen Vorschläge sowie eine deutlich dünnere Geldbörse. Wähle nur einen Zugang, eine Methode oder ein Buch! Wenn du meinem Buch die Ehre deiner Wahl zukommen lässt, dann bleibe auch bei ihm. Lies es und erlerne die Techniken Schritt für Schritt. Nimm es immer wieder zur Hand und erst dann, wenn du alles erfolgreich umsetzt, dann ist es Zeit für das nächste Buch oder Training zum Thema ›Beeinflussende Kommunikation‹.

3.4 Die Macht des Unterbewusstseins und das Gesetz der Anziehung

Auch hier gilt: Nur ein Zehntel des Gesprächs wird von deinem Gesprächspartner und dir bewusst geführt. Hierüber denkt ihr aktiv und wissentlich nach. Welche Wörter benutze ich? Wie setze ich meine Stimme ein? Welche Gestik und Mimik wende ich an? Der Bärenanteil des Gesagten und zum Ausdruck Gebrachten passiert jedoch auf der unterbewussten Ebene. Neunzig Prozent! Dies gilt sowohl für dich, der kommunikative Vorgehensweisen einsetzt, ohne viel darüber nachzudenken, als auch für deinen Gesprächspartner, welcher auf das von dir Gesagte, ohne dies im Moment bewusst begründen zu können, auf eine gewisse Art reagiert.

Das Gesetz der Anziehung

»Wie du in den Wald hineinrufst, so schallt es zurück!« Das gilt auch für Kommunikation. Übermittelst du deinem Gesprächspartner Positives, erhältst du selbiges zurück. Vermittelst du Negatives, bekommst du ebensolches zurück. Das funktioniert, teilchentechnisch gesehen, genau umgekehrt wie bei einem Magneten. Das Gesetz der Anziehung wirkt sowohl auf der bewussten als auch auf der unterbewussten Ebene.

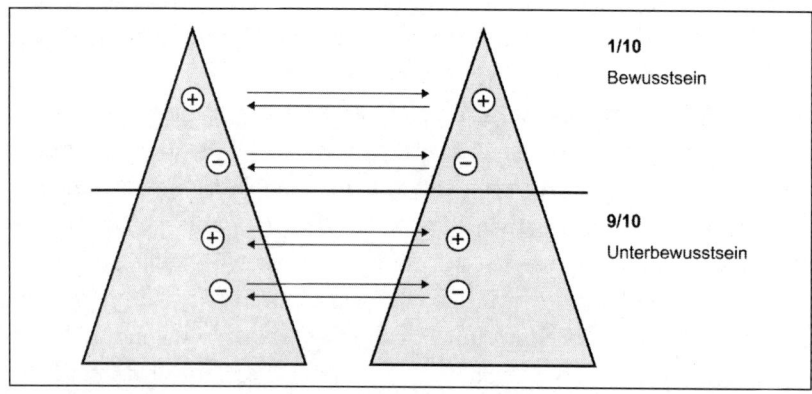

Abbildung 7: Beispiele: Anziehung von Teilchen

Bewusste Ebene

Polarisierung	Aussage	Reaktion
Positive Anziehung	Hm, gut, was ich Ihnen gerne vorschlage, ist, dass sich die Werkstatt Ihr altes Auto nochmals genau anschaut. Vielleicht können wir da noch etwas am Austauschwert drehen.	Okay! Das ist ja einmal ein Anfang! Machen wir das.
Negative Anziehung	Wir haben fixe Bewertungen für Altautos. Ich sehe hier keine Chance, etwas zu tun.	Ein bisschen mehr Kreativität hätte ich mir schon erwartet. Aber bitte, ein anderes Autohaus wird sicher bemühter sein. Immerhin lasse ich ja fast 30.000 Euro für das neue Modell liegen.

Unterbewusste Ebene

Polarisierung	Aussage	Reaktion
Positive Anziehung	Einen wunderschönen guten Morgen! Wie geht es dir heute?	Danke, alles okay so weit. Bei dir auch alles in Ordnung?
Negative Anziehung	Mein Gott! Das ist wieder ein Saustall in deinem Zimmer! Räum gefälligst auf!	Du brauchst mich nicht so anzufahren! Abgesehen davon ist das noch immer mein Zimmer!

Der Nobelpreisträger

Daniel Kahneman, israelisch-US-amerikanischer Psychologe, erhält 2002 den Wirtschafts-Nobelpreis. Er beschäftigt sich mit den Hintergründen von menschlichen Entscheidungen und Urteilen. In seinem Buch *Schnelles Denken, langsames Denken* beschreibt Kahneman zwei grundlegende Entscheidungssysteme, die bei jedem Menschen wirken. Diese nennt er ›System 1‹ und ›System 2‹. In ihrem Buch *Wie Werbung wirkt – Erkenntnisse des Neuro-*

marketing fassen die beiden Autoren Dirk Held und Christian Scheier diese beiden Systeme kurz und auf den Punkt gebracht zusammen. Beginnen wir mit ›System 2‹.

»*System 2: Der Pilot. Der Pilot enthält alle Emotionen und kognitiven Vorgänge, die uns bewusst sind und die wir deshalb kontrollieren können. Dieses System 2 ist langsam, fällt Entscheidungen nur zögerlich, kann dafür aber planen und nachdenken. Mit System 2 lösen wir die Aufgabe 12 × 48 und ziehen die Wurzel aus 81. System 2 ist beherrscht, kontrolliert, aber auch flexibler als System 1. Wenn wir den teuren Ring doch nicht kaufen, weil unser Bankkonto nach Weihnachten leer geräumt ist, oder doch mit dem Rauchen aufhören oder die Diät beginnen, dann ist das System 2 am Werk. Die Arbeit von System 2 ist anstrengend und kostet viel Energie. Dafür sind die Vorgänge bewusst, wir sind voll informiert.*«[7]

Du hast sicherlich bemerkt, dass Kahneman mit ›System 2‹ das Bewusstsein meint. Wenn du das Urteil und die Entscheidungen anderer beeinflussen willst, tust du gut daran, stets darauf zu achten, das Bewusstsein deines Gesprächspartners zu umgehen. Warum?

Kontrolle des von dir Gesagten? Willst du nicht!
Langes Nachdenken: Willst du nicht!
Zögerlichkeit: Willst du nicht!

All das erschwert die Manipulation deines Gegenübers und verhindert schnellen Erfolg.

»*System 1: Der Autopilot. Der Autopilot in unserem Kopf ist hoch effizient, intuitiv (zum Beispiel durch die Spiegelneuronen), spontan, entscheidet in zwei Sekunden, liebt Geschichten und Symbole und hasst Argumente und Logik. Er arbeitet im Untergrund, er arbeitet implizit. Er nimmt lieber fünfzig Euro heute als hundert Euro in einer Woche, greift zur Schokolade, obwohl wir gerade abnehmen wollen, zur Zigarette, wenn wir Kaffeeduft riechen, und beschert den Shopping-TV-Sendern gute Umsätze. Meistens arbeitet der Autopilot unbewusst, wir kriegen von seinem Treiben wenig bis gar nichts mit. Er ist emotional und kognitiv. Hier sind die automatisierten Programme gespeichert, die durch die Codes (zum Beispiel einen Zitrusduft oder ein Markenlogo von Visa & Co.) aktiviert werden und dann unbewusst unser Verhalten steuern.«* [8]

›System 1‹ ist der Autopilot im Kopf deines Gesprächspartners. Es steht für das Unterbewusstsein. Erfolgreiche Beeinflussung findet immer genau dort und nirgendwo anders statt! Das Unterbewusstsein deines Gegenübers bringt alle Voraussetzungen für schnelle und erfolgreiche Manipulation mit. Es ist spontan und entscheidet innerhalb weniger Sekunden. Viel Zeit zum Nachdenken bleibt da nicht. Das Unterbewusstsein hasst Erklärungen, Argumente und Logik. Es löst Reaktionen intuitiv aus. Und zu guter Letzt arbeitet es im Verborgenen, das heißt, dein Gesprächspartner bekommt die von dir gesetzte Beeinflussung gar nicht mit, sondern verhält sich automatisch so, wie es deinen Zielen und Wünschen entspricht. Das Unterbewusstsein des anderen ist dein Verbündeter und bester Freund!

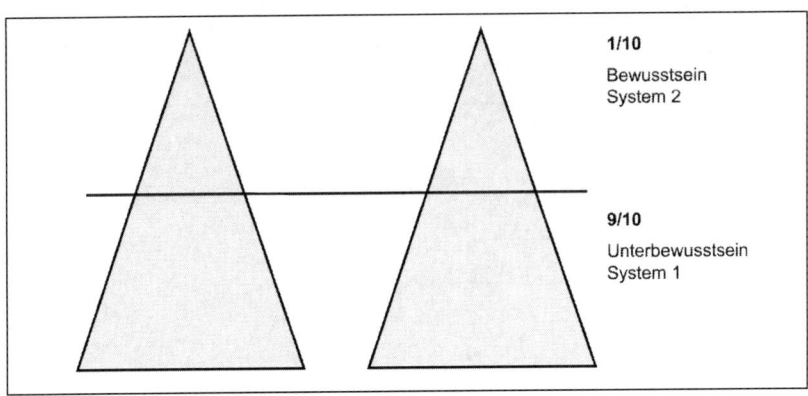

1/10
Bewusstsein
System 2

9/10
Unterbewusstsein
System 1

Abbildung 8: ›System 1‹ und ›System 2‹

3.5 Nur ein schlafender Zensor ist ein guter Zensor

Dass jedes Gespräch zu neunzig Prozent auf der unterbewussten Ebene abläuft, ist unter diesen Voraussetzungen natürlich ein hilfreicher Faktor. Dummerweise ist es jetzt aber so, dass das Bewusstsein deines Gesprächspartners trotz dieser Tatsache immer vorhanden ist und niemals schläft. Darum ist die hohe Kunst der Beeinflussung stets damit verbunden, das Bewusstsein des Gegenübers, gleichzusetzen mit seinem Verstand, in Schach zu halten. Genau dieses Umgehen des Bewusstseins ist der Schlüssel zum Erfolg. Denke an Hypnose. Nach einer offiziellen Definition des U.S. Department of Education ist Hypnose nichts anderes als die Umgehung des kritischen Faktors des Bewusstseins und Zulassen von akzeptablem selektivem Denken. Wann schaltet sich nun das Bewusstsein eines Menschen ein? Stell dir einfach vor, dass bei deinem Gesprächspartner, an der Pforte zwischen seinem Bewusstsein und Unterbewusstsein, ein Aufpasser sitzt. Siegmund Freud nannte diesen Aufpasser Zensor.

Er beschreibt damit eine Instanz, die zwischen Bewusstsein und Unterbewusstsein fungiert. Der Zensor kontrolliert, welche Dinge ins Bewusstsein geraten und welche im Unterbewusstsein ihren Platz behalten. Er schützt dich davor, dass unnötige oder schädliche Informationen auf dich ein-

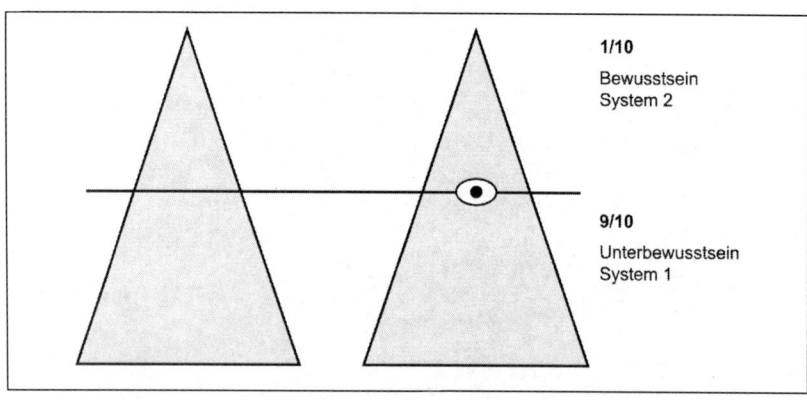

1/10
Bewusstsein
System 2

9/10
Unterbewusstsein
System 1

Abbildung 9: Der Zensor

stürmen. Ohne ihn könntest du die immense Menge der von dir in jeder Sekunde erlebten Informationen und die Riesenanzahl von gemachten Erfahrungen nicht verarbeiten. Der Zensor entscheidet also, was wichtig ist und was nicht, was bewusste Auseinandersetzung benötigt und was bedenkenlos dem Unterbewusstsein zur Weiterverarbeitung überlassen werden kann. Wenn du andere beeinflussen willst, ist die Voraussetzung hierfür, dass du den Zensor des anderen überlistest. Du willst seine Aufmerksamkeit nicht! Er soll dich unentdeckt gewähren lassen! Der Zensor ist übrigens auch neurobiologisch nachgewiesen. Es handelt sich um einen Teil des Gehirns, den Thalamus.

Wie man den Zensor reizt

Der eine direkte Weg, den Zensor deines Gesprächspartners in Wachstellung zu versetzen, ist der Versuch, eine zu große Menge an positiven Teilchen zwischen deiner bewussten und der unterbewussten Ebene deines Gegenübers auszutauschen.

Dieses ständige, bewusste Senden positiver Teilchen führt ja, wie bereits ausgeführt, dazu, dass du hierfür über das ganze Gespräch Konzentration und Energie aufwenden musst. Da du die Techniken noch nicht verinnerlicht hast, wirkst du verkrampft und unsicher. Der Zensor bemerkt dies

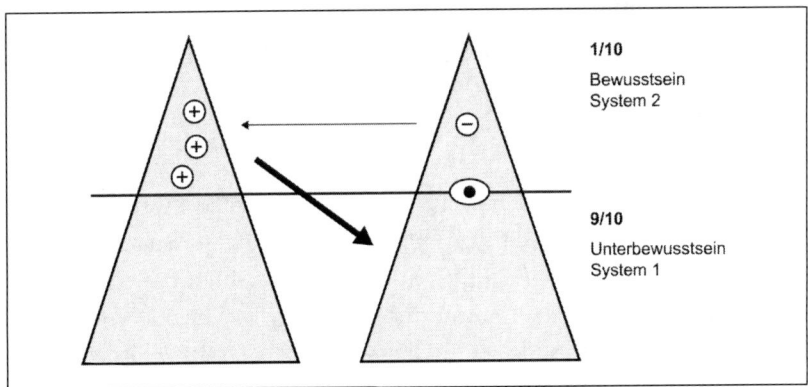

Abbildung 10: Zensorreizung 1

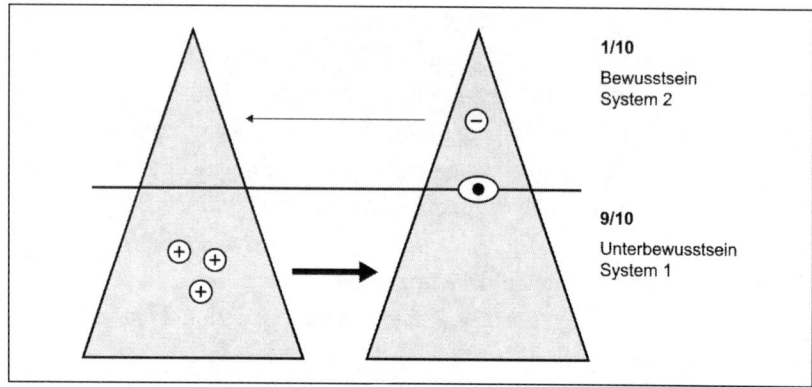

Abbildung 11: Zensorreizung 2

und alarmiert das Bewusstsein deines Gesprächspartners. Die eingesetzten Techniken verpuffen. Negative Reaktionen stehen an der Tagesordnung.

Die zweite sichere Vorgangsweise, einen schlafenden Zensor zu wecken, ist das übertriebene oder plumpe Setzen von Beeinflussungstechniken. Der Zensor bemerkt deine auffälligen Versuche und schaltet das Gehirn deines Gegenübers ein. Dieser bemerkt deine Versuche, ihn zu manipulieren. Sein Verstand schaltet sich ein. Die Folgen kannst du dir sicherlich ausmalen.

3.6 Die verborgene Festplatte des Menschen

Damit das Unterbewusstsein innerhalb von nur zwei Sekunden Entscheidungen treffen kann, muss es auf unterbewusste Programme zurückgreifen. Das sind Routinen, die automatisch ablaufen, wenn bestimmte Reize aufgenommen werden. Beeinflussungstechniken nützen genau diese installierten Programme im Kopf deines Gegenübers. Durch das Ansprechen seiner eigenen fixen Reaktionsmuster lenkst du ihn in die gewünschte Richtung. Immer wenn du eines dieser gespeicherten Programme ansprichst, erfolgt die in diesem abgespeicherte Verhaltensreaktion. Es gibt zwei Arten von unterbewussten Programmen: Absolute und individuelle Programme.

Absolute Programme sind bei allen Menschen gleich. Viele der Techniken, die du in diesem Buch kennenlernst, zielen genau auf diese Programme ab. Wenn du sie einsetzt, erreichst du bei allen Gesprächspartnern dieselbe gewünschte Reaktion. Ein einfaches Beispiel für ein solches generell gültiges Programm ist die Tatsache, dass es jedem Menschen irrsinnig schwerfällt, böse zu schauen, wenn ihn jemand freundlich anblickt und zunickt.

Individuelle Programme hingegen sind von Person zu Person verschieden. Stell dir vor, dass dein Unterbewusstsein wie eine Schallplatte arbeitet. Seit deiner Geburt gravierst du auf dieser ursprünglich glatten Scheibe jedes Wort, jeden Gedanken und jede Erfahrung als eine Rille ein. Je öfter du etwas gehört oder erlebt hast, desto tiefer werden die entsprechenden Rillen, bis sie schließlich so fest verankert sind, dass sie zu automatischen Programmen werden. Heute ist es bezüglich deiner unterbewussten Reaktionen vollkommen gleichgültig, ob das damals Gesagte richtig oder falsch war, ob deine Gedankenschlüsse sinnvoll waren oder nicht, oder deine angelernten Reaktionsmuster hilfreich oder schädlich sind. Die Programme sind installiert und laufen beständig in dem Moment ab, in dem sie angesprochen werden. Solche individuellen unterbewussten Programme sind von Person zu Person verschieden. So reagiert ein Gesprächspartner, wenn du einen hohen Preis über eine langfristige Garantie rechtfertigst, je nach Programmierung positiv oder auch nicht. Aus demselben Grund erntest du bei einem Flirt von einer Person einen interessierten Blick, wenn du schon nach zehn Minuten über den Wunsch nach Kindern plauderst, und bei jemand anderem zweifelnde Blicke. Individuelle Programme müssen von dir bei deinen Gesprächspartnern entdeckt werden, bevor du diese dann mit den richtigen Techniken ansprichst und ausnutzt.

Der willenlose Mensch

Der amerikanische Neurophysiologe Benjamin Libet führt vor einiger Zeit ein Experiment durch, dessen Ergebnisse heute noch in aller Munde sind. Er fragt sich, wann genau die bewusste Entscheidung, eine bestimmte Handlung auszuführen, getroffen wird. Hierzu stellt er den Experimentteilnehmern die einfache Aufgabe, ihren Finger zu krümmen, und vergleicht, mittels am Kopf angebrachter Elektroden, den Zeitpunkt der bewussten Entscheidung mit dem Zeitpunkt des im Gehirn messbaren Bereitschaftspotenzials. Die Ergebnisse sind irritierend. Das Bereitschaftspotenzial setzt etwa eine halbe Sekunde, das Bewusstsein erst 0,2 Sekunden vor der tatsächlichen Handlung ein. Die Untersuchung kommt somit zum Schluss, dass nicht das Bewusstsein am Anfang unserer Handlungen steht, sondern unterbewusste Prozesse. Dein Bewusstsein schwindelt also, wenn es dich glauben lässt, dass deine Entscheidungen von ihm getroffen werden. Zum Zeitpunkt der Entscheidung, wenn du die Bereitschaft zu einer Handlung erlaubst, ist dein Bewusstsein noch gar nicht aktiv, obwohl du dies später so empfindest. Dein bewusstes Erleben wird in die Vergangenheit zurückprojiziert. Es dauert nicht lange, bis sich verschiedene Experten und Autoren dieser Studie bemächtigen und sie für radikale Thesen benutzen: Du entscheidest nichts willentlich, nur deine unterbewussten Programme sind dafür verantwortlich, welche Handlungen du setzt. Du bist also ein Gefangener unterbewusster Prozesse, Muster und Entscheidungen.

Hier gilt es, vorsichtig zu sein. Würde es sich wirklich so verhalten, wie es gewisse Leute interpretieren, wäre unser Leben ziemlich tragisch. Keine Handlung wäre von uns kontrollierbar. Entscheidungen wären vorbestimmt und nicht veränderbar. Die Wirklichkeit stellt sich natürlich anders dar. Wir sind keine willenlosen Geschöpfe, die nur aufgrund unterbewusster Programme agieren und leben. Libet selbst gibt hier die Antwort, die leider nur selten den Weg in Trainings und andere Bücher findet. Er stellt klar, dass sich, wenn Versuchspersonen angeben, dass sie eine bereits beschlossene Handlung abbrechen und nicht ausführen, dennoch ein Bereitschaftspotenzial in deren Gehirn messen lässt. Dein Bewusstsein kann also eine

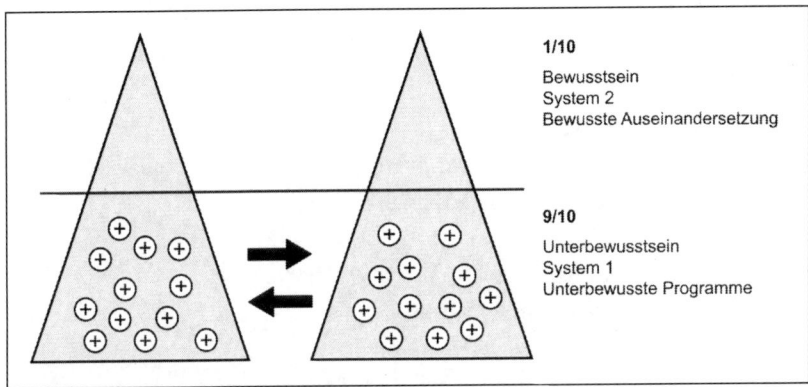

Abbildung 12: Erfolgreiche beeinflussende Kommunikation

Handlung nicht beginnen. Es kann aber sehr wohl ein Veto einlegen, dass selbige nicht ausgeführt wird. Und hiermit sind wir wieder beim guten alten Zensor. Das Unterbewusstsein deines Gesprächspartners reagiert bei Ansprache der unterbewussten Programme und setzt die automatisierten Reaktionen. Das Bewusstsein setzt verzögert ein und lässt ihn glauben, aus freien Stücken zu handeln. Dies gilt aber nur, und das ist der entscheidende Punkt, wenn der innere Zensor nicht eingreift,»Veto!« schreit und dein Gegenüber dazu auffordert, bewusst nachzudenken. Stelle darum, wenn du erfolgreich beeinflussen willst, sicher, dass du den inneren Zensor deines Gesprächspartners überlistest und deine positiven Beeinflussungsteilchen immer auf der unterbewussten Ebene verweilen.

3.7 Emotionen als Schlüssel zum Erfolg

Die grundlegende Funktionsweise von Bewusstsein und Unterbewusstsein im Kontext der Gesprächsmanipulation haben wir jetzt beleuchtet. Nun kommt ein weiterer entscheidender Aspekt hinzu. Dieser beschäftigt sich mit der angewandten Kommunikation selbst. Jedes Gespräch verläuft nur zu zehn Prozent auf der sachlichen Ebene. Ganze neunzig Prozent spielen sich auf der emotionalen Ebene ab.

Die sachliche Ebene

Der sachliche Aspekt ist das, *was* du sagst: Fakten, Tatsachen, Inhalte, Informationen. Du bringst zum Beispiel zum Ausdruck, dass

- der Preis 321 Euro beträgt.
- dein Mitarbeiter den Kunden verärgert hat.
- dein Kind das Zimmer aufräumen soll.

Der sachliche Inhalt ist so, wie er ist. Er ist Fakt. Auf dieser Ebene kannst du nicht beeinflussen!

Die emotionale Ebene

Damit Beeinflussung gelingt, musst du auf der emotionalen Ebene agieren und zwar nur dort. Es geht also nicht darum, *was* du sagst, denn das ist sowieso unabänderbar. Wenn du nicht mehr als fünf Prozent Nachlass geben kannst, dann ist das so. Und wenn du jemanden davon überzeugen willst, dass sein Ärger auf dich unangebracht ist, dann willst du auch genau das

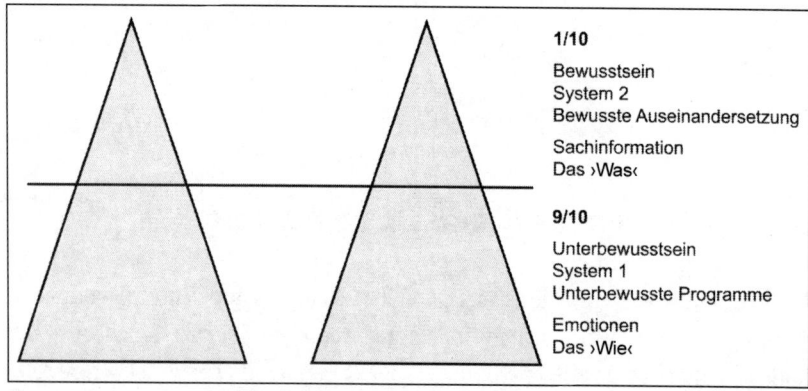

1/10

Bewusstsein
System 2
Bewusste Auseinandersetzung

Sachinformation
Das ›Was‹

9/10

Unterbewusstsein
System 1
Unterbewusste Programme

Emotionen
Das ›Wie‹

Abbildung 13: Sach- und Gefühlsebene

erreichen. Der Schlüssel zum Erfolg ist also immer das ›Wie‹! Wie drückst du deine Absichten, Inhalte und Möglichkeiten aus? Wie benutzt du Sprache, Körpersprache und Stimme, um das, was du sagst, für den anderen so zu gestalten, dass er in deinem Sinne reagiert? Hierfür sprichst du deinen Gesprächspartner immer auf der emotionalen Ebene an. Und diese entspricht 1:1 seinem Unterbewusstsein.

Das Zuhause des Unterbewusstseins

Lange Zeit war das Unterbewusstsein nicht zu lokalisieren. Wo steckt es? Wo ist es zu finden? Die klassische Schulmeinung hierzu: Emotionen werden bestenfalls einer Teilfunktion der Hypophyse zugeordnet. Chemische Prozesse sind für Gefühle verantwortlich. Und heute? Forscher sind sich sicher: Es gibt ein zweites Gehirn. Dort leben deine Emotionen und wenn man so will, kann man es auch als die Wohnung deines Unterbewusstseins bezeichnen. Aber urteile selbst! Anbei Auszüge aus dem Geomagazin vom November 2000.

»Geahnt haben es die Menschen schon immer: Der Sitz der Gefühle liegt im Zentrum des Körpers. Dort, wo Aufregung ›Schmetterlinge flattern‹ lässt, wo Ärger ›auf den Magen schlägt‹. Nun gibt die Wissenschaft ihnen allen recht: Der Bauch mit seinem ausgeklügelten Verdauungssystem, seinem unappetitlichen Inhalt und den eher peinlichen Bekundungen seiner Existenz ist in das Interesse der Forschung gerückt. [...] Erst vor kurzem stellten Forscher fest, dass weitaus mehr Nervenstränge vom Bauch in das Gehirn führen als umgekehrt: neunzig Prozent der Verbindungen verlaufen von unten nach oben. Warum? ›Weil sie wichtiger sind als die von oben nach unten‹, sagt Gershon. ›Die meisten Botschaften vom Darm sind allgegenwärtig, wir nehmen sie nur nicht bewusst wahr – außer den Alarmzeichen wie Übelkeit, Erbrechen oder Schmerzen. Aber die ungeheure Fülle der unbewussten Signale vom Bauch zum Hirn ist voller biologischer Bedeutung. [...] Gute Wissenschaftler brauchen Visionen‹, sagt Gershon. Und sie müssten die richtigen Fragen stellen: Könnte nicht angesichts dieser Erkenntnisse der Bauch auch ein Teil der biologischen Matrix für das große Unbewusste sein? Für jene

ebenfalls vor etwa hundert Jahren entdeckte psychische Innenwelt des Menschen, die bis heute relativ unerforscht in uns schlummert? Das Unbewusste als protektiver Ratgeber und grausamer Verführer. Das Unbewusste – eines der großen Rätsel der Wissenschaft für die nächsten Jahrhunderte, wie der Nervenforscher annimmt.«[9]

Benutze diese Forschungsergebnisse als Bild. Sprich, wenn es dein Ziel ist, andere kommunikativ zu beeinflussen, nie das Gehirn, sondern immer das Bauchgefühl deines Gesprächspartners an!

Die praktische Wirkung beeinflussender Kommunikation

Beeinflussende Kommunikation erlaubt dir eine zweifache Veränderung der von deinem Gesprächspartner wahrgenommenen Wirklichkeit. Wenn das von dir Gesagte, Vorgeschlagene oder Gewünschte von deinem Gegenüber bereits in Grundzügen als positiv bewertet wird, verstärkst du durch passende Techniken dieses Gefühl. Der andere spricht noch rascher auf das von dir zum Ausdruck Gebrachte an. Er handelt schneller in deinem Sinne.

Oft ist es aber im wirklichen Leben so, dass du negative Inhalte und Informationen weitergeben musst: Unattraktive Konditionen, persönliche Kritik, Ablehnung von Wünschen, ungeliebte Aufforderungen, gegenteilige Meinungen etc. Auf der sachlichen Ebene sind diese Inhalte für deinen Gesprächspartner negativ, vielleicht sogar ärgerlich, verletzend oder bedrohlich. Das ist unabänderbar. Kein Mitarbeiter freut sich, wenn ihm gesagt wird, dass er Dinge falsch macht. Kein Kunde jubelt, wenn er seine gewünschten Konditionen nicht erhält. Kinder springen nicht euphorisch in die Luft, wenn sie an einem strahlenden Sommertag zu Hause bleiben müssen, um zu lernen. Und keine Verabredung liebt es, wenn du ein gemeinsames Essen kurzfristig absagen musst. Beeinflussende Kommunikation erlaubt es dir, negative Inhalte durch verschiedene emotionale Techniken und Taktiken so zu senden, dass sich der Grad des Negativen bei deinem Gegenüber deutlich verringert oder, bei idealem Vorgehen, sogar ins Positive umkehrt.

Am Ende steht das Ergebnis

Ganz egal, ob dein Gespräch sich über mehrere Stunden zieht oder nur eine Minute dauert: Am Schluss steht ein Ergebnis. Du erhältst eine finale Reaktion, Antwort, Zu- oder Absage. Diese ist immer abhängig vom gesamten Gesprächsverlauf.

Hast du es geschafft, über die gesamte Dauer deiner Unterhaltung reichlich positive Teilchen zu senden, erhältst du nicht nur aufgrund des Gesetzes der ›Anziehung‹ laufend positive Zwischenreaktionen zurück, sondern sammelst auch entscheidendes Kapital für das gewünschte Gesprächsergebnis. Mit anderen Worten: Die finale Reaktion deines Gesprächspartners hängt davon ab, dass du reichlich positive Teilchen bei ihm eingelagert hast. Zehn Prozent sammelst du auf der bewussten Ebene. Neunzig Prozent auf der unterbewussten. Jedes einzelne kommunikative Teilchen, das du sendest, wird von deinem Gesprächspartner positiv oder negativ bewertet. Eine neutrale Bewertung gibt es nicht, da die mit der Beurteilung verbundenen Emotionen niemals wertfrei sind.

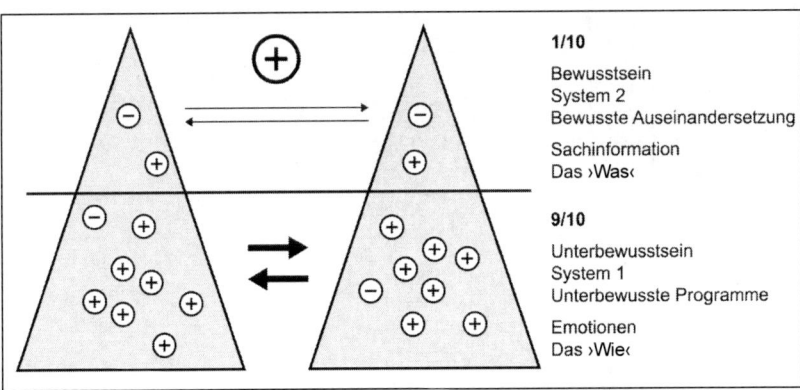

Abbildung 14: Das Gesprächsergebnis

3.8 Der Wahrnehmungsfilter im Detail

Manche kommunikativen Teilchen sind immer positiv geladen, andere stets negativ. Diese absoluten Techniken und Vorgehensweisen rufen bei jedem Menschen die gleichen Reaktionen hervor. Andere Teilchen wirken individuell. Bei einem Menschen werden sie als positiv wahrgenommen, bei anderen negativ bewertet. Warum wirken nun manche Teilchen bei allen Personen auf die gewünschte Weise und andere nur bei gewissen Gesprächspartnern? Hierfür verantwortlich ist der Wahrnehmungsfilter. Er wird von unterbewussten Programmen gesteuert und ist ausschlaggebend für die Bewertung des von dir zum Ausdruck Gebrachten. Um die Wirkungsweise beeinflussender Kommunikation bei anderen und dir zu verstehen, ist es notwendig, seine Funktionsweise zu kennen.

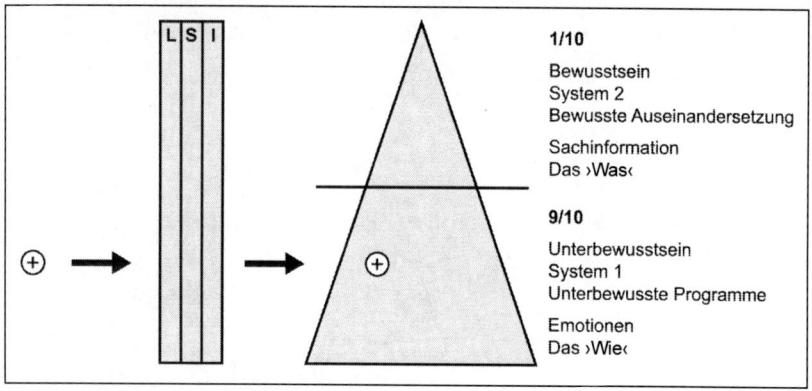

Abbildung 15: Der Wahrnehmungsfilter

Alles von dir Kommunizierte durchläuft drei fix angeordnete Phasen im Wahrnehmungsfilter deines Gesprächspartners, bevor es von ihm bewertet wird und als Auslöser für seine Reaktionen dient: Limitation, Selektion und Interpretation.

Limitierte Wahrnehmung

Wahrnehmung ist immer limitiert. Wir Menschen können nur einen minimalen Teil der auf uns einwirkenden Informationen aufnehmen. Wenn du deinen Gesprächspartner mit zu viel Information versorgst, wird er einem Großteil nicht mehr genug Aufmerksamkeit schenken. Er zieht das von dir Gesendete nicht mehr als Bewertungsgrundlage heran. Dies gilt nicht nur für die bewusste Ebene. Auch im Unterbewusstsein gibt es eine Hierarchie, wenn es um die Bewertung von Informationen geht. Du kennst das sicherlich: Du schaltest während einer Präsentation ab. Du denkst an ganz etwas Anderes, während dein Partner versucht, dich von etwas zu überzeugen. Der Verkäufer betet dir alle möglichen Vorteile eines Produkts herunter, während du in Gedanken schon eine Kalkulation durchführst. In diesem Sinne ist es Aufgabe erfolgreicher Beeinflussung sicherzustellen, dass die von dir gesetzten Argumente, Ausdrucksweisen und Techniken auch die erste Phase der Wahrnehmung überstehen. Dies setzt im Kern eine umfanggerechte Setzung von Inhalten sowie die Lenkung der generellen Aufmerksamkeit deines Gesprächspartners voraus.

Selektive Wahrnehmung

Zwei bekannte Kommunikationsphänomene stellen sich wie folgt dar. Erstens: Man redet im wahrsten Sinne des Wortes aneinander vorbei. Es kommt dir so vor, als ob der andere dir gar nicht zuhört oder sich nur auf bestimmte, vielleicht sogar belanglose Aspekte versteift. Resultat: Dein Gespräch wird zusehends mühsamer. Zweitens: Mehrere Menschen erleben genau das Gleiche. Darum gebeten, das Erlebte, Gesehene und Gehörte wiederzugeben, erhältst du komplett verschiedene Zusammenfassungen. Beide Phänomene hängen mit selektiver Wahrnehmung zusammen. Manchen Informationen wird mehr Aufmerksamkeit geschenkt, anderen weniger bis gar keine. Gewisse Dinge werden sogar komplett ausgeblendet.

Eine Geschichte, die sich angeblich vor langer Zeit abgespielt hat: *1492, die Schiffe des Kolumbus ankern vor der Küste Amerikas. Die Ureinwohner, die auf das Meer schauen, können sie nicht erkennen. In ihrer Wahrnehmung existieren sie nicht. Nur der Schamane erkennt, nachdem er eigenartige Bewegungen des Wassers wahrgenommen hat, nach langem konzentrierten Ausschauhalten die Schiffe. Er macht die anderen Mitglieder des Stammes auf das Gesehene aufmerksam. Erst dann erkennen auch sie die ankernden Schiffe.* Kann das sein? Ist diese (überlieferte) Geschichte wahr, wie in einer ganzen Reihe von Büchern und Filmen behauptet wird? Ich weiß es nicht. Was ich allerdings weiß, ist, dass unsere Wahrnehmung tatsächlich erstaunlichen Verzerrungen unserer Sinne unterworfen ist, wodurch sich die Wirklichkeit verändert.

Ein beeindruckendes Beispiel, wie selektiv unsere Wahrnehmung arbeitet, findest du auf YouTube. Bei meinen Trainings können die Teilnehmer es gar nicht fassen, dass ihre Wahrnehmung ihnen solche Streiche spielen kann. Falls du es noch nicht kennst und diese einmalige Erfahrung selber machen willst, befolge die nächsten Zeilen und lies dann nicht weiter. Denn wenn du erst einmal den Sinn der Übung erfahren hast, funktioniert das Experiment bei dir nicht mehr! Gehe auf *www.youtube.com* und gib in der Suchleiste folgende Wörter ein: ›Wahrnehmung Trance Täuschung‹. Klicke das erste Video an und stelle die Ansicht auf Vollbild. Sammle all deine Konzentration und versuche, die am Anfang eingeblendete Aufgabe zu lösen.

In dem Video wärmen sich zwei Basketballmannschaften, die eine in Schwarz, die andere in Weiß, gemeinsam in der gleichen Halle auf. Jede Mannschaft spielt sich hierbei in dem ungefähr eine halbe Minute dauernden Mitschnitt einen Basketball zu. Die Aufgabe besteht darin, die genaue Anzahl der Pässe der weißen Mannschaft zu zählen. Nach ungefähr zwanzig Sekunden geht ein als Gorilla verkleideter Akteur gemütlich durch das Bild. Er bleibt in der Mitte stehen, winkt und marschiert wieder aus dem Blickwinkel der Kamera. Wenn ich diese Übung bei einem Training einsetze, passiert am Ende stets Folgendes: Nach Vergleich der gezählten Pässe stelle ich den Zuschauern die Frage, ob ihnen noch etwas sehr Spezielles aufgefallen ist. Resultat: Keiner hat etwas gesehen und schon gar keinen großen schwarzen Affen. Erst bei einem zweiten Durchlauf des Videos erkennen die Teilnehmer den Gorilla. Das Erstaunen ist riesengroß. Manche behaupten sogar, dass es ich um ein anderes Video handeln muss. Was ist passiert? Die Teilnehmer konzentrieren sich mit aller Macht auf die weißen Spieler und vernachlässigen die in Schwarz gehaltenen Reize. Hierdurch blendet das Bewusstsein die Farbe Schwarz aus. Der überdeutliche Affe wird vom Gehirn ignoriert. Er ist in der Wahrnehmung der Teilnehmer unsichtbar.

Konzentration und Interesse

In der Kommunikation gibt es den gleichen Effekt. Dein Gegenüber konzentriert sich nur auf gewisse Aspekte des von dir Gesagten und zum Ausdruck Gebrachten. Andere Aspekte ignoriert er. Der Schlüssel für eine Veränderung der wahrgenommenen Wirklichkeit des anderen liegt also in der Konzentration. Um die Wahrnehmung deines Gesprächspartners zu manipulieren, musst du in der Lage sein, dessen Aufmerksamkeit auf gewünschte Elemente zu lenken und von unerwünschten Dingen fernzuhalten. Du steuerst seine Konzentration. Hast du erst erkannt, wo seine unterbewussten Konzentrations- beziehungsweise Interessensvorlieben liegen, nutzt du dieses Wissen für deine Ziele aus. Ein guter Verkäufer erkennt zum Beispiel deine wahren Kaufmotive und spricht die dahinter liegenden Bedürfnisse und Werte an. Der Fokus deiner Wahrnehmung wandert weg von Preisfragen – hin zum angenehmen Gefühl des Besitzen-Wollens. Selektive Wahrnehmung erklärt auch, warum ein Gespräch sich manchmal ewig im Kreis dreht und dein Gesprächspartner sich anscheinend vollkommen irrational an einem dir unbedeutend scheinenden Punkt festhakt. Alle deine Versuche, mit anderen Argumenten Ergebnisse zu erzielen, scheitern. Diese blendet dein Gegenüber nämlich einfach aus. Nur seinem eigenen ausgewählten Punkt gilt im Moment alle Konzentration.

Was lernen wir zusammengefasst daraus? Die zweite Phase des Wahrnehmungsfilters ist selektiv. Dein Gesprächspartner entscheidet, welche Elemente der Informationen für ihn von Bedeutung sind und konzentriert sich auf sie. Nur diese werden von ihm mit einer hohen Gewichtung be-

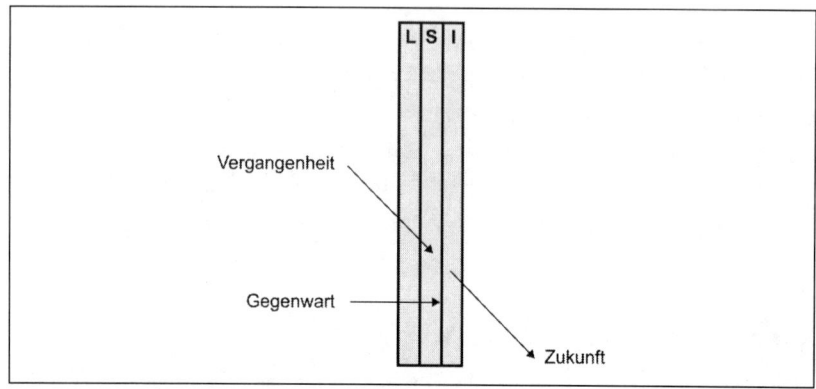

Abbildung 16: Faktoren: Selektion und Interpretation

wertet. Andere gesendete Teilchen werden nur vermindert oder gar nicht wahrgenommen. Wovon hängt es aber nun ab, welche Selektionen jemand in seiner Wahrnehmung trifft? Was für ihn wichtig ist und was weniger? Wo liegen die versteckten Hebel zur Beeinflussung?

Hierfür sowie für die abschließende Phase des Wahrnehmungsfilters, die Interpretation, sind drei Gruppen von Faktoren ausschlaggebend: Vergangenheits-, Gegenwarts- und Zukunftsfaktoren. Alle drei wirken direkt auf das Unterbewusstsein. Sie sind die Erbauer von unterbewussten Programmen und entscheiden über die Wahrnehmungs-, Entscheidungs-, Verhaltens- und Reaktionsmuster jedes einzelnen Menschen. Sie zu erkennen und zu nutzen ist der Grundstein erfolgreicher Beeinflussung. Die Faktoren im Detail:

Vergangenheits-faktoren	Werte, Normen, Prinzipien, Tabus, Positionen, Sozialisationen, Erfahrungen, Überzeugungen, Motive, Antriebe, Einstellungen, Vorstellungen, Bedürfnisse, Interessen, Instinkte, Ängste, Enttäuschungen, verdrängte Konflikte
Gegenwarts-faktoren	Kontext, Bedingungen, Umstände, Status, Stimmungen
Zukunftsfaktoren	Ziele, Absichten, Wünsche, Hoffnungen, Herausforderungen, Erwartungen

Wahrnehmung und Interpretation

Kommen wir nun zum dritten Teil des Wahrnehmungsfilters. Die Informationen zur Bewertung wurden ausgewählt. Nun folgt die Interpretation des Wahrgenommenen. Diese bildet die Grundlage zur abschließenden Bewertung. Sie entscheidet, ob du ein positiv oder negativ geladenes Teilchen bei deinem Gesprächspartner einlagerst. Die Interpretation hängt von den gleichen Faktoren ab wie die vorhergegangene Selektion der Wahrnehmung. Die automatisierten, unterbewussten Programme, die sich durch die beschriebenen drei Gruppen von Faktoren gebildet haben, interpretieren das Wahrgenommene. Je nach Interpretation kann ein und dieselbe Wahrnehmung bei unterschiedlichen Gesprächspartnern verschiedene Bewertungen hervorrufen.

Wahrnehmung	Interpretation	Bewertung und Reaktion
Der Verhandlungspartner wird laut und fordernd.	Der andere wird persönlich. Das muss ich mir nicht gefallen lassen!	Negativ: *Was erlauben Sie sich? Wie reden Sie denn mit mir?*
Der Verhandlungspartner wird laut und fordernd.	Schau an, ein direkter Typ! Wie ich. Das schätze ich!	Positiv: *Okay, Respekt! Ich sehe, Sie wollen es auf die direkte Art spielen. Na dann, lassen wir das Blabla beiseite und reden wir Klartext.*

Von Landkarten und Gebieten

Der Wahrnehmungsfilter entscheidet also, angetrieben von unterbewussten Programmen, wie Menschen Dinge wahrnehmen, interpretieren und bewerten. Jeder Einzelne von uns hat aufgrund der wirkenden Faktoren aus Vergangenheit, Gegenwart und Zukunft eine ganz persönliche Sicht der Welt und hiermit verbundene, automatische Reaktionsmuster. Diese ganz eigene Einschätzung der Welt gleicht einer Landkarte. Sie dient zur Orientierung in einer komplexen Welt. Alfred Korzybski, der Entwickler der allgemeinen Semantik, prägt bereits im letzten Jahrhundert den Satz:

»Die Landkarte ist nicht das Gebiet.« Das bedeutet, dass jeder Mensch in einer anderen Wirklichkeit lebt. Es gibt nicht ein »Gebiet«, eine Wirklichkeit, eine festgelegte Logik, wie man auf gewisse Dinge zu reagieren hat. Wahrnehmungen sind unterschiedlich, Interpretationen und Bewertungen ebenfalls. Erkunde deswegen stets die Landkarten deiner Gesprächspartner und gehe niemals davon aus, dass deine eigene Landkarte auch für andere Menschen anwendbar ist. Achte auch immer auf deinen eigenen Wahrnehmungsfilter. Bist du konzentriert genug, um alle wichtigen Informationen des anderen aufzunehmen? Interpretierst du Dinge voreilig, anstatt sie aus der Sicht des anderen zu betrachten? Lässt du dich von Emotionen und automatischen Programmen leiten, anstatt Ruhe zu bewahren und das Gesagte zu deinem Vorteil zu nutzen? Neigst du dazu, Dinge persönlich zu nehmen, anstatt Sie einfach als das zu sehen, was sie sind: wertvolle Informationen über das Innenleben deines Gesprächspartners? Hinterfrage all dies zu jeder Zeit eines Gesprächs. Denn Kommunikation verläuft stets in zwei Richtungen!

4.
DIE BASIS LEGEN –
Wie du Voraussetzungen schaffst und Chancen erhöhst

4.1 Du bist gefangen in Kindheitsstrategien

Zagreb vor einigen Jahren: Ich nehme mit meinen Mitarbeitern an der jährlich stattfindenden nationalen Weiterbildungsmesse teil. Nach einigen Stunden ist unser Firmenstand aufgebaut. Eine meiner Mitarbeiterinnen kommt zu mir und fragt mich: »*Hast du schon gesehen? Unsere Nachbarn, die haben einen fast leeren Stand!*« *Ich gehe um die Ecke und betrachte das Szenario: Ein Tisch, drei Stühle und ein Flipchart – das war's. Mein Blick verharrt auf dem Flipchart. Ich beginne zu lächeln. Trotz meiner beschränkten Kroatischkenntnisse kann ich den kurzen Text problemlos verstehen.* »*Warum grinst du so?*«*, fragt mich meine Managerin. Ich lächle weiter und sage:* »*Der Stand ist zwar etwas einfach gehalten, aber die Botschaft auf der Flipchart ist vielleicht die wichtigste in der ganzen Halle!*« »*Die zwei Mini-Sätzchen?*«*, fragt meine Mitarbeiterin etwas erstaunt.* »*Ja, genau die!*«*, antworte ich.*

Grundeinstellungen

Die Transaktionsanalyse des Psychologen Eric Berne ist ein Modell zum Verstehen von Persönlichkeitsstrukturen. Sie erhebt den Anspruch, Instrumente zur Verfügung zu stellen, durch die Menschen ihre erlebte Wirklichkeit verändern können. Ein Teil der Transaktionsanalyse beschäftigt sich mit Grundeinstellungen. Demnach wählt jeder Mensch im frühesten Kindesalter unbewusst eine von drei möglichen Lebensanschauungen und nimmt hierüber seine Umwelt, seine Wirklichkeit wahr.

Ich bin nicht okay! – Du bist okay!

Diese Einstellung setzt den eigenen Wert herab. Das eigene Selbstbewusstsein ist schwach ausgeprägt. Andere Menschen werden als wertvoller und besser als man selbst gesehen. Man neigt dazu, es anderen recht machen zu wollen.

Ich bin okay! – Du bist nicht okay!

Die zweite mögliche Grundeinstellung spiegelt den Glauben wider, dass man selbst einen höheren Wert als andere Menschen besitzt. Die eigene Person wird als besser und bedeutender empfunden. Man wächst auf Kosten anderer.

Ich bin nicht okay! – Du bist nicht okay!

Eine solche Lebensanschauung beurteilt sowohl einen selbst als auch andere negativ. Ein positives Verständnis für die eigene Person fehlt. Man ist mit sich selbst unzufrieden. Zusätzlich sind auch alle anderen Menschen schlecht. Man glaubt weder an sich noch an andere.

Alle drei Grundeinstellungen erschweren das Führen eines glücklichen und erfüllten Lebens. Vertreter der Transaktionsanalyse empfehlen daher, die ursprünglich unbewusste Entscheidung als Erwachsener zu ändern. Hierzu ist es nötig, die eigene Lebensanschauung kritisch zu hinterfragen, negative Erinnerungen der Kindheit zu löschen (beziehungsweise zu verarbeiten und in den richtigen Kontext zu stellen) und bewusst jeden Tag an der neuen, einzig richtigen Grundeinstellung zu arbeiten. Und genau diese stand auch in großen Buchstaben auf dem Flipchart unserer Messenachbarn.

Ich bin okay! – Du bist okay!

Diese Lebensanschauung würdigt den eigenen Wert sowie den Wert anderer Menschen. Man glaubt an sich selbst und steht zu seinen Überzeugungen und der eigenen Persönlichkeit. Andere Menschen werden so respektiert, wie sie sind. Man akzeptiert ihre Eigenheiten und pflegt einen konstruktiven, unterstützenden Umgang mit anderen.

Grundeinstellung und Kommunikation

Was hat das alles nun mit beeinflussender Kommunikation zu tun? Ganz einfach! Ohne die richtige Einstellung gibt es keine erfolgreiche Beeinflussung! Techniken funktionieren nur unbefriedigend oder gar nicht. Die Resultate deiner Bemühungen sind enttäuschend. Überprüfe deswegen vor jedem einzelnen Gespräch, in dem du Ergebnisse in deinem Sinne steuern und lenken willst, deine Einstellung. Und zwar nicht nur die Einstellung gegenüber dir selbst und deinem Gesprächspartner, sondern auch die gegenüber dem von dir Gesagten.

Die Regel lautet: Ich bin okay! – Du bist okay! – Es ist okay!

Ich bin okay!
Um andere zu überzeugen, musst du zuallererst an dich glauben. Du brauchst eine positive Einstellung zu dir selbst! Warum sollte dein Gesprächspartner auch auf dich hören, wenn er den Eindruck gewinnt, dass du von dir selbst nicht überzeugt bist? Menschen, die sich ihrer selbst nicht sicher sind, übertragen das sofort auf ihre Kommunikation. Die Körpersprache wirkt unsicher, die Stimme unterstreicht bewusstes oder unterbewusstes Unbehagen und Formulierungen und Argumente wirken alles andere als selbstbewusst und überzeugend. Egal wie erfolgreich sich dein Leben bis jetzt gestaltet hat: Glaube ab heute an dich! Traue dir alles zu! Konzentriere dich niemals auf das, was nicht gut gelaufen ist, sondern stets auf das, was dir bereits gut gelingt! Es geht nicht darum, perfekt zu sein, es geht ausschließlich darum, an dich zu glauben!

Eine generelle positive Einstellung zu dir selbst ist die eine Sache. Die andere ist der absolute Glauben an deine Rolle, aus der du kommunizierst. Stelle sicher und arbeite stets daran, dass du von der Rolle, die du während deines Gesprächs repräsentierst, überzeugt bist.

Wenn du als Führungskraft in deinem Innersten nicht davon überzeugt bist, dass du diesen Status verdienst, nehmen dich deine Mitarbeiter wenig oder gar nicht ernst. Denn sie merken das! Falls du deinen Beruf als Verkäufer in Wirklichkeit nicht magst und der Meinung bist, dass dieses ›Verkaufen‹ eigentlich gar nicht deins ist, dann bewegen sich deine Abschlüsse im dürftigen Rahmen. Denn deine Kunden merken das! Wenn du fest daran glaubst, dass Präsentationen und das Reden vor Leuten eine Schwäche von dir ist, dann bist du in solchen Situationen nicht nur nervös, sondern verlierst auch dein Publikum nach wenigen Minuten. Denn deine Zuhörer merken das! Und wenn du daran zweifelst, dass du eine gute Partie bist, dann wirst du beim Flirten keinen Erfolg haben. Denn der andere merkt das!

Du bist okay!

Die zweite Grundvoraussetzung für kommunikativen Erfolg ist die positive Einstellung zu deinem Gesprächspartner. Das bedeutet nicht, dass du von heute an jeden Menschen, mit dem du sprichst, lieben musst. Es wird immer Personen geben, die dir mehr liegen und solche, mit denen du wenig bis gar nichts anfangen kannst. Ganz normal! Das ist der Lauf der Welt. Entscheidend ist, dass du vor Gesprächen keine negativen Erwartungen in dir aufkommen lässt. Denn eine solche Erwartungshaltung bemerkt dein Gesprächspartner sofort. Der Glaube, dass man solche negativen Gefühle überspielen und verbergen kann, ist ein weit verbreiteter Irrtum. Wenn du überzeugt davon bist, dass dein Gesprächspartner ein ›Bösewicht‹ ist, dann zeigst du ihm das, auch ohne es zu wollen – sei es über deine Körpersprache oder die Art und Weise, wie du mit ihm sprichst. Und schon bald wird dein Gegenüber wie von Geisterhand zu genau dem, was du vor dem Gespräch bereits befürchtet hast: einem bösartigen Menschen. Du selbst hast ihn mit deiner negativen Einstellung dazu gemacht!

Das ist die Macht sich selbst erfüllender Prophezeiungen. Dabei handelt es sich um Vorhersagen, die sich deshalb erfüllen, weil du dich, meist unbewusst, aufgrund deiner Überzeugung (und dem ebenfalls unbewussten Wunsch, recht zu behalten) genau so verhältst und kommuniziert, dass das Befürchtete dann auch eintritt. Wenn du also überzeugt bist, dass dein Mitarbeiter faul, undankbar und unzuverlässig ist, dann wird er genau diese Verhaltensweisen an den Tag legen. Wenn du vor einem Kundengespräch sicher bist, dass der Klient anstrengend ist und nichts dabei herauskommt, passiert genau das. Falls du fest daran glaubst, dass deine Präsentation sowieso niemanden interessiert, geht dein Vortrag in die Hose. Und wenn du dir als Rezeptionist schon bei Dienstantritt absolut sicher bist, dass heute sicher viele anstrengende Gäste eintreffen, sind zahlreiche Schwierigkeiten vorprogrammiert.

Behalte deine positive Einstellung gegenüber deinem Gesprächspartner auch während des Gesprächs bei. Achte bewusst darauf, deinem Gegenüber stets Wertschätzung zu signalisieren. Zeige ihm, dass du ihn respektierst und ernst nimmst – ganz egal wie schwierig, eigen oder unpassend er sich gerade verhält. Vergiss nicht: Du bist es, der etwas von ihm will! Du erwartest, dass er auf die von dir gewünschte Weise reagiert und entscheidet. Dafür musst du etwas tun, nicht er! Zeige deinem Gesprächspartner deswegen aktiv deine positive Einstellung ihm gegenüber. Erzeugst du statt positiven Gefühlen emotionalen Druck, erntest du Gegendruck. Beeinflussung wird schwierig bis unmöglich.

Es ist okay!
Eine positive Einstellung zu dir und deinem Gesprächspartner macht bereits zwei Drittel der Miete aus. Der letzte entscheidende Baustein liegt in der richtigen Einstellung zu dem, worüber du sprichst. Deine Mitarbeiter ziehen nicht an einem Strang und geben ihr Bestes, wenn Sie merken, dass du von deinen eigenen Vorgaben, Strategien und Anweisungen nicht hundertprozentig überzeugt bist. Kunden kaufen dir kein Produkt ab, wenn du als Verkäufer oder Berater nicht deutlich zeigst, dass du selbst davon begeistert bist. Falls du als Redner deinen Vortrag monoton und ohne Leidenschaft runterbetest, darfst du dich nicht wundern, wenn dein Publikum, schneller als du bis zehn zählen kannst, die Lust an den von dir dargebrachten Inhalten verliert. Und kein Kind der Welt akzeptiert deine Erziehungsmaßnahme ohne Widerspruch, wenn du ihm zeigst, dass du selbst nicht ganz sicher bist, ob dieses Vorgehen Sinn macht und angemessen ist.

Wenn du an etwas glaubst, dir etwas wichtig ist oder dir etwas am Herzen liegt, verändert sich dein ganzes Auftreten: Worte, Stimme, Körpersprache – alles ist im Fluss. Dein Gesprächspartner sieht, hört und spürt, dass dir das, worüber du sprichst, etwas bedeutet. Er weiß, dass du hinter dem Gesagten stehst. Wenn Menschen über Dinge reden, an die sie glauben und die ihnen wichtig sind, vermehren sich innerhalb von Sekunden Wirkung, Präsenz und Überzeugungskraft. Stehe deswegen immer hinter dem, was du sagst. Sei überzeugt von allem, was du kommunizierst – nicht nur von ein oder zwei Punkten. Glaube an das, von dem du willst, dass andere es dir glauben! Ohne Ausnahme!

4.2 Die Macht der Spiegelneurone

Falls du dich schon einige Zeit mit dem Thema Kommunikation beschäftigst, weißt du oder hast zumindest schon einmal davon gehört oder gelesen, dass Lächeln ein wichtiger Bestandteil für überzeugendes Auftreten, Beeinflussung und nachhaltige Wirkung ist. Selbst wenn du dich noch nie mit Körpersprache, Rhetorik oder Ähnlichem befasst hast, erscheint es dir sicher logisch, dass ein ernstes, vielleicht gar verärgertes Gesicht deine Erfolgsaussichten in Gesprächssituationen verschiedenster Art nicht gerade erhöht. Stell dir einfach einmal Folgendes vor: Ein Kellner, der mit grantigem Gesicht deine Bestellung aufnimmt, ein Verkäufer, der dir mit ausdruckslosem Gesicht seine Ware präsentiert, oder ein Abteilungsleiter, der mit hängenden Mundwickeln, leicht genervt das Teammeeting leitet.

Das Klima macht's
Du hast einen katastrophalen Tag hinter dir. Stress, Ärger, Müdigkeit – du bist so richtig mies drauf. Dummerweise hast du auch noch einem guten Freund versprochen, dich mit ihm auf ein Getränk zu treffen. Während du dich also notgedrungen mit letzter Kraft und aus reinem Pflichtbewusstsein in das Lokal eurer Wahl schleppst, wünscht du dir bereits, dieses Treffen niemals ausgemacht zu haben. Du betrittst das Café und hältst nach deinem Freund Ausschau. Da sitzt er auch schon. Gut gelaunt, positiv, lächelnd! Und siehe da, nachdem ihr ein wenig ins Plaudern gekommen seid, fühlt sich das alles für dich schon überraschend gut an. Dein Ärger und deine Müdig-

keit lassen nach. Selbst nach deinem äußerst anstrengenden Tag fühlst du dich aus irgendeinem Grund in der Umgebung deines Bekannten wohl. Deine Laune bessert sich zusehends und langsam aber sicher entspannst du dich. Du bestellst ein zweites Getränk.

Menschen, die über eine positive Einstellung und ein sympathisches, freundliches Auftreten verfügen, heben automatisch deine Laune und dein Interesse. Immer und ausnahmslos!

Ein anderes Szenario: Du hattest einen großartigen Tag. Du bist voller Energie und bestens gelaunt. Gerne triffst du dich mit einem Freund zu einem After Business Talk. Du betrittst das Lokal. Federleicht und mit einem Strahlen im Gesicht. Zuerst denkst du, dass dein Kollege noch gar nicht angekommen ist, doch dann siehst du ihn an einem Tisch in der Ecke sitzen. Eingesunken, schlecht gelaunt, zusammengekniffene Augen, das ganze Leid der Welt hat sich in ihm angesammelt. Kaum dass ihr zu reden angefangen habt, legt er auch schon los. Familienprobleme, sein Chef ist ein Bösewicht, die Firma sowieso, die Menschen an sich auch, gleich der Wirtschaft, und die Welt erst ... Und was geschieht? Nach spätestens einer Viertelstunde sitzt du selbst gebrochen da. Keine gute Laune mehr, kein tolles Gefühl. Energie und Motivation schwimmen den Fluss der schlechten Stimmung hinunter – unaufhaltsam, schneller und schneller.

So ist es halt im Leben! Negative, schlecht gelaunte Menschen kosten dich Energie und verhindern durch ihr Auftreten und ihr Verhalten Kommunikationsfreude und -effizienz. Sei deswegen, wenn du andere Menschen durch Kommunikation beeinflussen willst, stets darauf bedacht, das Gesprächsumfeld und somit deine eigene Persönlichkeit positiv zu besetzen. Ein einfaches Anziehen deiner Mundwinkel verändert Gesprächsverläufe und hiermit verbundene Ergebnisse grundlegend, zu deinen Gunsten! Lächeln bedeutet:

- Sympathie – ich mag dich!
- Selbstsicherheit – ich bin mit mir im Reinen!
- Dynamik und Aktivität – packen wir's an!
- Anerkennung – ich freue mich über das Gespräch!
- Vertrauen – ich habe nichts zu verbergen!
- Aufrichtigkeit – ich halte keine Information zurück!
- Erfolg – denn dein Lächeln wird unterbewusst immer mit Erfolg gleichgesetzt!

All das sind Eigenschaften, die du deinen Gesprächspartnern gegenüber darstellen willst. Und ein einfaches, ehrliches Lächeln verschafft dir eben genau diese gewünschte Wahrnehmung deiner Person. Zusätzlich verändert ein Lächeln deine Stimme. Sie wirkt sympathischer und vertrauenerweckender. Frag nach bei Radiomoderatoren, Call Center-Experten und Verkaufsprofis am Telefon.

Beispiel: Die goldene Trainerregel

Neun Uhr. Das Seminar beginnt. Die Teilnehmer sitzen auf ihren Stühlen und begutachten argwöhnisch den Vortragenden, den Seminarraum und die verteilten Materialien. Neugierde bis Zweifel ist auf ihren Gesichtern zu lesen. Der Trainer beginnt das Seminar. Gut gelaunt plaudert er ein wenig über sich und das Training. Durch die eine oder andere lustige Anekdote und Bemerkung fangen einige Teilnehmer zu schmunzeln, andere sogar zu lachen an. Die Gesichter im Saal beginnen sich zu entspannen, die Atmosphäre lockert sich. Der Trainer hat die Teilnehmer auf seine Seite gezogen. Die goldene Regel bei einem Training (aber auch bei Präsentationen, Vorträgen und so weiter) lautet schlicht und ergreifend: »Bring deine Teilnehmer möglichst schnell zum Lachen!« Und genau so verhält es sich auch bei Gesprächen jeder Art. Bring dein Gegenüber möglichst schnell zum Lächeln beziehungsweise Lachen! Ziehe ihn auf deine Seite!

Die Sache mit den Spiegelneuronen

Nun kannst du natürlich das anfängliche Befinden anderer Personen nicht vorhersagen. Je nach Verfassung sind sie bei Beginn des Gesprächs gut oder auch miserabel aufgelegt. Aber ganz egal, wie sich deren Stimmung am Beginn deines Gesprächs darstellt – es liegt an dir (und zwar nur an dir!) deine Gesprächspartner entweder in ihrer exzellenten Stimmung zu halten oder sie aus ihrer miesen Laune herauszuholen. Der Witz an der Sache ist, dass der sicherste Weg hierzu eben nicht der Inhalt ist, über den du sprichst, sondern das Schaffen eines freundlichen, positiven Gesprächsumfelds. Und genau hier kommen die Spiegelneuronen ins Spiel.

In einem italienischen Labor forscht Giacomo Rizzolatti mit seinem Team Mitte der Neunzigerjahre an Affengehirnen. Dazu pflanzen sie den Tieren Elektroden ein. Die grundlegende Fragestellung lautet: Welche Nervenzellen reagieren, sobald einer der Affen nach einer Erdnuss greift (Anmerkung: Affen lieben Erdnüsse!). Was die Forscher während der Experimente mehr zufällig als gewollt entdecken, ist verblüffend. Bestimmte Zellen reagieren, und zwar unabhängig davon, ob die Tiere selbst nach einer Erdnuss greifen oder ob sie einen der Labormitarbeiter nur dabei beobachten, wie dieser eine Nuss in die Hand nimmt.

Die betreffenden Nervenzellen spiegeln also Gesehenes im Gehirn. Deswegen werden sie Spiegelneuronen genannt. Auch bei Menschen können diese Neuronen zum Beispiel im Broca-Zentrum des Gehirns nachgewiesen werden. Schon Babys spiegeln ihre Umwelt. Ein Lächeln der Eltern, das Mundöffnen beim Füttern (Sag aaahh!) – und auch bei uns Erwachsenen wirken die Spiegelneuronen ständig und immerzu. Freude überträgt sich so von einer Person zu einer anderen, aber natürlich auch negative Gefühle wie Ärger, Wut, Stress und Trauer. Dein Gehirn interpretiert hierbei das, was du mit deinen verschiedenen Sinnen wahrnimmst. Unter anderem den Gesichtsausdruck deines Gegenübers. Du lächelst automatisch mit, wenn dich jemand anlächelt. Du gähnst, wenn dir jemand dies ausgiebig vor deinen Augen vorführt. Du verziehst bewusst oder unbewusst dein Gesicht, wenn jemand vor dir in eine Zitrone beißt. Lächeln und Lachen sind, im wahrsten Sinne des Wortes, ansteckend. Wie oft hast du über etwas gelacht, obwohl es im Nachhinein, streng genommen, gar nicht so witzig war? Wie oft hast du Tränen vergossen, ganz einfach weil du mit jemand anderem gemeinsam einen Lachanfall hattest?

Das bedeutet: Egal wie sich dein Gesprächspartner fühlt, unabhängig wie sein Tag war oder wie anstrengend das Gesprächsthema für ihn ist – durch dein Lächeln hellen sich nach und nach auch seine Gesichtszüge auf. Er ist bereit für weitere Kommunikationstaktiken und -techniken von deiner Seite.

Natürlich funktioniert das Spiel auch in die entgegengesetzte Richtung. Setz dich einfach einmal bei deinen nächsten Gesprächen mit ernster, idealerweise leicht verärgerter Miene an den Tisch. Wichtig: Behalte diesen Gesichtsausdruck eisern bei! Ich verspreche dir, selbst wenn dein Gesprächspartner ursprünglich bester Laune war, er schaut schon nach kurzer Zeit ebenso missmutig drein wie du. Sein Kommunikationsverhalten ist zusehends von Kritik und Vorsicht geprägt.

Wir haben das Lächeln verlernt

Der Psychologe Dr. Michael Titze hat herausgefunden, dass die Menschen in den Fünfzigerjahren noch achtzehn Minuten am Tag gelacht haben. Heute liegt der Schnitt gerade mal bei sechs Minuten. Wir Menschen tun uns zunehmend schwer zu lächeln, freundlich besetzte Gefühle auszudrücken und positive Signale an unsere Gesprächspartner zu senden. Schwierige Zeiten, verschiedenste Herausforderungen, fehlendes Selbstvertrauen, das (meist falsche) Gefühl, situationsbedingt neutral oder ernst auftreten zu müssen – all das verleitet dich zu einer Mimik, die kontraproduktiv ist und deinen kommunikativen Erfolg deutlich erschwert.

Echtes Lächeln, falsches Lächeln

In verschiedenen Büchern, die sich ausgiebig mit Körpersprache beschäftigen, gibt es allerlei Hilfestellungen, wie du ein echtes von einem falschen Lächeln unterscheiden kannst: Muskelzug da, Faltenwurf dort. Um es kurz zu machen: Es ist in Wirklichkeit vollkommen egal, wie du lächelst. Es macht keinen Unterschied, ob du in einem gewissen Moment wirklich lächeln willst oder ob du es aus taktischen Gründen tust. Das einzig Wichtige ist, dass es natürlich erscheint und nicht wie das Grinsen der Katze aus Alice im Wunderland. Hier hilft nur Eins: eine positive Einstellung! Manchmal fällt es dir, genauso wie mir, sicher auch schwer, zu lächeln. Die Gesprächssituation ist einem Lächeln vielleicht nicht gerade förderlich: Schwierige Verhandlungen, unangenehme Fragen, Stress, eine aufgeheizte Stimmung, vielleicht sogar das volle Programm. Falls eine Situation oder das Gesagte es dir schwer machen, weiterhin eine entspannte und freundliche Mimik aufzusetzen, überspiele das. Lächle weiter! Lass dir nichts anmerken! Gerade wenn man negative, emotionale Reaktionen von dir erwartet, punktest du auf diese Art am meisten.

Muster unterbrechen

Das Weiterführen sympathischer, freundlicher Mimik in schwierigen Situationen ist in Wirklichkeit nichts anderes als eine Musterunterbrechung. Jeder Mensch hat gewisse Erwartungshaltungen. Unterbrichst du diese, zwingst du ihn, sein eigenes Verhalten zu reflektieren. Zusätzlich verwirrst du sein Bewusstsein und öffnest hierdurch gleichzeitig das Tor zum Unterbewusstsein deines Gesprächspartners. Mit anderen Worten: Er ist empfänglicher für suggestive Kommunikationstechniken und -taktiken. Ein beeindruckendes Beispiel für die Wirkung von Musterunterbrechungen ist die Blitzhypnose. In nur wenigen Sekunden schafft es der Hypnotiseur, dich in tiefen Schlaf zu versetzen. Und ich rede hierbei nicht von jener Technik, die riskant und gesundheitsgefährdend ist: den Druck auf die Halsschlagader. Professionelle Blitzhypnose macht nichts anderes, als durch gezielte Musterunterbrechung den Griff in das Unterbewusstsein zu ermöglichen. So presst der Hypnotiseur zum Beispiel seine Hände fest gegen die deinen und gibt dir die Anweisung, du sollst, während er selbst bis zehn zählt, immer stärker gegen seine Hände drücken. Bei »Acht« zieht der Hypnotiseur dann plötzlich und vollkommen unerwartet seine Hände weg: Musterunterbrechung! Dein Bewusstsein ist für einen kurzen, aber entscheidenden Moment verwirrt. Jetzt ist es an der Zeit, das Kommando »Schlaf!« zu geben. Und siehe da, schon schläfst du.

Wichtig! Probiere solche oder ähnliche Techniken niemals ohne das Absolvieren einer professionellen Hypnose-Ausbildung aus. Bei einem solchen Vorgehen können unerwartete und unerwünschte Effekte auftreten. Und in diesem Fall weißt du dann besser ganz genau, wie du richtig und vor allem schnell reagierst!

Lächeln kann man lernen

Fange also einfach schon heute an, bewusst ein Lächeln aufzusetzen. Du wirst sehen: Mit der Zeit machst du es ganz automatisch. Erinnere dich besonders vor schwierigen Gesprächen immer daran, zu lächeln. Dann wirst du übrigens auch einen weiteren äußerst nützlichen Effekt dieser Technik bemerken. Schon nach einer Minute spürst du, wie dein Körper sich merklich entspannt und du dich zunehmend wohler fühlst. Denn dein Unterbewusstsein ist sehr einfach gestrickt. Wenn du lächelst, geht es davon aus, dass es dir gut geht. Es beendet die Adrenalinausschüttung und andere störende körperliche Reaktionen. Wozu sollte das alles auch noch gut sein? Es geht dir ja gut! Du lächelst.

Abschließend: Lächeln und Ähnliches hat natürlich nichts in Situationen zu suchen, wo es unangebracht und unangemessen ist. Wenn eine Situation zum Beispiel Betroffenheit erfordert, zeigst du diese selbstverständlich.

Weiters macht es Sinn, wenn du – punktuell – eine verärgerte oder negative Mimik in Momenten aufsetzt, in denen du deine Ablehnung des Geäußerten klar zum Ausdruck bringen willst oder musst (Preisverhandlung, unangebrachter Vorwurf und Ähnliches).

4.3 Der magische Blick – Es liegt alles in den Augen

So sagt man. Keinem anderen Teil des Gesichts wird bewusst oder unterbewusst soviel Aufmerksamkeit geschenkt. »Durch den Einsatz der Augen wächst die Überzeugungskraft um 25 Prozent«, sagt Nikolaus B. Enkelmann, Psychologe und Urgestein der deutschsprachigen Rhetoriktrainer. Damit du durch die später beschriebene Blicktechnik Gespräche beeinflusst, muss eine grundlegende Voraussetzung gegeben sein. Diese hat mit deinen Pupillen zu tun, die beständig ihre Größe verändern. Der Unterschied reicht von eineinhalb bis zu sechs Millimetern Durchmesser. In erster Linie reagieren Pupillen auf Licht. Schaust du in die pralle Sonne, so verkleinern sie sich in kürzester Zeit auf Stecknadelkopfgröße. In der Dunkelheit vergrößern sie sich. Pupillen reagieren nicht nur auf Lichteinfall, sondern genau so empfindlich auf eine weitere Sache – und zwar auf Sympathie. Wenn du jemanden außerordentlich magst, weiten sich deine Pupillen. Dein Blick wird weich, angenehm und drückt positives Interesse an deinem Gesprächspartner aus. Ist dir jemand unsympathisch, so verengen sich deine Pupillen. Du drückst deine negativen Gefühle durch einen stechenden Blick aus.

Wie du später siehst, bedarf der ›magische‹ Blick eines über längere Zeiten gehaltenen Augenkontakts. Damit dein Gesprächspartner diesen akzeptiert und selbigen nicht als unangenehm empfindet, ist es notwendig, dass er deinen Blick als etwas Positives und Unbedrohliches wahrnimmt. Sind deine Pupillen klein und stechend, passiert das Gegenteil. Dein Blick wird unterbewusst als aggressiv und bedrohend wahrgenommen. Nun macht es natürlich keinen Sinn, bei jedem wichtigen Gespräch das Licht abzuschalten oder die Rollläden herunterzulassen. Auch halluzinogene Drogen sind keine Option zur Beeinflussung der Pupillengröße. Der Weg zum Ziel führt ausschließlich über eine positive Einstellung. Sage dir, unabhängig davon, wie schwierig oder unangenehm dein Gesprächspartner ist, immer wieder, dass du ihn magst. Stell dir vor, dass du für ihn liebevolle und ausschließlich positive Gefühle hegst! Die gleichen Emotionen, die du empfindest, wenn sich dein Herz für dein Kind oder deinen Partner weit öffnet. Dein Blick muss immer Sympathie ausdrücken, niemals Abneigung oder Ärger.

Grundregeln zur Blickrichtung

Ein unruhiger Blick spiegelt innere Unruhe. Du wirst von deinem Gegenüber als unsicher wahrgenommen. Dies ist der erste Grund, warum du dich stets darauf konzentrieren sollst, Blickkontakt zu halten. Durch anhaltenden Blickkontakt wirkst du überzeugend und selbstsicher. Hierfür braucht es, wenn dein Gesprächspartner das über längere Zeit stattfindende In-die-Augen-schauen akzeptieren soll, den bereits beschriebenen weichen, Sympathie ausdrückenden Blick. Richte diesen auf die Augenpartie des anderen und versuche dabei nicht zu oft zu blinzeln. Jedes Mal Blinzeln bedeutet eine kurze Unterbrechung des aufgebauten Beeinflussungskanals. Übe diesen Blick am besten regelmäßig vor dem Spiegel. Schließe deine Augen, wenn du merkst, dass sie müde werden. Warte fünfzehn Sekunden und fahre mit der Übung fort. Nach einigen Wochen solltest du den Blick rund eine Minute anwenden können, ohne dass deine Augenlider auf und ab gehen.

Als Faustregel gilt: Wenn du sprichst, nimmst du den beschriebenen Augenkontakt auf und bündelst deine positiven Gefühle in deinem Blick. Spricht jedoch der andere, senkst du deinen Blick etwas – ungefähr auf Nasenhöhe des anderen. Wer spricht, hat in einem Gespräch stets die Oberhand. Senkst du deinen Blick nicht, während dein Gegenüber redet, wird das von der anderen Person nach einer gewissen Zeit als Angriff interpretiert.

Den Zensor einschläfern

Kommen wir nun zum zweiten Grund, aus dem du Augenkontakt halten sollst. Je höher die Gehirnfrequenzaktivität, desto aktiver ist der Thalamus (Zensor). Bei voller Leistungsstufe sprechen wir von dem sogenannten Beta-Zustand. Hier ist der Zensor hellwach und aufmerksam. Beeinflussung gestaltet sich schwierig. Der entscheidende Zustand, wenn wir von Beeinflussung in Gesprächen ausgehen, ist der Alpha-Zustand. Entspannte Konzentration und Ruhe kennzeichnen ihn. Er ist die Brücke zwischen Bewusstsein und Unterbewusstsein. Der Zensor ist schläfrig. Hier wirkt beeinflussende Kommunikation. Dementsprechend lautet die Regel: Weg vom Beta-Zustand – hin zum Alpha-Zustand! Und wie gelingt das? Als Erstes muss sich dein Gesprächspartner wohlfühlen und entspannen. Vermeide deswegen in allen Gesprächen Stress erzeugendes Vorgehen. Stress aktiviert immer das Bewusstsein und den Zensor und ist deswegen bei kommunikativer Beeinflussung tunlichst zu vermeiden.

Der zweite Schritt, um Alpha-Zustände zu erzeugen, ist das Ermüden des anderen. Hierbei sprechen wir nicht über Ermüdung durch das Geben von unpassender und langweiliger Information, sondern die Kunst, die Augen des anderen unauffällig müde werden zu lassen. Hypnotiseure wissen, dass der erste Schritt für erfolgreiche Induktion die Ermüdung der Augenmuskulatur darstellt. Hierzu benutzt der Hypnotiseur entweder einen Gegenstand, auf den sich das Gegenüber konzentrieren soll, oder seine eigenen Augen, mit denen er die des anderen fixiert. In beiden Fällen erreicht er so die gewünschte Ermüdung und die Senkung der Gehirnwellenaktivität. Nun kann er mit weiteren Suggestionen fortfahren. Noch einmal: Damit ein solches Vorgehen nicht als störend wahrgenommen wird, muss dein Blick, wie bereits beschrieben, als wohlwollend, freundlich und positiv wahrgenommen werden. Übe diesen Blick deswegen beständig – so lange, bis du ihn in jeder Situation ausdauernd einsetzen kannst, ohne dass deine Gesprächspartner ihren Blick abwenden. Dann stehen deine Chancen gut, dass sich der Zensor deines Gegenübers nach und nach zurückzieht.

5.
DIE BRÜCKE BAUEN –
Wie du Sympathie gewinnst und Vertrauen schaffst

● ● ● ● ● ● ● ● ● ● ● ● ● ● ● ● ● ● ●

5.1 Einklang schaffen – Spiegeln mit dem Kopf

Spiegeln steht für die kurze oder auch längere behutsame und möglichst unauffällige Nachahmung körpersprachlicher oder verbaler Verhaltensweisen deines Gesprächspartners. Es lässt Sympathie und Vertrauen entstehen. Dass ein solches Vorgehen Kommunikationsprozesse verbessert, ist nicht besonders überraschend. Dir ist sicher schon aufgefallen, dass Menschen, die Sympathie und Zuneigung füreinander hegen (altes Ehepaar, frisch Verliebte, alte Freunde ...), ihre Art und Weise des Körper- und Sprachausdrucks unbewusst aufeinander abstimmen. Sie verwenden eine ähnliche Gestik und Mimik, nutzen ähnliche Wörter oder Formulierungen. Ihre Kommunikation ist von Resonanz geprägt – wie zwei Stimmgabeln, die, nahe aneinander gehalten, beginnen, miteinander auf gleicher Wellenlänge zu schwingen.

Warum also bewusst spiegeln? Menschen schätzen andere Menschen, die so sind wie sie selbst. Sie wollen mit Leuten, die sie mögen, übereinstimmen und nicht streiten. Und das Wichtigste: Wenn sich Menschen ähnlich sind, vertrauen sie einander. Dann sagen wir Dinge wie »Wir sind auf der gleichen Wellenlänge«, »Wir haben einen guten Draht zu jemandem« oder »Wir sprechen die gleiche Sprache«

Spiegeln durch die Körpersprache

Positive Gefühle der Zuneigung beeinflussen also unbewusst unseren Körper beziehungsweise unsere Körpersprache. Die logische Schlussfolgerung aus dieser Beobachtung ist, dass der bewusste Einsatz deines Körpers oder deiner Körperreaktionen genau dieselben Gefühle (Sympathie, positive Stimmung, Vertrautheit) erzeugt.

Du kannst so gut wie jeden Teil des Körpers spiegeln: Füße, Beine, Arme, Hände, Mund und so weiter und so fort. Wir konzentrieren uns jetzt auf eine einzige spezielle Ausprägung der Körpersprache. Hierbei tust du ausschließlich Eines: Du gleichst deine Kopfhaltung an die deines Gesprächspartners an. Mit dieser einfachen, kleinen Spiegelung erreichst du in kürzester Zeit die größtmögliche Beeinflussung des anderen. Warum gerade die Kopfhaltung? Weshalb ist die Spiegelung der Kopfhaltung mächtiger als die anderer Körperteile? Ganz einfach! Stell dir eine beliebige Gesprächssituation vor, im Sitzen oder Stehen. Auf welcher Körperregion liegt die meiste Aufmerksamkeit der Gesprächspartner? Wohin wird der Blick die meiste Zeit gerichtet? Richtig! Auf das Gesicht des anderen. Erfolgreiche Gespräche werden nun mal im Normalfall nicht dadurch erreicht, dass dir jemand minutenlang auf die Füße, die Hände oder deinen Bauchnabel starrt. Blickkontakt und hierdurch eine Konzentration auf die Kopfregion gebieten in der westlichen Kultur Höflichkeit und Anstand.

Von links nach rechts

Vereinfacht kannst du deinen Kopf in vier Richtungen neigen: nach vorne, nach hinten, nach links oder nach rechts. Schauen wir uns zuerst die seitlichen Möglichkeiten genauer an. Die Seitenneigung des Kopfes drückt immer Interesse aus! Achte einfach einmal darauf, wenn du mit jemandem sprichst. Egal ob Partner, Kind, Mitarbeiter oder Kunde: In genau dem Moment, in dem du deinem Gesprächspartner etwas mitteilst, das für ihn von echtem Interesse ist, neigt er seinen Kopf auf die Seite. Kehrt sein Kopf wieder in eine gerade, aufrechte Stellung zurück, ist der Moment des größten Interesses vorbei. Manchmal dauert eine solche unterbewusste Interessensbekundung nur eine Sekunde, oft aber auch eine halbe Minute oder länger. Lenke deine Aufmerksamkeit auch, falls du regelmäßig Vorträge oder Präsentationen hältst, einfach einmal auf die Körpersprache deiner Teilnehmer. Ich stelle bei Trainings in diesem Bereich gerne folgende Frage: »Was passiert wohl, wenn ihr den einen oder anderen eurer Zuhörer in euren Bann gezogen habt? Wenn euch deren Aufmerksamkeit und vor allem ihr ungeteiltes Interesse sicher ist?« Meist erhalte ich folgende Antworten: »Die Körperhaltung geht nach vorne.«, »Der Blickkontakt ist gegeben.« oder »Die Augenbrauen werden angehoben.«

Wunderbar! All diese Reaktionen sind positiv. Aber wahres, ernsthaftes Interesse drücken sie nicht aus. Vielmehr zeigen solche Verhaltensweisen das Bemühen deiner Zuhörer, sich zu konzentrieren, dir zu folgen beziehungsweise den Wunsch nach mehr Information. Erst dann, wenn auch die Köpfe zur Seite geneigt werden, genau dann hast du es geschafft. Die Teilnehmer sind voll bei der Sache. Sie hören dir jetzt nicht nur aufmerksam zu, sondern bewerten und reflektieren das von dir Gesagte als etwas Nützliches, Spannendes oder auch Diskussionswertes. Ähnliches ist uns auch vom Flirtverhalten bekannt. Wenn dein Gegenüber dir wiederholt und deutlich seine seitliche Halspartie durch eine Kopfneigung zeigt, kannst du davon ausgehen, dass dieser einer Fortführung des Flirts äußerst positiv gegenübersteht. Achte also, basierend auf diesem Wissen, fortan bei wichtigen Gesprächen darauf, dass du deinen Kopf grundsätzlich die meiste Zeit in einer geneigten Stellung hältst. Hierdurch signalisierst du auf einfache Art Interesse.

Von vorne nach hinten

Alle Bewegungen in Richtung deines Gesprächspartners werden von ihm tendenziell als Interessensbekundung gewertet. Daraus folgt, dass eine leichte Vorwärtsneigung deines Kopfes niemals schaden kann. Die Betonung liegt hierbei auf leicht, denn sonst schaust du den anderen ja nicht mehr an oder musst deine Blicke von unten nach oben führen. Letzteres wirkt unterwürfig und ist somit zu vermeiden. Umgekehrt nimmt dein Gegenüber Bewegungen, die die Distanz zu ihm vergrößern, als Desinteresse, Unsicherheit oder auch Arroganz wahr. Unterlasse deswegen das Zurücklegen deines Kopfes und spiegle eine solche Haltung auch nicht, wenn dein Gesprächspartner diese einnimmt.

Spiegeln im Detail

Neigt dein Gegenüber den Kopf ein wenig oder auch stärker nach links, dann nimmst du eben diese Haltung ein. Wichtig! Du agierst wie ein Spiegel. Mit anderen Worten: Wenn die andere Person ihren Kopf (aus ihrer Perspektive) nach rechts neigt, dann legst du deinen Kopf nach links. Hierdurch entsteht stets wahrgenommener Gleichklang für beide Gesprächspartner. Zusätzlich kannst du, je nach Verhalten des anderen, deinen Kopf auch ein wenig nach vorne senken. Verändert der andere die Haltung seines Kopfes durch eine Neigung auf die andere Seite, so tust du dies ebenso. Links, rechts, links, rechts ... über die gesamte Fortdauer eurer Unterhaltung. Diese simple Anpassung deiner Körpersprache erzeugt sofortige Verbesserung der Gesprächsqualität. Garantiert!

Ich suche mir bei Trainings, während ich über Körpersprache spreche, gerne den einen oder anderen Teilnehmer aus, der gerade seinen Kopf entweder stärker nach links oder rechts neigt. Dann schaue ich diese Person freundlich an und lege gleichzeitig meinen eigenen Kopf genau in die entgegengesetzte Richtung und halte den Blickkontakt, während ich weiterspreche. Und was passiert? Innerhalb weniger Sekunden ändert der Teilnehmer, ohne es zu merken, seine Kopfposition und gleicht sie der meinen an. Wenn ich ihn anschließend frage, ob er weiß, was er gerade getan hat, verneint er das. Dann weise ich ihn darauf hin, um was es geht. Resultat: Er hat keine bewusste Erinnerung an seine eben gezeigte Reaktion.

Eine sehr deutliche, starke Erzeugung von Dissonanz wird von Menschen als unangenehm empfunden. Tief in uns wollen wir alle, dass Gespräche und Kontakte in Harmonie erfolgen. Deswegen gleichen wir, wo möglich, solche unterbewusst Unwohlsein erzeugenden körpersprachlichen Gegensätze, ohne uns darüber überhaupt im Klaren zu sein, aus. Führe dieses Experiment, wenn du Lust hast, einfach bei nächster Gelegenheit selber durch. Setze bewusst, über eine gewisse Zeit, die (gerne auch sehr stark überzeichnete) gegenteilige Kopfhaltung deines Gegenübers ein und achte darauf, was passiert.

Die Führung übernehmen

Direktes Spiegeln bedeutet also nichts anderes als einzelne, in unserem Fall körperliche, Ausdrucksweisen des anderen bewusst zu kopieren. Die Vorteile liegen auf der Hand. Einerseits erzeugst du hierdurch Einklang und Harmonie und hiermit Vertrauen, Sympathie und eine produktive Atmosphäre, um Gespräche optimal zu gestalten. Andererseits (erinnere dich an die Spiegelneuronen) ›hältst‹ du durch die Anwendung dieser Technik dein Gegenüber länger in einer Stellung, in der er unterbewusst Interesse verspürt.

Was machst du jetzt aber, wenn es nichts zum Spiegeln gibt? Wenn der andere zum Beispiel seinen Kopf einfach nur starr aufrecht positioniert? Tja, dann übernimmst einfach du die Verantwortung. Du ›führst‹ den anderen. Deine Möglichkeit zur Führung entsteht, im Kontext beeinflussender Kommunikation, ganz automatisch, wenn du deinen Gesprächspartner lang genug spiegelst. Er nimmt früher oder später die stattfindende Resonanz und die Übereinstimmung eurer Körpersprache wahr. Dies tut dein Gegenüber stets unterbewusst. Nimmt er es bewusst wahr, dann hast du diese Technik zu offensichtlich eingesetzt.

Da Menschen, wie schon ausgeführt, nach Harmonie streben, will dein Gegenüber diese gefühlte Gleichheit nun aufrechterhalten. Er ist, ohne es zu wissen, bestrebt, die Übereinstimmung zwischen euch beiden weiterhin zu ermöglichen und zu gewähren. In der Praxis bedeutet das, dass dein Gesprächspartner, nach einer gewissen Phase deines Spiegelns, diese Aufgabe unbewusst selbst übernimmt. In unserem Fall beginnt er also von sich aus deine Kopfhaltung zu übernehmen. Ein solcher Übergang vom Spiegeln zum Führen ist immer dein Ziel. In dem Moment hast du die Kontrolle übernommen. Der andere akzeptiert dich und damit auch das, was du sagst, als Vorbild. Natürlich wird er das selbst nicht so zum Ausdruck bringen. Es handelt sich hier um unterbewusste Prozesse, die du dafür nutzt, deine Anliegen und Ziele besser, erfolgreicher und schneller umzusetzen.

Und hiermit kehren wir zur Ausgangsfrage zurück. Was machst du, wenn es nichts zum Spiegeln gibt? Wenn der andere zum Beispiel seinen Kopf einfach nur starr aufrecht positioniert? Die Antwort liegt auf der Hand: Du beginnst sofort mit dem Führen und hältst dich nicht lange mit dem Warten auf Spiegelungsmöglichkeiten auf. Du neigst deinen Kopf auf die

Seite. Und diese Neigung setzt du absichtlich deutlich. Ergebnis: Du siehst schon nach wenigen Versuchen, dass dir die andere Person schon bald zusehend nach Belieben folgt. Ein solches ›Cold Leading‹ bedarf etwas Übung. Einmal beherrscht, ermöglicht es dir das schnelle Generieren von Resonanz und Übereinstimmung.

5.2 Bei der Namensnennung fängt es an

Jeder Mensch besitzt ein Selbstwertgefühl. Dieses Selbstwertgefühl ist vergleichbar mit einer Blume, die wir in uns tragen. Stell dir einfach eine rote Rose vor. Diese Rose lebt und gedeiht in dir. Richtig gepflegt wächst sie über die Zeit, entfaltet sich und trägt wunderschöne Blüten. Egal wie es im Moment um deine innere Rose steht, du schützt und bewachst sie mit allen dir zur Verfügung stehenden Kräften. Droht ihr jemand oder versucht sie, bildhaft gesprochen, zu verletzen, so bekommt er Dornen zu spüren – verbal oder auf andere Weise. Alle Menschen streben nach Anerkennung. Anerkennung lässt deine innere Rose, dein Selbstwertgefühl, wachsen und blühen. Anerkennung ist Wasser und Dünger zugleich. Anerkennung hat auch Verwandte. Hier die Familienmitglieder: Wertschätzung, Respekt, Verständnis.

Wertschätzende Rhetorik ist ein Grundbaustein erfolgreicher Gesprächsführung. Um andere für dich einzunehmen, musst du sie auf der emotionalen Ebene erreichen. Damit dies gelingt, ist es unabdinglich, dass dir dein Gesprächspartner bewusst oder unterbewusst einen Zugang zu seinem Inneren gewährt. Die Erzeugung von Anerkennung, Wertschätzung, Respekt und Verständnis ist Voraussetzung für jede erfolgreiche Beeinflussung von Gesprächen. Es liegt an dir, und nur an dir, die Rose des anderen zu erfreuen, sie wachsen zu lassen und die sich dir dann bald entgegenstreckenden Blüten für deine Ziele zu nutzen.

Namens- und Titelnennung zeigt Respekt

Den Namen unseres Gesprächspartners zu kennen sollte selbstverständlich sein. Verwendest du ihn wiederholt in einem Gespräch, signalisierst du deinem Gegenüber, dass du ihn und das Gespräch ernst nimmst. Der Name macht uns wichtig. Wir fühlen uns respektiert und anerkannt, sobald wir mit unserem Namen angesprochen werden. Die Namensnennung wertet unsere Persönlichkeit auf und stärkt unser Selbstbewusstsein. Verstärken kannst du diesen Effekt, indem du, falls vorhanden, den Titel deines Gesprächspartners benutzt. Jeder Mensch, der einen Titel erworben hat, ist stolz darauf. Der eine zeigt das klar und deutlich. Er stellt sich mit seinem Titel vor, unterschreibt mit ihm, besteht vielleicht sogar darauf, dass Angestellte ihn mit seinem Titel anreden. Andere legen offensichtlich wenig oder keinen Wert auf ihren Titel. Lass dich von so einem Verhalten aber nicht täuschen! Fast alle Titel sind hart erarbeitet worden. Durchgelernte Nächte, Stress, Hunderte Seiten wissenschaftlicher Arbeiten. Sein Titel ist bei jedem Menschen unweigerlich mit diesem Aufwand verbunden. Er ist der Lohn für jahrelange Arbeit und Anstrengung. Ganz egal ob jemand bewusst Wert darauf legt, seinen Titel zu zeigen – unterbewusst spürt er jedes Mal ein angenehmes Gefühl des Erfolgs und der Anerkennung, wenn ihn jemand mit seinem Titel anspricht. Das bedeutet in der Praxis, dass du anstatt »Ich zeige Ihnen jetzt unser neuestes Highlight« zu sagen, dein Gegenüber beim Namen nennst: »Herr Dr. Hagen, ich zeige Ihnen jetzt unser neuestes Highlight.«

Falls ein Titel existiert, achte darauf, die Kombination Titel plus Name nicht zu oft hintereinander zu verwenden. Die sprachliche Wendung fängt dadurch an, unnatürlich zu erscheinen. Verwende stattdessen während des Gesprächs verschiedene Ausdrucksformen des Namens: Herr Dr. Hagen, Herr Hagen, Herr Dr.

Namensnennung beendet die Anonymität

In dem Begriff ›Anerkennen‹ steckt das Wort ›erkennen‹. Anerkennung bedeutet nichts anderes als die Fähigkeiten, das Wirken und die Persönlichkeit deines Gesprächspartners zu erkennen und zu kommunizieren.

Verwendest du den Namen der anderen Person nicht, bewegt sich dein ganzes Gespräch in der Anonymität. Du könntest genau so gut mit jemand anderem sprechen. Ich kenne Leute, die es schaffen, mit dir eine halbe Stunde und länger zu reden, ohne auch nur einmal deinen Namen zu erwähnen. Auch wenn sie es gar nicht böse meinen, unterbewusst wirkt das von ihnen Gesagte für dich dadurch uninteressanter. Allgemeine Information ist immer weniger spannend als spezifische. Und dann gibt es noch einen weiteren angenehmen Effekt der Anonymitätsaufhebung. Durch das Ansprechen deines Gesprächspartners mit seinem Namen zwingst du ihn unauffällig dazu, in seinen Antworten und Aussagen persönlich Stellung zu beziehen und Verantwortung für das Gesagte zu übernehmen.

Namensnennung verschafft Aufmerksamkeit

Die Konzentration deines Gesprächspartners lässt stärker nach, wenn du es versäumst, ihm durch Nennung seines Namens rhetorisch zu verstehen zu geben, dass es sich jetzt um genau ihn, um genau seine Vorteile und um genau sein Interesse handelt. Wie wichtig der eigene Name ist, erkennst du auch daran, dass dein Unterbewusstsein deinen eigenen Vor- oder Nachnamen zu jeder Zeit sofort aus Hunderttausenden von Eindrücken deiner Umgebung herausfiltert. *Stell dir vor, du bist auf einer beruflichen Veranstaltung, einer Party oder in einem Restaurant. Du bist in ein Gespräch vertieft, vielleicht sitzt du auch versunken über einem Zeitungsartikel. Plötzlich fällt, irgendwo im Hintergrund, dein Name. Egal wie sehr du abgelenkt bist, egal wie viel Hintergrundgeräusche und Stimmengewirr um dich herum sind – du hörst deinen Namen sofort heraus und überprüfst, indem du dich umdrehst, ob die Aussprache des selbigen dir gegolten hat.* Nutze diesen Effekt, wenn du die Aufmerksamkeit deines Gesprächspartners hoch halten willst. Sprich ihn von Zeit zu Zeit (nicht alle fünf Sekunden!) mit seinem Namen an.

Leichte Namen – schwere Namen

Die Technik der Namensnennung kann auch furchtbar danebengehen. Und zwar dann, wenn du, wenn auch ohne Absicht, die innere Rose, das Selbstwertgefühl deines Gesprächspartners verletzt. Ein absolut sicherer

Weg hierfür ist es, den Namen deines Gegenübers falsch auszusprechen. Am besten gleich mehrmals. Auch die Verwendung eines falschen Titels ist optimal, um den Gesprächsverlauf von Anfang an negativ zu beeinflussen. Ein falscher oder falsch ausgesprochener Name (beziehungsweise ein falscher Titel) bewirkt im Unterbewusstsein deines Gesprächspartners unter anderem Folgendes: »Ich bin ihm nicht wichtig!«, »Ich bin einer von vielen!« und »Ich bin ihm nicht die Mühe wert, sich vorzubereiten!«

Stelle deswegen sicher, dass du genau weißt, wie dein Gesprächspartner heißt und wie man seinen Namen richtig ausspricht. Lass dir schwierigere Namen, bei denen du dir unsicher bist, wie man sie schreibt, buchstabieren. Frage im Zweifelsfall deinen Gesprächspartner am Beginn des Gesprächs, wie man seinen Namen richtig ausspricht. Glaube mir, ich habe selbst einen nicht alltäglichen Namen. Ich bin froh, wenn sich jemand die Mühe macht und mich fragt, wie man meinen Namen schreibt und richtig ausspricht. Falls du einen Namen klar verstanden hast, achte trotzdem darauf, ob du auch sicher weißt, wie man ihn schreibt. Ein Anschreiben per Post beziehungsweise in digitaler Form mit einem falsch geschriebenen Namen des Empfängers hinterlässt einen bescheidenen Eindruck.

Eines meiner vielen persönlichen Highlights, wenn es um meinen eigenen Namen geht, ist folgendes. *Vor vielen Jahren erhalte ich den Auftrag einer Trainingsfirma, die sich auf den Pharmabereich spezialisiert hat, nach Kärnten zu fahren und ein Seminar mit Apothekern abzuhalten. Eines der Hauptthemen in diesem Seminar ist die kundenorientierte Kommunikation. Wir sind eine kleine Runde: drei Teilnehmer. Der Chef der Trainingsfirma will das Seminar trotz der sehr niedrigen Teilnehmeranzahl durchführen. Wir sind großartig untergebracht: Exklusives Seminarhotel in Pörtschach, der Wörthersee vor der Türe. Der Vormittag verläuft großartig: Tolle Teilnehmer – spannende Themen. Unter anderem streifen wir auch das Thema der richtigen Namensnennung im Kundenkontakt.*

Um ein Uhr findet das Mittagessen statt. Der Chef der Trainingsfirma hat
es sich nicht nehmen lassen, hierfür via Flugzeug extra nach Klagenfurt
zu kommen, um selber mit den Teilnehmern zu sprechen. Das nenne ich
Kundenorientierung! Wir sitzen also im Speisesaal, als der Eigentümer der
Veranstaltungsfirma eintrifft. Wir bestellen und der Chef nutzt die Möglich-
keit, um ein paar allgemeine Worte an die Teilnehmer zu richten. Nach ein-
führenden Worten über Dank, Philosophie etc. bekommen wir dann in etwa
Folgendes zu hören: »... und ich bin auch besonders stolz, dass wir dieses
besondere Training heute mit dem außerordentlich kompetenten Herrn Ze-
ruko durchführen ...« Betretenes Schweigen der Teilnehmer. »Also, ich weiß,
dass sie beim Herrn Zeru... äh ... Zerko, in den besten Händen sind ...«
Weiterhin betretenes Schweigen. Die Teilnehmer blicken mich fragend an.

Was will ich dir damit sagen? Als Chef einer Trainingsfirma und Veranstal-
ter eines Seminars für drei Teilnehmer extra in eine andere Stadt zu fliegen
ist wahres kundenorientiertes Leben. Aber der gewünschte Effekt ist in
dem Moment komplett verpufft, in dem die Teilnehmer merken, dass der
gute Mann den Namen ihres eigenen Trainers nicht weiß. Nicht nur, dass
es unprofessionell ist und dem Trainer gegenüber unhöflich. Nein! Man
beginnt sich als Teilnehmer auch so seine Gedanken zu machen, nach welchen Kriterien bei dieser Firma Trainer ausgewählt werden: Trainer, deren
Namen anscheinend nur eine nebelige Erinnerung sind. Kontinuität, Nach-
haltigkeit und Vertrauenserweckung sieht anders aus.

Namensnennung auch im Privatleben

Natürlich bist du mit deinem Partner, deiner Familie und deinen Freunden
per Du. Selbstredend weißt du auch, wie man die Namen dieser Leute richtig ausspricht. Was mir allerdings oft auffällt, ist, dass selbst viele Ehepaa-
re mehr und mehr darauf verzichten, ihre Namen in der Kommunikation
zu benutzen. Ich spreche hier nicht von Momenten à la »Du, kannst du
mir bitte kurz die Zeitung geben?«, sondern von Gesprächssituationen, in
denen wichtige Dinge besprochen oder geäußert werden.

Klassischer Weg privater Aussagen	Stärker und effektiver
Du weißt doch, dass ich dich liebe! Du bist etwas ganz Besonderes!	***Petra**, du weißt doch, dass ich dich liebe! Du bist etwas ganz Besonderes, **Petra**!*
Ich verstehe, dass du auf der Seite deiner Mutter bist. Aber, denk doch auch einmal an uns …	***Herbert**, ich verstehe, dass du auf der Seite deiner Mutter bist. Aber **Herbert**, denk doch auch einmal an uns …*

Auch die ganz normale Entwicklung, dass der Vorname des Partners oft mit einem, in Wirklichkeit meistens neutralen, Ersatz-Kosewort ausgetauscht wird, ersetzt nicht die Kraft der Wirkung des eigenen Namens:

Schatz, ich vermisse dich! Ich freue mich schon sehr auf deine Rückkehr, mein Schatz – ganz, ganz doll!	***Petra**, (mein Schatz,) ich vermisse dich! Ich freue mich schon sehr auf deine Rückkehr, **Petra**, (mein Schatz,) – ganz, ganz doll!*

Noch mehr Namen

Namen schaffen Realität! Allgemeines wird konkret! Nenne deswegen Dinge und Menschen bei ihrem Namen. Sprich nicht von deiner »Unternehmung« oder deiner »Firma«, sondern benutze den Firmennamen. Rede nicht über »den Kollegen«, »den Assistenten«, »den Chef« oder »den Berater«. Auch sie haben alle Namen.

5.3 In wenigen Sekunden zum ›Du‹

Diese Technik ist extrem machtvoll. Sie verändert deine Wirklichkeit direkt. Trainingsteilnehmer aus dem Bereich Verkauf berichten mir von Umsatzsteigerungen von bis zu 50 Prozent. Und doch stößt diese Technik anfangs stets auf hohen Widerstand. Das ist normal. Denn, um diese Technik anzuwenden, musst du einen Glaubenssatz umstoßen und auslöschen, den du seit deiner frühesten Kindheit immer und immer wieder eingetrichtert bekommen hast.

1999 bin ich für ein Jahr in den Vereinigten Staaten. Dort herrscht seit langer Zeit der Trend zur Formlosigkeit, wenn es um Namensansprache geht. Man ist mit jedem per Du. Der Dekan ist der Henry, der Professor der Wayne, die Ärztin wird mit Ann angesprochen und der Vermieter als Harold. Auch ich werde ausschließlich als Martin angeredet. Mir fällt schnell auf, dass sich durch den Verzicht auf die Höflichkeitsform Gespräche viel einfacher und direkter gestalten. Man spricht offener. Ergebnisse werden schneller und freundschaftlicher erzielt. Zurück in Österreich, finde ich mich schnell wieder in den gewohnten Rahmenbedingungen zurecht. Gelernt ist gelernt! Es gilt die allgemein gültige Regel, dass du nur Familienmitglieder und gute Freunde sowie Bekannte duzt. Fremde sprichst du generell mit »Sie« an, außer es handelt sich um Kinder. Ein solches Vorgehen wird mit Höflichkeit und gutem Benehmen gleichgesetzt. Alles andere ist ungehörig. Deine Eltern haben es dir sicherlich Hunderte Male gesagt und dieses Verhalten so tief in dir verankert.

Einige Monate nach meiner Rückkehr aus den USA beginne ich mit einem Freund geschäftlich zusammenzuarbeiten. Er ist ein ausgezeichneter Verkäufer und verfügt über dieses gewisse Charisma, das es braucht, um andere von sich zu überzeugen. Was mich bei ihm stets irritiert, ist seine Gewohnheit, stets mit allen neuen, geschäftlichen Bekannten per Du zu sein. Ganz egal ob Firmenchef, Einkäufer oder Assistent: Schon nach dem ersten Gespräch duzen sich die beiden. Für mich kommt so ein Vorgehen nicht infrage: Ich habe zu viel Angst vor negativen Reaktionen. Es fühlt sich gefährlich und falsch an. Nichtsdestotrotz muss ich mir mit der Zeit eingestehen, dass mein Geschäftspartner mit seiner Strategie Erfolg hat. Die Leute öffnen sich ihm schneller. Man geht vertrauter miteinander um. Aufträge vermehren sich. So treffe ich Anfang des neuen Jahrtausends eine Entscheidung. Ich bin von jetzt an, wo immer nur möglich, mit anderen per Du. Und genau so halte ich es seit vielen Jahren.

Ein »Du« drückt immer Nähe und Vertrauen aus. Ein »Sie« Förmlichkeit und Distanz. Bewusst oder unterbewusst! Um andere zu beeinflussen, bedarf es aber Nähe und Vertrautheit. Nur so kannst du die Emotionen des anderen optimal ansprechen. Das Ziel ist daher einfach: Schaue von nun an, dass du bei anderen schnell zum Du kommst und damit unterbewusst die gleichen Rechte erhältst wie deren Familie und besten Freunde. Grenzen werden aufgehoben, Nähe und Vertrautheit entstehen. Das Sicherheitsgefühl bei deinem Gegenüber steigt und es redet sich einfacher. Am wichtigsten aber: Du wirst (oft unterbewusst) bevorzugt, kannst Gefälligkeiten einfordern und Fehler werden dir eher verziehen. Die Objektivität schwindet.

Ein Du verschafft dir also gravierende Vorteile. Dein Gesprächspartner nimmt dich unterbewusst als vertraute Person wahr und beginnt sofort damit, dich anders zu behandeln. Distanz verschwindet, Offenheit steigt, Informationen werden bereitwillig gegeben. Zusätzlich wirst du ab jetzt gegenüber anderen bevorzugt behandelt. Einem guten Bekannten gewährt man halt eher einen Gefallen als anderen. Und das Schöne daran: Auch wenn du den anderen erst ein paar Minuten kennst – schaffst du es erst einmal, dass er mit dir per Du ist, bist du plötzlich auf der gleichen Stufe wie seine langjährigen Weggefährten und Freunde. Das ist ein unterbewusster Reflex. Eine tief im Unterbewussten abgespeicherte Routine.

Zum Duzen kommen

Tja, und wie kommst du jetzt zum Duzen? Ganz einfach! Du fragst. Du bietest das Du an und sorgst dafür, dass dein Gesprächspartner es annimmt. Ist dies getan, nimmt er es ein Leben lang nicht mehr zurück.

Ich empfehle dir, gerade geschäftlich, das Duzen bereits in deinem allerersten Gespräch zu fixieren. Du selbst kannst entscheiden, ob du dies sofort am Anfang machst, in der Mitte oder am Ende. Falls du Anzeichen erkennst, dass dein Gegenüber ein »Du«-Mensch ist, rate ich dir, gleich zu handeln. Dies kann sich dadurch ausdrücken, dass er sein Umfeld (Chef, Mitarbeiter, Angestellte) duzt oder von selbigen geduzt wird. Es kann sich auch dadurch zeigen, dass er andere Personen, die im Gespräch genannt werden, großteils mit dem Vornamen oder der Kombination Vorname und Nachname bezeichnet. Gerade am Anfang hast du sicherlich oft ein wenig

Zweifel, ob das erste Gespräch nicht zu früh für das Angebot des Duzens ist. Das ist es zwar so gut wie nie, aber es ist auch kein Beinbruch zu warten – und zwar maximal bis zum zweiten Gespräch! Die Voraussetzungen für das Gelingen dieser Taktik ist ein natürliches, selbstsicheres und vor allem sympathisches Auftreten. Trittst du nervös und ernst auf, ist die Chance groß, dass das Bewusstsein des anderen sich einschaltet und ein Veto gegen das Du-Angebot einlegt. Anbei drei Beispiele, wie du rasch zum »Du« kommst:

»Herr Dr. Bauer, vorweg eine Frage. Ist es okay für Sie, wenn wir per Du sind? Da lässt es sich einfacher (entspannter) reden.«
»Herr Dr. Bauer, vorweg eine Frage. Ist es okay für Sie, wenn wir per Du sind? Ich bin eigentlich nur mit Menschen per Sie, die ich nicht mag.«
»Herr Dr. Bauer, vorweg eine Frage. Ist es okay für Sie, wenn wir per Du sind? Ich bin der Chlodwig.«

Das war es auch schon. Mehr ist nicht notwendig. Funktioniert in jeder Situation, auch am Telefon! Ich mache das seit über zehn Jahren und hatte gerade ein einziges Mal eine Ablehnung. Und was habe ich darauf hin wohl gesagt? »Verstehe Frau Gams, das ist absolut in Ordnung!« Falls jemand wirklich einmal in hundert Fällen dein Du-Angebot ablehnt, passiert nichts Schlimmes, gar nichts! Überwinde deine innere Abneigung gegen das Anbieten eines frühen Dus – gerade im Geschäftsleben. Das sind Überbleibsel aus deiner Kindheit. Vergiss nicht, dass im deutschsprachigen Raum der Gebrauch des Dus seit Jahrzehnten wächst. Menschen bis 35 Jahre duzen sich bereits mehr und mehr mit Selbstverständlichkeit. Und auch die Werbung spricht dich, ihren potenziellen Kunden, immer öfter mit »Du« an. Sei es in TV-Spots, Radioschaltungen, Plakattexten oder Zeitungsschaltungen.

Das Einzige, worauf du achten solltest, ist, deinen gesunden Menschverstand nicht auszuschalten. Als blutjunger Student dem Dekan das Du anzubieten ist genauso unsinnig, wie deinen neuen Chef am allerersten Arbeitstag duzen zu wollen.

›Per Du‹ indirekt einsetzen

Das Duzen vermittelt immer Nähe. Dies gilt auch bei Außenstehenden. Nehmen wir zum Bespiel die Kaltakquise im Firmenbereich her. Sagen wir, der Verkäufer hat das Ziel, den Einkaufschef eines Konzerns kennenzulernen. Das ist nachvollziehbar, aber im Normalfall alles andere als einfach. Denn der Chef des Einkaufs hat Besseres zu tun, als ständig irgendwelche wildfremden Verkäufer zu treffen. Darum baut er sich auch einen Schutz auf. Und dieser Schutzwall ist meist sein Assistent, dem er klipp und klar aufträgt: »Stellen Sie mir ja keine Anrufer durch, die ich nicht kenne und die mich treffen wollen!« Tja, und so schaut dann der telefonische Versuch unseres Verkäufers meist aus.

Genz: *»Einen schönen guten Tag! Gustav Genz hier von XYZ Logistik. Kann ich bitte den Herrn Radl sprechen?«*

Assistent: *»Was wollen Sie denn vom Herrn Radl?«*

Genz: *»Ähm, tja. Wir stellen einzigartige Transportsysteme her. Und ich wollte kurz mit dem Herrn Radl sprechen, um ein Treffen auszumachen, bei dem ich ihm unsere neue Produktpalette vorstellen kann. Ich …«*

Assistent: *»Schreiben Sie mir bitte eine Mail mit Ihrem Anliegen und ich leite es an Herrn Radl weiter.«*

Genz: *»Äh, ja. Gut, aber ich würde ihn gerne bitte ganz kurz persönlich …«*

Assistent: *»Schreiben Sie mir einfach eine Mail. Ich leite es weiter und der Herr Radl kommt dann bei Interesse auf Sie zu.«*

Genz: *»Ah, äh … okay! Wie ist denn Ihre E-Mail-Adresse?«*

So läuft das meistens ab. Herr Genz hat nicht einmal die Hälfte der Aufgabe geschafft. Er ist schon am Assistenten gescheitert, ohne die Chance bekommen zu haben, Herrn Radl telefonisch davon zu überzeugen, ihn zu treffen. Anbei ein kleiner Trick, wie man diesen Teil der Aufgabe einfach schafft. Dazu braucht es nur Eines: die Kenntnis über den Vornamen der Zielperson. Und diese Information sollte jeder professionelle Verkäufer in seiner Recherche abgeklärt haben.

Genz:	*»Einen schönen guten Tag! Gustav Genz hier von XYZ Logistik. Den Rüdiger **(Pause setzen)**, ähm den Rüdiger Radl meine ich, bitte! Danke!«*
Assistent:	*»Ja einen Moment bitte, wen darf ich noch mal melden?«*
Genz:	*»Den Gustav **(Pause setzen)**, Gustav Genz von XYZ Logistik. Und eine Bitte noch: Geben Sie mir gleich seine Durchwahlnummer für das nächste Mal? Danke!«*
Assistent:	*»Das ist die 888. Ich verbinde Sie!«*
Genz:	*»Vielen Dank!«*

Das ist der Trick! Durch die Verwendung des Vornamens und geschickte Intonation glaubt der Assistent, dass hier eine gewisse Bekanntschaft besteht und verbindet weiter. Natürlich ist das Ganze rhetorisch so verpackt, dass niemand sagen kann, du hättest so getan, als ob du mit dem anderen per Du bist. Dieser Eindruck entstand nur durch die Pausensetzung und das gewollte ›Ähm‹.

5.4 Warum und worüber wir in Wahrheit reden

Menschen reden niemals ohne Grund. Das Gesagte hat immer eine bestimmte Absicht. Es soll etwas zum Ausdruck gebracht werden. Du übermittelst deinem Gesprächspartner, während du sprichst, erläuterst oder diskutierst, stets eigene Überzeugungen, Einstellungen, Erfahrungen, Einschätzungen und mehr. All diese zum Ausdruck gebrachten Dinge machen dich, basierend auf tiefer liegenden Werten, Bedürfnissen und Motiven, als einzelnen Menschen aus. Sie definieren dich als Individuum.

Wen Menschen am liebsten reden hören

Zwei Freunde sitzen in einem Restaurant und studieren die Speisekarte. Joachim liegt etwas auf dem Herzen. Das Gespräch beginnt.

Joachim: »*Also, ich glaube ich kaufe mir jetzt das neue Familienmodell von Automarke X. Ich habe mir da gestern die Broschüre angeschaut und ...*«

Holger: »*Die Hanna und ich sind sehr zufrieden mit unserem Automarke Y-Auto. Erst vor ein paar Tagen war ich beim Service und da hat alles gepasst.*«

Joachim: »*Hm, also, wie gesagt, ich hab mir die Broschüre angesehen und die Ausstattung ist wirklich vom Feinsten.*«

Holger: »*Automarke Y hat sicher die besten Ausstattungsangebote. Da habe ich erst gestern einen Bericht in einem Automagazin gelesen. Beim Zahnarzt. Hast du überhaupt gewusst, dass ich jetzt sechs Kronen bekomme?*«

Joachim: »*Nein. Das hast du mir noch nicht erzählt. Also zurück zu dem Auto. Die haben da gerade eine Sonderaktion. Die nehmen mein altes Auto um garantierte 3.000 Euro. Das bedeutet ...*«

Holger: »*Meine Kronen kosten gesamt 4.800 Euro. Ein Wahnsinn!*«

Joachim: »*Ja, ein Irrsinn! So, wo war ich jetzt? Ah ja! Und dann bekomme ich noch vier Jahre Garantie statt drei. Also ich sag's dir: Das zahlt sich wirklich aus. Ich schaue da morgen gleich Mal zum Händler und lasse mir ein Angebot machen. Und ...*«

Holger: »*Wie gesagt: Ich würde mir immer wieder ein Auto von Y kaufen. Sag einmal, wie ist denn die Pasta hier?*«

Joachim: »*Die Pasta? Ja, eh gut. Also die Standardfarben finde ich nicht so prickelnd. Aber die Aufzahlung für Blau Metallic ist gar nicht so arg. Ich habe mir das alles durchgerechnet und mit der Abfindung geht sich das ganze Auto aus.*«

Holger: »*Ich glaube, ich nehme die Trüffelpasta mit der knusprigen Ente. Noch kann ich ja vernünftig beißen. Aber wenn das erst losgeht mit den Zahnoperationen...*«

Joachim: »*Ja, das musst du mir dann gleich genauer erklären. Aber jetzt lass mich mal fertig erzählen!*«

Holger: »*Ja klar! Bitte fahr fort! Was nimmst denn du eigentlich zum Essen?*«

Joachim: *»Ich habe noch nicht geschaut. Der Aufpreis für die Farbe ist nur ...«*

Holger: *»Hast du eigentlich Kronen?«*

Kommt dir das bekannt vor? Wahrscheinlich schon! Menschen reden in unzähligen Gesprächen aneinander vorbei. Anstatt dem anderen aufmerksam zuzuhören, werden eigene Meinungen, Geschichten und Erlebnisse auf den Tisch gebracht. Ein gegenseitiges Unterbrechen und wiederholte Versuche, auf sein eigenes Thema oder Anliegen zurückzukommen, sind die unvermeidliche Folge. Achte einfach einmal bewusst darauf, wenn sich zwei Personen in deiner Nähe unterhalten. Oder noch besser: Beobachte dich bei Gelegenheit einfach einmal selbst.

Zusammengefasst gilt also folgende Regel: Menschen hören am liebsten sich selbst reden!

»Stellen wir uns vor, wir fragen alle Europäer, was ihnen in ihrem Leben am wichtigsten ist. Was wären wohl die Top-Antworten?« Auf diese Frage bekomme ich bei Trainings meist diese oder verwandte Begriffe genannt, die ich dann auf ein Flipchart schreibe. Die Aufzählung versteht sich ohne spezielle Reihung.

	Auto		**Erfolg**		
Gesundheit		**Geld**			**Kind(er)**
			Anerkennung		
	Liebe	**Selbstverwirklichung**			
				Familie	
Sex		**Glück**			
					Haus

Nachdem ich die zugerufenen Wörter aufgeschrieben habe, frage ich die Gruppe nochmals, ob dies bei einer fiktiven Untersuchung das Ergebnis sein könnte. Nach kurzer Überlegung bejahen dies die Teilnehmer. Ich lasse ein paar Sekunden verstreichen und sage dann: »Nicht ganz!« Ich drehe das Flipchart um, bessere das Geschriebene aus und wende es wieder dem Publikum zu.

Ihr Auto		**Ihr** Erfolg
Ihre Gesundheit	**Ihr** Geld	
	Ihre Anerkennung	**Ihr(e)** Kind(er)
Ihre Liebe		**Ihre** Familie
	Ihre Selbstverwirklichung	
Ihr Sex	**Ihr** Glück	**Ihr** Haus

So ist das! Menschen interessieren sich nicht für die Gesundheit, die Liebe, das Auto oder die Selbstverwirklichung anderer. Wenn überhaupt, dann nur falls der andere ihr Freund, ihr Verwandter oder ihr Idol ist. Im Mittelpunkt der Aufmerksamkeit steht immer der eigene Status und die eigenen Möglichkeiten sowie Errungenschaften. Das ist menschlich. Das ist die Realität. Deswegen drücken Menschen, wenn sie sprechen, stets am liebsten ihre eigenen Standpunkte, Ansichten, Erfahrungen, Einschätzungen, Meinungen, Überzeugungen, Werte, Bedürfnisse, Wünsche und Ziele aus.

Daraus folgt: Menschen hören am liebsten sich selbst über sich selbst reden!

5.5 Ich bin ein Rhetorikprofi! – Bravo! Reicht aber nicht

Wir drücken unsere innere Rose, also all das, was uns als Person ausmacht, über unsere Gespräche aus und hoffen im Gegenzug, reichlich Dünger und Wasser für diese Blume in unserem Inneren zu erhalten. Du erinnerst dich an die hierfür benötigten Zutaten: Anerkennung, Wertschätzung, Respekt und Verständnis.

Der direkte Weg, deinem Gesprächspartner bewusst oder unbewusst zu zeigen, dass du ihn und all das, wofür er steht und was ihn ausmacht, nicht achtest, ist, ihm auf kommunikative Art zu verstehen zu geben, dass du seine Ansichten, Erfahrungen und Meinungen nicht ernst nimmst.

Dass du dich für sie nicht interessierst. Dass du sie als falsch betrachtest. Dass du auf sie keinen Wert legst. Dies ist der größte Fehler, den du bezüglich wertschätzender Kommunikation begehen kannst. Egal, wie gut du als Rhetoriker bist: Wenn du es nicht schaffst, deinem Gegenüber immer, und zwar wirklich immer Anerkennung, Wertschätzung, Respekt und Verständnis entgegenzubringen und auszudrücken, dann wirst du niemals wirkliche Beeinflussung erzielen. Denn die Voraussetzung hierfür ist, dass du deinen Gesprächspartner auf der emotionalen Ebene erreichst. Dass er dir wissend oder unwissend sein Innerstes öffnet. Dass er dir seine wachsenden Rosenblüten vertrauensvoll entgegenstreckt.

Den anderen erhören

Wenn du andere langfristig (aber auch punktuell) für dich einnehmen und kommunikativ beeinflussen willst, musst du ihnen erst einmal zeigen, dass du sie und ihre zum Ausdruck gebrachten Meinungen und Ansichten anerkennst und schätzt. Hieran führt kein Weg vorbei! Grundvoraussetzung dafür sind im Kern keine rein rhetorischen Kniffe, sondern die Kunst des richtigen Zuhörens. Durch die folgenden Techniken schaffst du es, deinem Gesprächspartner das Gefühl zu geben, dass du ihm nicht nur wirklich zuhörst, sondern ihn im wahrsten Sinne des Wortes erhörst! Er fühlt sich von dir respektiert und ernst genommen. Und genau deswegen beginnt er, dir zu vertrauen, und ist somit für deine Absichten, Vorschläge und Wünsche offen. Deine Chancen auf Gesprächserfolg steigen, je länger euer Gespräch dauert. Diese Erhörungstechniken sind weitläufig auch unter dem Sammelbegriff ›Aktives Zuhören‹ bekannt.

Nun liegt es in der Natur der Sache, dass Leute die Kunst des Sprechens als etwas Aktives, die Gabe des Zuhörens jedoch als etwas Passives wahrnehmen. Sprachkunst ist aufregend und spannend, aktives Zuhören langweilig und unspektakulär. Diese klassische Einstellung verbunden mit dem Fakt, dass wir Menschen uns irrsinnig schwertun, in einem Gespräch auch nur für eine halbe Minute unseren Mund zu halten, führt dazu, dass viele Trainer dem Wunsch ihrer Teilnehmer stattgeben und das Verhältnis von Sprachtechniken zu Zuhörtechniken klar oder sogar ausschließlich zugunsten ersterer ausrichten. Das ist schade und kontraproduktiv. Ohne solide Kenntnisse von Zuhörtechniken helfen dir die besten Sprachmuster wenig bis gar nichts. Du kommst selten oder gar nicht in die Nähe des Unterbewusstseins deines Gegenübers. Der größte Teil des von dir Gesagten verpufft an der Pforte zum emotionalen Reich des anderen. Außerdem beinhalten sämtliche Techniken des aktiven Zuhörens auch sprachliche Komponenten. Einfach nur still dasitzen und angestrengt zuhören ist nicht der Weg zur erfolgreichen Veränderung von Gesprächsverläufen und -ergebnissen.

Asiatische Weisheiten

Die folgenden Informationen habe ich aus dem Buch *Zen in der Kunst des Zuhörens*, geschrieben von Rebecca Z. Shafir, übernommen. Das Zeichen für ›Aufmerksam Zuhören‹ besteht aus mehreren Teilen. Links oben siehst du das Zeichen für ›Ohr‹, darunter das Symbol für ›gewickelter Faden‹ (von Yin zu Yang wechseln). Rechts befinden sich die ›Zehn‹ und das ›Auge‹ – gemeinsam bedeutet dies ›Mit zehn Augen prüfen‹. Darunter bildet das Symbol für ›Herz‹ den Abschluss. Das ganze Zeichen kann als ›Mit offenem (geradem) Herzen zuhören‹ oder ausführlicher als ›Wenn wir still sind, hören wir mit dem Herzen. Das Ohr ist zehn Augen wert‹ gedeutet werden. In östlichen Kulturen gilt Schweigen sowie das aktive Zuhören seit jeher als eine der wichtigsten und erstrebenswertesten Tugenden. Aus Studien ist bekannt, dass Amerikaner sich im Durchschnitt doppelt so lange wie Japaner unterhalten. In westlichen Kulturen kommt das Reden an erster, das Zuhören an zweiter und das aufmerksame Beobachten an dritter Stelle. In den fernöstlichen Kulturen hingegen ist die Reihenfolge genau umgekehrt: Platz eins: Aufmerksames Beobachten, Platz zwei: Zuhören, Platz drei: Reden.

Aktives Erhören, wozu?

Beim aktiven Erhören deines Gesprächspartners beziehungsweise beim aktiven Zuhören verstehst du dein Gegenüber von innen, offenbarst ihm dieses »Verstehen« auf wirksame Art und erklärst ihm gegebenenfalls mit eigenen Worten, wie du ihn verstanden hast. Und das tust du nicht ausschließlich auf der Sachebene, sondern, wie du sehen wirst, hauptsächlich emotionell.

Diese Kunst setzt eine bestimmte Grundeinstellung voraus: Den Wunsch, deinen Gesprächspartner wirklich verstehen zu wollen! Du willst dich in die Gefühls- und Gedankenwelt des anderen einfühlen und ihn und das von ihm Gesagte voll und ganz verstehen. Mit anderen Worten: Du gibst alles, um für eine begrenzte Zeit die Welt aus der Sichtweise deines Gegenübers wahrzunehmen. Du änderst deine Perspektive und lässt dein Ego außen vor!

Aktives Er- beziehungsweise Zuhören bedeutet nicht, dass du dem anderen zustimmst. Die Tatsache, dass du für eine bestimmte Zeit versuchst, die Sichtweise deines Gesprächspartners zu übernehmen, heißt noch lange nicht, dass du dessen Ansichten annimmst oder vertrittst. Im Gegenteil: Nachdem du selbige verstanden und vielleicht auch gründlich hinterfragt hast und so deinen Gesprächspartner und seine Motivationen besser verstehst, benutzt du – wo sinnvoll – dein gewonnenes Wissen, um deine eigene, vielleicht komplett unterschiedliche Sichtweise darzustellen und den anderen von selbiger zu überzeugen. Denn: Falls sich dein Gesprächspartner wirklich verstanden fühlt, dann ist die Wahrscheinlichkeit sehr groß, dass auch du selbst verstanden wirst. Anders ausgedrückt: Er ist bereit für deine eigenen Wünsche und Anliegen. Du erreichst die wirklich wichtigen Punkte der Kommunikation – zwischenmenschliche und persönliche Auseinandersetzung – schneller. Und am wichtigsten: Dein Gegenüber ist sensibler für verschiedene Beeinflussungstechniken deinerseits.

Carl Rogers

Der Begriff ›Aktives Zuhören‹ stammt ursprünglich von Carl Rogers. Der Gründer der Sprachtherapie stellt bereits im letzten Jahrhundert fest, dass Patienten nicht nur Ratschläge und Lösungsvorschläge des Psychotherapeuten helfen, sondern dass jeder Mensch selbst Antworten auf eigene wichtige Fragen und Situationen entdeckt, wenn er sich in einer angstfreien Umgebung befindet. Dann findet er den Mut, eigenständig neue Ideen und Lösungswege zu entwickeln und umzusetzen. Ein guter Psychotherapeut textet daher seinen Patienten niemals zu oder bombardiert ihn mit gut gemeinten Vorschlägen – ganz egal ob er selbst bereits die eine oder andere Lösungsstrategie für seinen Patienten erkennt oder favorisiert. Im Gegenteil: Er unterstützt seinen Patienten stets durch aktives Zuhören darin, selbstständig Lösungen für anstehende Aufgaben oder Schwierigkeiten zu erkennen und diese auch bewusst oder unterbewusst außerhalb der Sitzungen weiterzuentwickeln. Er predigt nicht, sondern führt seinen Gesprächspartner zu den richtigen Möglichkeiten und Entscheidungen. Und dies auf eine solche Art, dass der Patient stets Selbsterkenntnis erlebt und Eigenverantwortung übernimmt.

Das bedeutet für dich, dass die folgenden Techniken dir nicht nur helfen, Gespräche in deinem Sinne zu beeinflussen, sondern dass du deinem Gesprächspartner dadurch auch ermöglichst, von sich aus reflektierter und effektiver in Gesprächen mit dir zu agieren. Frag nach bei Therapeuten, Business-Coaches & Co!

Dein kleines Ich

Stell dir vor, du nimmst an einem Training von mir teil. Bei einer der vielen Übungen meldest du dich gemeinsam mit zwei Kollegen für eine Demonstration. Ich übertrage dir die Rolle des Zuhörers und du erfährst, dass es deine Aufgabe ist, dich so gut wie nur irgendwie möglich zu konzentrieren. Dann nimmst du auf einem Stuhl Platz. Einer der beiden verbleibenden Freiwilligen setzt sich dir gegenüber hin. Sein Stuhl steht ungefähr einen Meter von dem deinen entfernt. Ich beginne mit den Spielregeln. »Dein Partner erhält von mir nun eine kurze Geschichte. Diese liest er dir deutlich vor. Deine Aufgabe ist es, dir in den nächsten eineinhalb Minuten möglichst viel davon zu merken und diese anschließend dem Rest von uns bestmöglich zu erzählen.« So weit, so gut! Du beginnst dich zu konzentrieren, während ich deinem Gegenüber eine kurze, ausgedruckte Geschichte überreiche. Darin geht es um ein Schweinchen und seine Suche nach einem Honigtopf. Aber natürlich weißt du das noch nicht.

»Um das Ganze etwas herausfordernder zu machen, kommt jetzt der dritte Teilnehmer ins Spiel«, fahre ich fort. Ich platziere einen Sessel exakt hinter den deinen, wieder in ungefähr einem Meter Abstand. Der übergebliebene zweite Partner setzt sich auf selbigen, sodass er dir auf den Hinterkopf schaut. »Der Kollege hinter dir erhält nun auch eine Geschichte von mir (einen kurzen Bericht über volkswirtschaftliche Entwicklungen in Fernost). Auch er wird dir gleich seine Informationen vorlesen und es ist deine Aufgabe, diese genau so sorgfältig zu verstehen und anschließend wiederzugeben. Und nun das Spezielle daran! Deine beiden Partner lesen dir, wenn es losgeht, ihren jeweiligen Text gleichzeitig vor!« Von hinten und von vorne werden dir die Geschichte des Schweinchens und der Business-Bericht vorgelesen. Neunzig Sekunden jede Menge Informationen. Und dann? Tja, dann bist du an der Reihe. Du trägst die beiden Texte eigenständig aus deiner Erinnerung vor. Was denkst du? Wie ergeht es dir dabei? Ganz klar. Du kannst dich an so gut wie gar nichts erinnern. Viel zu viele Informationen prasselten zu schnell von zwei Seiten auf dich ein. Heillose Überforderung! Was da jetzt mit dem Honigtopf und dem Schweinchen genau war: Fragezeichen! Asienentwicklungen im Detail: ebenfalls ein dickes, fettes Fragezeichen!

Und nun zur Moral der Geschichte: In dieser Demonstration geht es natürlich nicht darum, dass es unmöglich ist, zwei Personen auf einmal optimal zuzuhören und sich das Gesagte zu merken. Das ist logisch! Ansonsten könnten Firmen ja viel Zeit sparen, indem sie einfach bei Meetings Mitarbeiterpräsentationen parallel vortragen lassen. Vielmehr benutze ich diese Übung als Bild. Als Gleichnis, wenn du so willst. Der dir Gegenübersitzende steht für deinen Gesprächspartner. Er erzählt dir etwas (in diesem Fall die tolle Geschichte von Schweinchens Honigtopf) und du hörst aufmerksam zu, um die Informationen später optimal verwerten zu können. Und derjenige, der dir im Nacken sitzt und dich gleichzeitig mit wirtschaftlichen Gegebenheiten Asiens versorgt? Für wen steht der wohl? Ich sage es dir: Er ist dein kleines Ich.

Jeder von uns hat ein kleines Ich. Ich habe den kleinen Martin. Eine Anna hat ihre kleine Anna und du das deine. Dein kleines Ich lebt in deinem Kopf. Es ist die Stimme, die ständig zu dir spricht und dir deine Gedanken übermittelt. Nun schaut die Sache so aus: Es ist unmöglich, dass du dich gleichzeitig auf das Gesagte deines Gesprächspartners und die Einflüsterungen deines kleinen Ichs konzentrierst. Falls du das probierst, kannst du deine Konzentration weder effektiv auf das Eine noch auf das Andere richten. Wenn du in erster Linie deiner inneren Stimme zuhörst (und das tun die meisten Menschen mit Vorliebe), dann kannst du deinem Gesprächspartner nur noch äußerst oberflächlich folgen. Hinzu kommt noch, dass deine Denkgeschwindigkeit viel höher ist als die Sprechgeschwindigkeit jedes Menschen. Das Resultat ist immer ein Verlust deiner Aufnahmefähigkeit.

Natürlich kannst du einfach nur so tun, als ob du deinem Gesprächspartner wirklich zuhörst. Das Dumme ist nur, er merkt das in neun von zehn Fällen, und nicht nur das: Alle folgenden Techniken funktionieren dann nicht so, wie es vonnöten ist, um andere für dich einzunehmen. Der einzige wahre Weg, um dieses Dilemma zu lösen, ist, dein kleines Ich auszuschalten oder zumindest bewusst im Zaum zu halten. Wenn du andere ›erhörst‹, richtest du deine Aufmerksamkeit auf dein Gegenüber – exklusiv! Dein kleines Ich hat dann Sendepause. Und diese Erholungsphase tut ihm und dir von Zeit zu Zeit auch sehr gut.

5.6 Die sieben Stufen des aktiven Erhörens

Die hohe Kunst des aktiven Erhörens besteht aus sieben Techniken. Stelle stets sicher, dass du sie allesamt benutzt.

Aktives Erhören: Stufe eins

Der erste Schritt für erfolgreiches Erhören ist einfach. Du achtest auf zwei Dinge. Zuerst lässt du deinen Gesprächspartner stets ausreden. Kein Unterbrechen und kein Ins-Wort-fallen, denn jetzt geht es um ihn. Weiters berücksichtigst du folgende Faustregel: Wenn du aktiv zuhörst, dann spricht der andere drei- bis viermal mehr als du. Deine Redezeit ist also deutlich kürzer als die deines Gesprächspartners.

Aktives Erhören: Stufe zwei

Eine weitere Übung bei meinen Kommunikationstrainings, die sehr starke Aha-Erlebnisse auslöst, funktioniert folgendermaßen: *Ich teile die Gruppe in zwei Hälften. Dann erkläre ich die Regeln.»Bei dieser Übung geht es darum, Inhalte so motivierend und spannend wie nur irgendwie möglich zu kommunizieren. Dazu machen wir nach der Vorbereitungszeit ein One-on-one-Szenario, wo sich jeweils zwei von euch gegenübersitzen. Dies passiert gleichzeitig. Niemand hört den einzelnen Paaren zu. Feedback erfolgt immer vom Zuhörer. Die Erzählergruppe geht jetzt bitte mit mir hinaus aus dem Seminarraum, damit ich euch instruiere. Die Zuhörergruppe bleibt solange hier. Wenn die Erzähler alle Informationen haben, komme ich, während sie sich noch auf ihre Aufgabe vorbereiten, zurück in den Seminarraum und erkläre dem Rest von euch, worauf ihr als Zuhörer bei eurem erzählenden Partner zu achten habt.« Den Erzählern gegenüber drücke ich anschließend noch einmal ausdrücklich die Anforderungen aus. Ihrem Übungspartner eine persönliche Geschichte mindestens drei Minuten lang so spannend, mitrei-*

ßend und motivierend wie nur irgendwie möglich zu erzählen. Auch emp-
fehle ich ihnen ein Thema zu wählen, dass sie persönlich emotional berührt
beziehungsweise ihnen wirklich am Herzen liegt. Nach diesen Instruktionen
gehe ich wieder in den Veranstaltungsraum und bespreche mit der Zuhörer-
gruppe ihre Aufgaben. Und diese stellen sich für selbige als ganz anders
dar als erwartet. Die Aufgabe besteht aus zwei Teilen. In den ersten einein-
halb Minuten hat jeder Einzelne von ihnen den Auftrag, alles nur irgendwie
Erdenkliche zu unternehmen, um seinem Partner zu zeigen, dass dies die
beste, interessanteste und tollste Geschichte ist, die man jemals in seinem
Leben gehört hat. Dann nach eineinhalb Minuten gebe ich ein geheimes
Zeichen. Zum Beispiel öffne ich ein Fenster und sage laut und deutlich »Ich
glaube, wir können etwas Frischluft vertragen!« Und hiermit ändern sich die
Regeln schlagartig.

Nun besteht die Aufgabe der Zuhörer darin, alles zu unternehmen, um ihrem
jeweiligen Partner zum Ausdruck zu bringen, dass die Erzählung das Lang-
weiligste und Uninteressanteste ist, das man je gehört hat. Natürlich soll
der Wechsel fließend und unauffällig passieren, sodass der andere dies nicht
zu auffällig mitbekommt. Das Ergebnis? Nach spätestens zwei Minuten ent-
steht bei jedem Erzähler offensichtliche Verunsicherung und Irritation. Je
nach Persönlichkeit wird mit dem Partner geschimpft, zu stottern begonnen
oder auch die Geschichte ratlos abgebrochen. Wenn die emotionale Bindung
zur eigenen Geschichte hoch ist, kommt es auch schon einmal vor, dass
die Reaktionen aus dem Ruder laufen: Ärger, Verständnislosigkeit bis hin
zu Beleidigungen. Nicht besonders überraschend: Denn wir wissen ja, dass
ein deutliches Zum-Ausdruck-Bringen von Desinteresse verbunden mit dem
kompletten Verzicht auf anerkennendes und wertschätzendes Verhalten
der direkte Weg ist, andere Menschen zu verletzen und wütend zu machen.

Zeige, gerade wenn die Themen deinem Gesprächspartner wichtig sind,
immer Interesse an dem von ihm Gesagten, wenn du den anderen für
dich einnehmen willst und beabsichtigst, Gespräche zu deinen Gunsten
zu verändern. Grundvoraussetzung für das Gelingen sind hierbei zwei

grundlegende Techniken, die auch den Teilnehmern bei der vorhergehend beschriebenen Übung zur Verfügung stehen (und zwar nur diese): Codewörter und Körpersprache.

Erhörende Codewörter

Jeder kennt das. Jeder hat sie! Das eine oder andere Familienmitglied, den einen oder anderen Bekannten oder auch Arbeitskollegen. Sie rufen immer wieder gerne bei dir an und erzählen dir in aller Ausführlichkeit Nebensächlichkeiten, die dich in Wirklichkeit null interessieren: Schon zwanzig Mal gehört oder für dich einfach ohne jegliche Verwertbarkeit – der Zustand eines Haustieres, der Streit mit dem Nachbarn, Fragen zur nächsten Familienfeier (die erst in acht Monaten stattfindet) und so weiter und so fort. Meist erreichen dich diese Anrufe auch noch genau dann, wenn du sowieso gestresst oder dabei bist, etwas Wichtiges zu tun. Und was machst du? Auflegen? Wohl kaum, denn du willst den anderen ja im Normalfall nicht verärgern. Stattdessen hörst du nur oberflächlich zu. Vielleicht legst du ja das Telefon sogar zwischendurch zur Seite, während der andere redet und redet und redet. Kennen wir alle. Machen wir alle von Zeit zu Zeit so. Aber eine kleine, aber entscheidende Sache machst du in solchen Situationen auch noch – ganz automatisch. Du verwendest alle paar Sekunden kleine Codewörter der Aufmerksamkeit, damit der Gesprächspartner auf der anderen Seite der Telefonleitung glaubt, dass du ihm angestrengt und interessiert zuhörst – obwohl du ja in Wahrheit gar nicht bei der Sache bist und dich mit ganz anderen Dingen beschäftigst: ›Aha!‹, ›Hm!‹, ›Verstehe!‹, ›Okay!‹, ›Klar!‹, ›Ach so?‹, ›Wirklich?‹ Und genau das tust du bitte von jetzt an auch bei allen wichtigen Gesprächen. Und zwar bewusst!

Erhörende Körpersprache

Alle erhörenden Codewörter der Welt helfen nichts, wenn deine Körpersprache Desinteresse oder mangelnde Konzentration auf das Gesagte deines Gesprächspartners ausdrückt. Achte daher stets darauf, dass deine Körpersprache dem anderen Interesse signalisiert:

- Vorgebeugter Oberkörper in Richtung deines Gesprächspartners
- Blickkontakt
- Nicken (von Zeit zu Zeit)
- Augenbrauen hochziehen (von Zeit zu Zeit)
- Lächeln
- Kopfhaltung des anderen spiegeln
- Hände offen zeigen

Aktives Erhören: Stufe drei

Kommen wir nun zu weiterführenden Techniken, wie du deinem Gesprächspartner emotional zeigst, dass du bei der Sache bist. Techniken, die dazu beitragen, dass er sich im Gespräch wohlfühlt und dass du von ihm relevante Information erhältst, die dir in weiterer Folge helfen, Ansatzpunkte für Überzeugungskommunikation zu erkennen und zu nutzen. Auf dieser Stufe geht es darum, dem anderen zu zeigen, dass du ihm folgst. Dass du bei der Sache bist. Hierzu benutzt du hin und wieder, je nach Lust und Laune, eine der beiden Vorgangsweisen: Zusammenfassen oder Paraphrasieren. In beiden Fällen wiederholst du das, was der andere gesagt hat. Im ersten Fall mit seinen Worten, im zweiten mit deinen eigenen.

Fall 1: Zusammenfassen

Freund: *»Und der Huber hat mich somit drei Mal in einer Woche wegen der Projektplanung versetzt.«*

Du: *»Der Huber hat dich also drei Mal versetzt.«*

Freund: *»Genau! Nicht ein Mal, nicht zwei Mal, sondern ganze drei Mal. Also mir reicht's jetzt. Ich habe mir gedacht, ich tue Folgendes …«*

Fall 2: Paraphrasieren

Freund: *»Und der Huber hat mich somit drei Mal in einer Woche wegen der Projektplanung versetzt.«*

Du: *»Der hat also mehrmals euren Termin umgeworfen.«*

Freund: *»Genau! …«*

Aktives Erhören: Stufe vier

Auf dieser Stufe beginnst du erstmals aktive Komponenten zu benutzen, die je nach Einsatz und Wunsch deinerseits den Gesprächsverlauf verändern können, aber nicht müssen: Verständnisfragen, klärende Fragen und herausfordernde Fragen. Verständnisfragen dienen dazu, Interesse auszudrücken und abzuklären, ob du soweit alles richtig verstanden hast.

- *»Also, wenn ich das richtig verstehe, dann hat der Huber ohne Vorwarnung ein Treffen nach dem anderen abgesagt?«*
- *»Und alle drei Treffen waren wegen des gleichen Projekts?«*
- *»Das heißt, das Projekt liegt mehr oder weniger auf Eis?«*

Klärende Fragen dienen ebenfalls dem Verständnis. Zusätzlich erlauben sie dir, neue Informationen zu erhalten, die dein Gesprächspartner wissentlich oder unwissentlich nicht gibt oder gegeben hat.

- *»Ist das schon öfter vorgekommen beim Müller oder ist dies das erste Mal?«*
- *»Von welchem Projekt sprechen wir da eigentlich?«*
- *»Hat er dir gesagt, warum er die Treffen immer absagen musste?«*

Herausfordernde Fragen, zu guter Letzt, gehen noch einen Schritt weiter. Sie laden deinen Gesprächspartner dazu ein, Situationen und eigene Sichtweisen zu überdenken oder zu argumentieren. Achte darauf, solche Fragen in passender Weise und vor allem im richtigen Ausmaß zu stellen. Bei unpassenden Kontexten oder zu oft gestellt, können solche Fragen auch schnell unerwünschte Wirkungen erzeugen.

- *»Glaubst du, der Müller hat etwas gegen dich?«*
- *»Denkst du, dass das ausschließlich der Fehler vom Müller war?«*
- *»Und wie fühlst du dich dabei?«*

Aktives Erhören: Stufe fünf

Diese Stufe verfügt über eine außerordentlich hohe Wirkung, Gespräche zu deinen Gunsten zu lenken und zu beeinflussen. Leider tun sich viele Leute mit der sehr einfachen und mächtigen Technik unglaublich schwer. Und diese heißt ganz einfach: »Ehrliches Verständnis ausdrücken.« Menschen haben verschiedene Meinungen und Ansichten. Das ist klar und wird auch immer so sein. Hier führt kein Weg vorbei. Je weiter die verschiedenen Meinungen auseinanderliegen, desto mehr Probleme haben wir, den Standpunkt des anderen zu akzeptieren. Und noch schwieriger bis unmöglich: Dem Gesprächspartner deutlich zu zeigen, dass wir seine Ansichten verstehen und dass er ein Recht auf selbige hat. Je emotionaler und konfliktbehafteter ein Gespräch ist, als desto schwieriger wird ein ebensolches Unterfangen wahrgenommen und erlebt. Sehr schade, denn genau dann, wenn Gespräche schwierig sind, hilft dir diese Technik enorm dabei, komplett neue Voraussetzungen einzuleiten und zu erschaffen. Ich empfehle dir von Herzen bei wichtigen Gesprächen dein Ego auszuschalten und diese Technik bewusst einzusetzen. Du siehst sofort Veränderungen in Verhalten und Diskussionsstil deines Gegenübers, die du in deinem Sinne nutzen kannst. Und ich wiederhole es an dieser Stelle noch einmal: Verständnis auszudrücken heißt nicht, andere Meinungen zu übernehmen. Es dient ausschließlich dazu, grundlegende Wertschätzung für vielleicht auch komplett konträre Ansichten und Einschätzungen auszudrücken. Wertschätzung und Anerkennung der Persönlichkeit des anderen. Respekt!

Freund: *»Der Müller ist einfach nur ein Wichtigtuer!«*
Du: *»Ich verstehe!«*

Freund: *»Der Müller ist einfach nur ein Wichtigtuer!«*
Du: *»Nachvollziehbar, dass du das im Moment so empfindest.«*

Freund: *»Du bist mir auch keine große Hilfe, wenn du den Müller immer verteidigst.«*
Du: *»Verstehe, dass du das gerade so siehst.«*

Aktives Erhören: Stufe sechs

Stufe Sechs benutzt eine Technik, die ursprünglich aus der Telefonkommunikation stammt. Wenn du, weil du eine Beschwerde hast, bei einem Kundenservicecenter anrufst, siehst du deinen Gesprächspartner klarerweise nicht. Es bleibt dir als Anrufer überlassen, dir bewusst oder unterbewusst dein eigenes Bild des Beraters zu machen. Im besten Fall stellst du dir, bei einem als gut empfundenen Gesprächsverlauf, die Person auf der anderen Seite der Telefonleitung vielleicht wie folgt vor: Eine freundliche und kompetente Person: berufserfahren, kennt sich aus, bemüht und kundenorientiert. Sie sitzt vor einem aufgeräumten Schreibtisch in einem hellen, netten Großraumbüro, hat alle wichtigen Unterlagen griffbereit und kennt sich in ihrem Computersystem aus.

Bei weniger guten Fortschritten während des Gesprächs kann das Bild, das in deinem Kopf entsteht, natürlich auch ganz anders aussehen: Eine unfreundliche, überforderte Person: inkompetent, wahrscheinlich eine Aushilfe, unengagiert, gestresst. Kunden sind dieser Person egal. Sie sitzt vor einem unaufgeräumten Schreibtisch in einem überfüllten, chaotischen Großraumbüro, muss nach allen relevanten Unterlagen erst mal suchen und kann ihr Computersystem nicht vernünftig bedienen.

So ist das. Solche Bilder entstehen unausweichlich in deinem Kopf. Du schließt auf Grundlage der Aussagen und der Kommunikationsführung des anderen auf dessen Persönlichkeit, Einstellung und Fähigkeiten. Ein klassischer Trick bei Innendienstmitarbeitern im Kundenservice ist daher folgender. Sie beeinflussen das Bild ganz einfach dadurch, dass sie dem verärgerten Anrufer bei seiner Vorstellung ein wenig nachhelfen. Hat der Beschwerdeführer ein Problem dargelegt, sagen sie automatisch: »Das schreib ich mir gleich auf!« oder Ähnliches. Der Anrufer ist beruhigt. Sein persönlich als irrsinnig wichtig empfundenes Anliegen wird ernst genommen und festgehalten. Ein guter Mensch spricht mit ihm.

Der Witz an der Sache ist, dass es für den Kundenberater gar nicht notwendig ist, das Angekündigte wirklich zu tun. Allein der Glaube, dass er etwas notiert, einträgt oder weiterleitet, lässt den genervten Anrufer bereits deutlich ruhiger und kompromissbereiter werden.

Kunde: *»Jetzt ist schon wieder eine Palette zu wenig geliefert worden. Wie stellen Sie sich das eigentlich vor? Ich kann so nicht arbeiten!«*

Innendienst: *»Oh, ich verstehe, Herr Franzen. Das ist wirklich ärgerlich! Das notiere ich mir sofort! Auf der Stelle! Vielen Dank für die Information. Einen Moment! Ich schreibe das jetzt gerade nieder.«*

Mieter: *»Ich ruf jetzt schon zum dritten Mal bei Ihrer Service-Line an und habe noch immer meinen versprochenen Rückruf nicht erhalten. So geht's nicht!«*

Service-Stelle: *»Hm, Frau Jansen. Ich kann Ihren Unmut nachvollziehen. Ich gebe das jetzt sofort in das System ein. In rot! Dann klappt das mit dem Rückruf.«*

In einem normalen Gespräch, wo dir der andere gegenübersitzt, kannst du diese Technik ebenfalls anwenden – natürlich in etwas abgeänderter Form. Menschen brauchen Zustimmung und Anerkennung. Wenn es dir daher von Zeit zu Zeit gelingt, deinem Gesprächspartner zu zeigen, dass du das von ihm Gesagte als wichtig empfindest, stößt du die Tür zu seinem Unterbewusstsein weit auf und sammelst in diesem eine ganze Reihe von Sympathiepunkten. Am besten funktioniert das natürlich in solchen Situationen, in denen der andere es nicht unbedingt voraussetzt oder erwartet. Achte aber bitte darauf, diese Technik immer nur gezielt und niemals übertrieben einzusetzen.

»Herr Hubbich, also diese Geschichte ist wirklich faszinierend. Wie war noch einmal der Name des Buchs? Den schreib ich mir gleich auf!«

»Das wusste ich gar nicht, dass Ihre Firma so erfolgreich in CEE agiert. Können Sie mir da Unterlagen schicken? Das muss ich gleich meinem Verkaufsleiter zeigen.«

»Also, wie du das gelöst hast, finde ich toll. Das muss ich mir unbedingt merken, falls ich einmal in so eine Situation komme.«

Aktives Erhören: Stufe sieben

Stufe Sieben des aktiven Erhörens stellt die Königsklasse dar. Du begnügst dich nicht damit, aufmerksam zuzuhören, Informationen zu sammeln und Verständnis auszudrücken, sondern erahnst, was in deinem Gegenüber vorgeht. Du sprichst die mit den Aussagen verbundenen Gefühle deines Gesprächspartners an. Hierdurch drückst du dein Einfühlungsvermögen und Interesse direkt aus. Du achtest also darauf, wie sich der andere fühlt und bringst dies umgehend zur Sprache. Verallgemeinerungen oder Vorwürfe à la »Du bist immer so verärgert« oder »Sie sind viel zu leicht verletzt« haben in dieser Technik natürlich nichts zu suchen. Es ist hierbei auch nicht notwendig, dass du jeden einzelnen Gefühlszustand ganz genau erkennst. Alleine dein Versuch, auf die Gefühle des anderen einzugehen, berührt diesen bereits positiv und beeinflusst ihn zu deinen Gunsten. Und falls du bei dem Erkennen eines Gefühls einmal wirklich weit daneben liegst, wird dein Gegenüber den von dir genannten Gefühlszustand automatisch, von sich aus, korrigieren. Die Benennung des Gefühlszustands selbst kannst du, wie du gleich siehst, sowohl als Frage als auch als normale Aussage formulieren.

Das Benennen positiver Gefühlszustände hat den Vorteil, dass du hierdurch die gute Stimmung deines Gegenübers verlängerst und verstärkst. Positive Bilder, Erinnerungen und Gefühle des anderen bleiben länger bestehen und wirken mit größerer Kraft auf seinen derzeitigen Gemütszustand. Dies erlaubt eine immer effektivere und erfolgreichere Kommunikation. Wenn du diese Technik ausprobierst, merkst du, wie sich die Laune deines Gesprächspartners förmlich stufenweise hebt. Gleich einem Welleneffekt wird dein Gegenüber zunehmend offener. Vertrautheit entsteht.

Freund:	»*Also, das ist schon toll, dass ich jetzt dieses Trainee-Programm bekommen habe.*«
Du:	»*Du freust dich sehr.*«
Freund:	»*Ja, ich bin echt total happy! Ich hab mir das nicht gedacht, dass sie mir den Platz geben.*«
Du:	»*Höre ich da einen gewissen Stolz heraus?*«
Freund:	»*Ja, ich bin schon ziemlich stolz auf mich. Ja, wirklich … ich bin stolz!*«

Schwester:	»*Ich bin schon ganz gespannt, was der Peter morgen mit mir vorhat. Ich weiß nur, dass er mich abholt und dass es etwas Romantisches ist.*«
Du:	»*Du bist neugierig und ein bisschen aufgeregt.*«
Schwester:	»*Oh ja, ich bin echt total gespannt, was das wird. Ich freu mich wie ein kleines Kind!*«
Du:	»*Schwer verliebt?*«
Schwester:	»*Ja, das mit mir und dem Peter fühlst sich schon toll an. Er ist ein ganz besonderer Mensch.*«

Du kannst und sollst nicht nur positive, sondern auch negative Gefühls-zustände benennen. Meine Erfahrung zeigt mir, dass sich hiermit sehr viele Menschen schwer tun. Sie fürchten oft, dass das Aussprechen negativer Emotionen den anderen negativ beeinflusst oder einen selbst in die unan-genehme Situation geraten lässt, darüber reden zu müssen. Das schnelle Übergehen oder Ignorieren von wahrgenommenen, negativen Schwingun-gen und der plumpe Versuch, Dinge schönzureden oder abzuschwächen, sind weit verbreitete Taktiken, um solche Gespräche ja nicht zu sehr auf die emotionale Schiene geraten zu lassen.

Ein solches Vorgehen ist meist das falsche. Denn das Benennen von negati-ven Zuständen hat nichts damit zu tun, andere und sich selbst in minuten-lange Tränentäler zu befördern. Im Gegenteil: Es geht vielmehr darum, dem Gesprächspartner Wertschätzung und Verständnis entgegenzubringen und ihm zu helfen, seine eigenen Gefühle wahrzunehmen und zu reflektieren. Hieraus kannst du dann optimale weitere Gesprächsstrategien ableiten und einsetzen.

Ein einfaches Beispiel hierfür ist eine Situation, in der ein Kind sich beim Spielen einen harmlosen kleinen Kratzer geholt hat und zu weinen beginnt. Gut gemeinte Aussagen und Aufforderungen wie »Das ist ja nichts!« oder »Du bist ja schon ein großes Kind. Das hältst du schon aus!« bringen meist nur eine weitere Minute Weinen und Wimmern. Sagst du aber etwas wie »Oh je, jetzt bist du gefallen und hast dir wehgetan. Jetzt fühlst du dich etwas verschreckt und hast ein bisschen Angst. Verstehe ich! Wird alles ganz gut wieder! Ganz schnell, mein Schatz!«, verbunden mit einem kurzen Drücken und Kuss, beendet das die Tränen innerhalb von Sekunden. Oder kehren wir zurück zu dem »Herr Müller«-Beispiel:

Freund: *»Es ist ja nicht nur der Müller. Niemand in meiner Firma nimmt mich ernst.«*

Du: *»Das macht dich wütend.«*

Freund: *»Wütend ist nicht das richtige Wort. Es macht mich traurig.«*

Du: *»Hilft dir diese Traurigkeit dabei, mit dieser Situation umzugehen?«*

Freund: *»Nicht wirklich, sie bremst mich eher, Dinge anzusprechen.«*

Du: *»Ist da auch Ärger, neben der Traurigkeit?«*

Freund: *»Hm, ja schon. Da ist schon Ärger. Jetzt kommt er gerade hoch. Ich ärgere mich interessanterweise vor allem über mich selbst im Moment.«*

Du: *»Das heißt, du ärgerst dich darüber, dass du die Dinge nicht ansprichst?«*

Freund: *»Ja, so kann man es sagen.«*

5.7 Seelenkontakt – Die hohe Kunst des Lobens

»Das tut richtig gut in der Seele!«. Diesen Ausdruck oder den Ausspruch »Eine Wohltat für die Seele!« kennen wir alle. Aber was ist eine Seele? Gute Frage, aber von mir sicherlich noch nicht einmal in Ansätzen zu klären. Konzentrieren wir uns stattdessen auf das durch diesen Satz ausgedrückte Gefühl – ein gutes Gefühl, ein schönes Gefühl, ein wunderbares Gefühl! Andere Menschen für sich einzunehmen hat viel damit zu tun, sie in einen positiven Zustand zu versetzen. Wäre es da nicht großartig, auf einfache kommunikative Art genau ein solches ›Das-tut-richtig-gut-in-der-Seele‹-Gefühl in anderen erzeugen zu können? Und zwar auf eine solche Art und Weise, dass dein Gesprächspartner dieses wohltuende Gefühl, diesen schönen ›Seelenzustand‹ sofort mit dir verbindet?

Um die Seele eines anderen Menschen zu berühren, braucht es eine Reihe von wirkungsvollen und besonderen Zutaten. Das Schöne daran ist: Du kennst sie bereits. Es sind wieder einmal die von mir bereits beschriebenen Düngerstoffe, die deine und die inneren Rosen anderer gedeihen und wachsen lassen: Anerkennung, Wertschätzung, Respekt und Verständnis.

Die entscheidende Frage an dieser Stelle lautet: Was entsteht wohl, wenn wir alle diese einzigartigen Zutaten im richtigen Verhältnis vermengen und ordentlich durchschütteln? Die Antwort ist denkbar einfach. Wir erhalten die kostbare Substanz Lob! Jeder Mensch bekommt gerne Lob. Lob ist die vielleicht direkteste und stärkste Form, wie dir und mir Anerkennung und Wertschätzung für unser Sein und Tun entgegengebracht wird. Kritik ist unser ständiger Begleiter. Und noch schlimmer: Manchmal ist sie (tatsächlich oder wir empfinden es zumindest so) unberechtigt. Lob hingegen ist ein seltenes Gut. Beide – sowohl die als unfair empfundene Kritik als auch das ehrliche Lob – haben die Macht, Menschen ohne Umwege und sofort auf ihrer emotionalen Ebene zu erreichen. Das Bewusstsein ist hierbei machtlos. Beide haben auch die einzigartige Kraft, innerhalb kürzester Zeit Gefühlszustände sowie die Wahrnehmung zu ändern. Ungerechtfertigte oder als ungerechtfertigt wahrgenommene Kritik hat die Kraft der Zerstörung. Ehrliches Lob auf der anderen Seite verfügt über die Kraft der Heilung und hierdurch der Entfaltung sowie dem Aufbau von Vertrauen, Sympathie und Dankbarkeit. Während Ersteres die Seele leiden lässt, bewirkt Letzteres ein Wohlgefühl im tiefsten Inneren eines jeden Menschen.

Die Sache mit den motivierten Mitarbeitern

Regionale und internationale Mitarbeiterbefragungen beschäftigen sich gerne mit den sogenannten Motivationsfaktoren. Was treibt Mitarbeiter an? Was frustriert sie? Generell weiß die Unternehmenspsychologie seit geraumer Zeit, dass es hierbei zwei grundlegende Gruppen von Faktoren gibt: harte und weiche. Harte Faktoren sind meist materiell: Gehalt, Versicherungen, Ausstattung des Arbeitsplatzes, Sicherheit am Arbeitsplatz etc. Zu den weichen Faktoren zählen hingegen Dinge wie Anerkennung, Selbstverwirklichung, Weiterbildungsmöglichkeiten und Selbstverantwortung. Harte Faktoren motivieren nicht. Passen selbige, sind Mitarbeiter nicht motiviert, sondern nicht demotiviert. Erst die weichen Faktoren erzeugen Motivation. Genau aus diesem Grund hilft das beste Gehalt und das schönste Firmenauto manchmal nicht, einen Mitarbeiter zu halten. Und genau deshalb arbeiten Menschen bei einem kleinen Start-up-Unternehmen, trotz wenig Lohn und wenig Luxus im Büro, mit letzter Hingabe. Bei den beschriebenen Umfragen gibt es dann jedes Jahr Ranking-Listen von den Faktoren, die Mitarbeitern am wichtigsten sind. Und was steht da wohl seit Jahrzehnten immer am ersten oder zweiten Platz? Du hast es erraten! Lob beziehungsweise Anerkennung!

Loben – aber wie?

Viele Menschen tun sich schwer, andere (richtig) zu kritisieren. Gut, das ist bekannt. Weniger bekannt und noch viel verwunderlicher ist aber die Tatsache, dass die meisten Menschen sich auch mit dem ehrlichen Loben irrsinnig schwertun. Es ist fast so, als wäre es ihnen unangenehm. Vielleicht steckt auch ein gewisses geistiges Nullsummenspiel dahinter: »Warum soll ich Lob geben, wenn ich selbst keines erhalte?«

Loben ist eines der Kernmittel, um Sympathie aufzubauen! Loben ist ein Hauptbestandteil kommunikativer Beeinflussung! Schauen wir uns deswegen an, wie du am effektivsten lobst und andere dadurch auf deine Seite ziehst.

Vom richtigen Zeitpunkt

Gleich der Kritik hat Lob nur dann die absolute Wirkung, wenn es direkt nach dem zugrunde liegenden Verhalten erfolgt. Lobst du jemanden erst Tage oder Wochen nach der erfolgten Leistung, ist die Wirkung deiner Worte bescheiden. Du vergibst die Chance, den anderen emotional zu erreichen und dich in seinem Unterbewusstsein positiv zu besetzen. Merke dir daher: Lobe immer so schnell wie möglich!

Das Umfeld

Der superschlaue Chef kritisiert Mitarbeiter mit Vorliebe vor anderen. Dementsprechend erhält er auch eine äußerst »verständnisvolle« Reaktion und genau null Veränderungswillen zurück. Beim Loben verhält es sich genau umgekehrt. Es ist zwar nett, wenn du so nebenbei ein Lob von deinem Vorgesetzten auf der Firmentoilette erhältst – das war es aber auch schon. Lob erzeugt dann die meisten Emotionen, wenn es vor vielen ausgesprochen wird. Sei es vom Chef beim Teammeeting oder vom Lehrer in der Klasse.

Die richtige Pinselgröße

»Das war eine gute Präsentation, Herr Fauland!« oder: »Hast du brav gemacht in der Schule, Rosa!« Das ist der Minipinsel des Lobs. Da bleibt nicht viel Farbe hängen bei deinem Gesprächspartner. Benutze, wenn du lobst, immer den ganz dicken Pinsel. Denjenigen, den man zum Wändestreichen benutzt. Tunke ihn in den großen Farbeimer und dann verteile die Farbe des Lobs großflächig!

Lob als Steuerungsmittel

Lob wird so gut wie immer in der Vergangenheit ausgedrückt. »Du hast das und das gut gemacht!« Damit dein Lob noch stärkere positive Gefühle auslöst, überbringst du es deinem Gesprächspartner in der Gegenwartsform. Dadurch geschehen zwei Dinge. Zuerst lobst du dadurch nicht etwas, das bereits geschehen ist, sondern eine allgemeine Fähigkeit. Dein Gegenüber spürt die lobenden Worte für sein Sein und nicht für eine punktuelle Leistung aus der Vergangenheit. Und das hat wiederum zur Folge, dass seine Motivation, in der Zukunft ebenso zu handeln, sofort um ein Vielfaches steigt.

Um die Verankerung bei der anderen Personen noch zu stärken und sicherzustellen, dass das Verhalten auch in Zukunft beibehalten wird, empfehle ich dir, zusätzlich einen Sprung in die Zukunft (durch Gegenwartssprache) auszudrücken und eine Verknüpfung an eine hiermit verbundene Bedingung zu setzen.

Der dicke Pinsel	Verstärkung: Gegenwart	Weitere Verstärkung: Zukunftssprung und Bedingung
Herr Fauland! Das war eine wirklich gute Präsentation heute von Ihnen! Sie waren perfekt vorbereitet, haben das Publikum mitgerissen und alle Fragen der Gesellschafter überzeugend beantwortet. Weiter so!	*Herr Fauland! Sie **präsentieren** wirklich gut! Sie **sind** perfekt vorbereitet, **reißen** das Publikum mit und **beantworten** alle Fragen der Gesellschafter überzeugend. Weiter so!*	*Herr Fauland! Sie präsentieren wirklich gut! Sie sind perfekt vorbereitet, reißen das Publikum mit und beantworten alle Fragen der Gesellschafter überzeugend. **(Zukunft:)** Ich freue mich schon auf Ihre nächsten Präsentationen, **(Bedingung:)** wo Sie wiederum so kompetent auftreten und mich und die anderen Zuschauer fesseln. **(Verstärkung:)** Weiter so!*

Wenn es keiner erwartet

Loben kannst du immer! Allerdings sollte dein Lob zumindest in einer gewissen Relation zur Lesitung stehen – gerade dann, wenn du es nicht allgemein gibst, sondern bezogen auf eine gewisse Tätigkeit. Ein Mitarbeiter, der von seinem Chef ständig wegen jeder lächerlichen Kleinigkeit gelobt wird, ist bald genervt. Er hat das Gefühl, dass ihm nichts zugetraut wird. Das Lob erreicht das Gegenteil des Gewünschten. Das ist die eine Seite der Medaille. Auf der anderen Seite der Medaille steht: ›Unerwartetes, berechtigtes Lob versetzt Berge!‹ Ein solches Lob verändert deine Wirklichkeit in wenigen Sekunden! Lobe einfach einmal in Situationen, in denen du es normalerweise nicht tust. Sei anders als die anderen! Gib, wann immer du mit etwas zufrieden bist, ein von Herzen kommendes Lob. Dein Lohn: Dein Gegenüber verändert sein Verhalten und zeigt dir umgehend seine Dankbarkeit.

»Also, ich bin ganz begeistert von Ihrem Café. Eine wirklich tolle Atmosphäre, wirklich freundliche Kellner und die Torten sind einfach ein Genuss! Ich bin absolut begeistert, wie Sie das hier handhaben!«

Resultat: Strahlende Augen und ein ab sofort ganz besonders aufmerksamer Besitzer. Loben verändert das Verhalten anderer grundlegend. Gib unerwartetes, dickes Lob, wann immer du kannst: An das Team, an deinen Partner, an den Koch im Restaurant, den Taxifahrer, den Verkäufer, den Lehrer der Kinder und ja, auch an deinen Chef.

5.8 Vom Umgang mit Übellaunigen und Bösewichten

Die beschriebene Art des Seelenkontakts funktioniert nicht nur bei lieben, braven Mitmenschen. Im Gegenteil! Auch bei schwierigen, mürrischen oder gar unanständig handelnden Zeitgenossen ist eine rasche Änderung zu einem positiven Gesprächsklima, samt dem Aufbau von Sympathie, möglich. Hierzu bedarf es nur einer kleinen Änderung der Grundstrategie, basierend auf drei aufeinander folgenden Eckpfeilern: Die Benennung des Verhaltens oder Zustands, das Zeigen von Verständnis und das Geben von Lob.

Situation: Eine komplett überfüllte Bar. An der Theke drängen sich in zwei Reihen durstige Gäste. Der Gast wurde bereits mehrmals vom gestressten und sichtlich überforderten Kellner übersehen.

Gast: *»Herr Kellner, mein Bier endlich!«*

Kellner: *»Sie sehen doch, was los ist!«*

Gast: *»Sie haben jetzt schon unzählige Male Leute bedient, die sich nach mir angestellt haben!«*

Kellner: *»Wie gesagt, Sie sehen doch, was los ist! Hier Ihr Bier. Macht drei Euro sechzig.«*

Gast: *»Moment, ich will noch was zu essen.«*

Kellner: *»Essen gibt's jetzt nicht! Drei Euro sechzig, bitte!«*

Ergebnis: Verärgerter Gast, genervter Kellner, kein Essen und bei dem nächsten Bestellversuch eine noch längere Wartezeit.

Es geht aber auch anders:

Gast: *»Ein Bier, bitte! Sie haben aber richtigen Stress heute!«*

Kellner: *»Ja, es ist die Hölle los!«*

Gast: *»Und Sie ganz allein im Service. Ein Wahnsinn!«*

Kellner: *»Ja, der Kollege ist ausgefallen. Was soll man tun. Da muss ich durch!«*

Gast: *»Also, ich muss sagen: Sie machen das toll! Ich weiß, es geht drunter und drüber bei Ihnen. Kann ich deswegen später vielleicht was zum Essen bestellen, wenn Sie Zeit haben?«*

Kellner: *»Das machen wir gleich! So viel Zeit muss sein! Was darf es denn sein?«*

5.9 Gleich und Gleich gesellt sich gern

Ein weiterer Weg, die Seele des anderen zu erreichen, ist Anerkennung durch Gleichheit zu vermitteln. Menschen mögen andere Menschen, die ihnen ähnlich sind. Ein Weg, dies zu erreichen, liegt wieder in der Technik des Spiegelns. Du erinnerst dich: Spiegeln beschreibt die kurze oder auch längere behutsame und möglichst unauffällige Nachahmung gewisser Verhaltensweisen deines Gesprächspartners. Bei der folgenden Technik konzentrieren wir uns auf eine verbale Variante – Spiegeln durch Wörter.

Jeder Mensch lebt in seiner eigenen Wortwelt. Stichwort: Techniker und Nichttechniker. Jeder deiner Gesprächspartner bevorzugt gewisse Ausdrücke und Redewendungen. Ein guter Verkäufer weiß daher, dass er gut daran tut, ähnliche Begriffe zu benutzen wie sein Kunde. Wenn der Opa ein tragbares Telefon will, dann verkauft er ihm kein ›Handy‹ und kein ›Smartphone‹, sondern ein ›tragbares Telefon‹. Wenn der Abteilungsleiter für seinen Stellvertreter eine Konsultation wünscht, dann bietet der Berater ihm kein ›Einzel-Coaching‹ und keine ›Supervision‹ an, sondern die gewünschte ›Konsultation‹.

Meiner Erfahrung nach ist das stärkste Instrument des sprachlichen Spiegelns die Wiederholung von Lieblingsausdrücken. Jeder deiner Gesprächspartner hat eine oder zwei bevorzugte Redewendungen. Diese benutzt er in jedem Gespräch häufig oder auch unzählige Male. Spitze in Zukunft deine Ohren und beginne, wenn du die Lieblingsausdrucksformen deines Gegenübers erkannt hast, diese selbst häufig im Gespräch zu benutzen. Dies tust du natürlich nicht übertrieben auffällig und stets ein wenig zeitversetzt. Damit du einen besseren Eindruck bekommst, was ich meine, habe ich die letzten zwei Tage bei fünf meiner Gesprächspartner deren jeweiligen Lieblingsfloskeln mitgeschrieben. Hier sind sie:

- *»Ich sag dir, wie's ist ...«*
- *»Und wissen Sie, was das Beste ist ...«*

- *»Tausend Rosen!«*
- *»Sei's drum!«*
- *»Unter uns alten Schulmädchen ...«*

Die zweite Variante, Gleichheit zu erzeugen, ist das Herausstreichen von Gemeinsamkeiten. Gerade wenn Gespräche schwierig sind, erlaubt diese Methode, schnell eine bessere, entspannte Atmosphäre zu erreichen. Zusätzlich entsteht unterbewusst Sympathie.

Geht immer	Personenabhängig
Wir beide sind (ja) lösungsorientierte Menschen.	Wir sind (ja) beide Ausdauersportler.
Wir beide bringen (ja) lange Erfahrung mit.	Wir haben (ja) beide schlechte Erfahrungen mit XYZ gemacht.
Du und ich wollen (ja) beide nur das Beste für unsere Kinder.	Sie und ich sind (ja) beide absolute Experten im Bereich XYZ.
Sie und ich haben (ja) das gleiche Ziel: zufriedene Chefs.	Du und ich haben (ja) beide den XYZ gut gekannt.
Wir beide haben (ja) bereits einen langen Tag hinter uns.	Wir beide stehen (ja) auf XYZ.
Wir beide wollen (ja) ein gutes Ergebnis erreichen.	Bei allen Unterschieden, wo wir uns absolut einig sind, ist ...

5.10 Auf Konventionen wird gepfiffen! – Distanz durchbrechen

Wir Menschen grenzen, gleich den Tieren, unser eigenes Gebiet ab. Wenn du mit einer anderen Person sprichst, sollte die räumliche Distanz zwischen euch beiden stimmen. Der hierfür richtige Abstand ist abhängig von verschiedenen sozialen Faktoren und wird bei Gesprächen von deinem Gesprächspartner und dir stets unausgesprochen festgelegt und eingehalten. Stimmt dieser Abstand nicht, so kommt es bei einem von euch oder auch bei beiden zu einem Gefühl des Unbehagens. Kommunikationsstörungen sind die Folge. Die Literatur unterscheidet vier Distanzzonen:

- Intimzone (bis 0,5 Meter)
- Persönliche Zone (0,5 bis 1,2 Meter)
- Gesellschaftszone (1,2 bis 3,6 Meter)
- Offene Zone (ab 3,6 Meter)

Die Größen der einzelnen Zonen können natürlich, je nachdem ob jemand eher intro- oder extrovertiert ist, schwanken. Auch kulturelle Unterschiede spielen hierbei eine Rolle. Was bedeutet das nun in der Praxis? Wenn du mit Leuten sprichst, die du erstmals siehst oder die du nicht sehr gut kennst, respektierst du deren Intimzone im Normalfall ganz automatisch. Das Gespräch spielt sich hauptsächlich in der Gesellschaftszone ab, bei einem Zweiergespräch in der näheren Gesellschaftszone.

Mir persönlich sind diese ganzen verbreiteten Zahlen, Zonen und Maße zu abstrakt. Als Freund der einfachen und praktischen Dinge habe ich für die im Sinne der Distanzzonen maximal zulässige Nähe zu Gesprächspartnern (die wir nicht lange und gut kennen) eine äußerst einfache wie zuverlässige Regel. Wenn ich sie bei Trainings erläutere und vorführe, sind die Teilnehmer immer verblüfft, wie zentimetergenau diese funktioniert. *Ich bitte hierfür einen x-beliebigen Teilnehmer, sich irgendwo im Raum hinzustellen. Ich selber befinde mich ihm gegenüber, in rund fünf Meter Entfernung. Ich erkläre dem Auserwählten, dass ich jetzt unaufhaltsam Schritt für Schritt auf ihn zukomme. Seine Aufgabe besteht darin, in dem Moment, in dem er das Gefühl hat, dass ich genau in der gerade noch zulässigen Entfernung zu ihm bin – die für ihn noch gefühlt in Ordnung ist – »Stopp!« zu rufen. Nicht mehr und nicht weniger! Dann verharre ich genau an dieser Stelle. Gesagt, getan! Ich gehe auf ihn zu. Er sagt »Stopp!« Ich bleibe stehen. Dann strecke ich, für den Teilnehmer komplett unerwartet, in einer schnellen Bewegung meine Faust in Richtung seines Gesichts (Anmerkung: Führe, wenn du das nachmachen solltest, deinen Arm bitte immer gestreckt von unten nach oben!). Und was glaubst du, was passiert? Jedes einzelne Mal? Genau! Zwischen seine Nase und meine Faust passt maximal noch ein Zehn-Cent-Stück.*

Ein Abstand zu deinem Gesprächspartner, der geringer ist als die Länge deines Arms, ist für diesen unangenehm. Denn unterbewusst wählen wir, du – ich – jeder Mensch, bei Fremden oder uns nur oberflächlich bekannten Menschen, immer eine Distanz, in der uns der andere, einfach gesprochen, nicht mit einem Faustschlag erwischen kann. So einfach ist das. Ist genetisch in uns verankert. Und was bringt dir das jetzt konkret? Na ja, um ehrlich zu sein, nicht wirklich viel. Menschen niemals viel näher auf den Pelz zu rücken als denen lieb ist, stellt ja jetzt nicht gerade die neue, sensationelle Entdeckung und Beeinflussungstechnik dar. Mit der Lehre ›Anderen nicht zu nahe treten!‹ endet auch meist das beliebte Kapitel ›Distanzzonen‹ – sei es in einem Kommunikationsbuch oder bei einem dementsprechend ausgerichteten Training. Aber weißt du, wie ich das sehe? Wirklich interessant wird die Sache erst, wenn wir beide, im wahrsten Sinne des Wortes, noch einen Schritt weiter gehen.

Das Brechen von Distanzzonen

Was lernen wir aus der Sache mit den Distanzzonen? Wir lassen ausschließlich Menschen, die wir sehr gut kennen und denen wir vertrauen, in unsere Intimzone. Leuten, die wir zumindest besser kennen, erlauben wir gerne den Eintritt in unsere persönliche Zone. Mit anderen Worten: Je besser wir jemanden kennen, desto näher darf uns kommen. Entscheidend, im Sinne beeinflussender Körpersprache, ist nun der hieraus folgende Umkehrschluss. Wenn uns jemand nahe an sich heran lässt, so vertraut er uns – ein Nähegefühl ist vorhanden. In der normalen Entwicklung einer geschäftlichen oder privaten Bekanntschaft spielt sich das als Prozess ab. Über die Zeit lernt dein Gesprächspartner dich besser kennen und erlaubt dir mehr und mehr, dich ihm zu nähern. Dies passiert meist unausgesprochen und unbewusst. Das gleiche gilt natürlich auch für dich: Auch du handelst bei deinen Bekanntschaften auf ebensolche Weise.

Stell dir mal folgende Situationen vor. Du möchtest ein besonderes Verhältnis zu einem potenziellen Kunden aufbauen. Wunderbar! Also was machen? Ihn immer wieder treffen, bis er dir endlich so weit vertraut und dich so gut kennt, dass er dir das auch über seine Körpersprache zeigt? Viel Spaß! Wenn es soweit ist, hat meistens schon jemand anderes den Auftrag. Oder: Du bist Single und sitzt an einer Bar. Neben dir ein Mensch, der dich fasziniert – du hast ihn noch nie gesehen … Small Talk und vorsichtshalber schön auf Abstand bleiben? – Vielleicht sieht man sich ja mal wieder! Wenn du nicht gerade in einem sehr kleinen, überschaubaren Dorf lebst, ist diese Chance eher bescheiden.

Sowohl im Geschäftsleben als auch beim Flirten hast du einfach keine Zeit, passiv zu warten, bis du die Chance bekommst, optimal kommunizieren und wirken zu können. Sei proaktiv und ändere die Umstände zu deinen Gunsten! Wenn du es schaffst, die Distanzzonen deines Gesprächspartners zu durchbrechen und selbigen (und das ist die Voraussetzung) dazu bringst, dass er diese rasche Veränderung eures gemeinsamen Status akzeptiert, dann hast du dir viel Zeit und Mühe erspart. Durch die von deinem Gesprächspartner neu erlaubte Situation – nämlich dass du ihm so nahekommen darfst wie liebe, geschätzte Freunde und Bekannte – wirst auch du Mitglied dieses elitären Kreises. Ganz egal ob dein Gegenüber das bewusst registriert oder nicht! Und das Schöne ist: Erlaubt dir jemand, auch nur für ein einziges Mal, ihm über eine gewisse Zeit nahezukommen, so wird er diese Entscheidung nie mehr infrage stellen. Du bist in den Besitz eines Freifahrtscheins zur Kommunikation unter Freunden gekommen. Manchmal ist diese Durchbrechung von Distanzzonen denkbar simpel: Eine überfüllte Bar, dein Chef bietet dir bei einem Meeting einen Platz direkt neben sich an oder eine gemeinsame Präsentation.

Die Realität

Schwieriger ist es natürlich, wenn die Dinge nicht ganz so einfach liegen: Ein erstes unterkühltes Kundengespräch, ein zäher Flirt, jahrelange Bemühungen, dem Chef näher zu kommen – so stellt sich das reale Leben dar. Und genau hier wendest du die Technik des Distanzzonen-Durchbrechens an. Und wie stellst du das an? Dich einfach bei neuen oder frischen Bekanntschaften frech anzunähern ist natürlich nicht die Lösung der Aufgabenstellung. Im besten Fall wird sich dein Gesprächspartner etwas zurückziehen, um den gewohnten Abstand wieder herzustellen. Im schlimmsten Fall wird er unangenehm berührt sein und dies dann gar auch noch zum Ausdruck bringen (verbal oder über sein Verhalten). Das heißt jetzt nicht, dass du, wenn du die Situation als geeignet einschätzt, keinen Versuch starten sollst, die Distanz zu deinem Gesprächspartner zu verkürzen. Falls du dies aber einfach unausgesprochen probierst, dann gehe behutsam und langsam vor und achte vor allem genau auf die Reaktion deines Gegenübers.

Die Technik, die ich dir jetzt vorstelle, hat folgendes Ziel: Die schnelle Änderung und Beeinflussung der Distanz, die erfolgreich und von Bestand ist. Dazu braucht es etwas mehr als Ausprobieren und Reaktionen anschauen. Stattdessen bedienst du dich einfach der alten Weisheit der Textilverkäufer und -berater. Als Textilverkäufer liegt es in der Natur der Sache, dass man hin und wieder seinem Kunden sehr nahekommt. Manchmal muss das so sein, andere Male macht das ein erfahrener Verkäufer auch aus rein taktischen Gründen. So oder so kommt unser Kleiderprofi nicht darum herum, generell geltende Distanzzonen zu missachten. Denn im Unterschied zu Friseur- und Stylistenbesuchen ist es für uns als Kunden in einem Kleidungsgeschäft nicht selbstverständlich, dass uns jemand anfasst. Oft ist es auch aufgrund der Gesprächsentwicklung nicht vorhersehbar. Deswegen wird jeder halbwegs geschulte Textilverkäufer, bevor er am Kunden zupft, richtet oder misst, eine kleine, aber entscheidende Sache tun: Er wird sein Vorhaben ankündigen beziehungsweise um Erlaubnis fragen!

Der Durchbruch

Die Technik ist also in Wahrheit unendlich einfach und besteht gerade einmal aus zwei Teilen. Zuerst kündigst du dein Tun, kombiniert mit einer Erlaubnisfrage, an. Dann beziehungsweise schon während des Wartens auf eine Antwort verringerst du umgehend die Distanz zu deinem sitzenden oder stehenden Gesprächspartner auf das Maß deiner Wahl. So einfach ist das! Zehn Sekunden Aufwand – nachhaltige Wirkung!

»Herr Huber, ich setze mich etwas näher zu Ihnen. So kann ich Ihnen die Vorzüge und Besonderheiten der einzelnen neuen Modelle anhand des Katalogs optimal vorstellen. Okay?«
»Frau Auer, ist es in Ordnung, wenn ich mich seitlich zu Ihnen setze? Dann können wir das Protokoll für unseren Kunden gemeinsam durchgehen.«
»Salina, es ist ziemlich laut hier im Lokal. Ich setze mich neben dich, dann verstehe ich dich besser. Ja?«

6.

DAS FORUM SCHAFFEN –
Wie du Aufmerksamkeit erreichst
und Interesse erzeugst

● ●

6.1 Gegenwartssprache – So holst du andere ins Hier und Jetzt

Alles, was im Hier und Jetzt passiert, ist für uns Menschen deutlich interessanter als das, was erst stattfinden beziehungsweise gar nur unter Umständen konkret wird. Mit der Vergangenheit assoziieren Menschen Dinge wie: ›schon vorbei‹, ›nicht für jetzt von Bedeutung‹ und ›kann man nicht mehr ändern‹. Mit der Zukunft auf der anderen Seite verknüpfen wir Stimmungen wie ›weit weg‹, ›unsicher‹, ›kann sich noch ändern‹ oder ›hat jetzt noch keine Wirkung‹. Entscheidend, im Sinne beeinflussender Kommunikation, sind aber die Verbindungen, die Menschen mit der Gegenwart bilden: realistisch, lebendig, konkret, greifbar, spannend, von Bedeutung.

Wenn du kommunizierst, egal ob beruflich oder privat, dann willst du natürlich alles andere als dass das, worüber du sprichst, von deinem Gesprächspartner oder Publikum als unbedeutend, unsicher oder vage interpretiert wird. Ersetze deshalb, wann immer du größtmögliche Wirkung deiner Worte erzielen willst, Vergangenheit und Zukunft durch die direkte Gegenwartssprache. Durch das Sprechen in der Gegenwart erweckst du bei deinen Gesprächspartnern, ohne dass diese es merken, deutlich größeres Interesse für die von dir übermittelten Inhalte und Aussagen, als wenn du andere Zeitformen benutzt. Du sitzt in einem Kaffeehaus und erzählst von deinem Urlaub:

Vergangenheitssprache	Gegenwartssprache
Also, wir sind in das Hotel gekommen. Es hat sicher an die 35 Grad gehabt. Und ich habe noch zu Rudi gesagt ...	*Also, wir **kommen** in das Hotel. Es **hat** sicher an die 35 Grad. Und ich **sage** zu Rudi ...*

Dreimal darfst du raten, bei welcher Version deine Freunde gespannter zuhören.

Zukunftssprache	Gegenwartssprache
Wir werden die Steuern senken. Wir werden soziale Gerechtigkeit schaffen. Die Wünsche der Wähler werden bei uns immer im Mittelpunkt stehen.	*Wir **senken** die Steuern. Wir **schaffen** soziale Gerechtigkeit. Die Wähler **stehen** bei uns immer im Mittelpunkt.*

Wenn wir schon beim Thema Politik sind: Hier ein reales Beispiel aus dem österreichischen Parlament (10. Dezember 2008, Tagesordnungspunkt 3 in der achten Sitzung des Nationalrates; Debatte Nr. 3):

Dr. Peter Pilz (Die Grünen)	Oder vielleicht doch besser so?
Wenn wir diese Beschlüsse schaffen, werden wir einen großen Schritt weiter sein, und dann werden wir auch etwas schaffen, was diesem Nationalrat und der österreichischen Politik ganz guttun wird: Wir haben gezeigt, dass es sich lohnt, in die österreichische Politik doch ein Mindestmaß an Vertrauen zu setzen ...	*Wenn wir diese Beschlüsse **schaffen**, **sind** wir einen großen Schritt weiter, und dann **schaffen** wir auch etwas, was diesem Nationalrat und der österreichischen Politik ganz **guttut**: Wir **zeigen**, dass es sich lohnt, in die österreichische Politik doch ein Mindestmaß an Vertrauen zu setzen ...*

Unterbewusstsein und Gegenwart

Erfolgreiche Rhetorik wirkt immer im Unterbewusstsein deines Gesprächspartners. Und dieses lebt ausschließlich im Hier und Jetzt. Vergangenheit und Zukunft kennt es nicht! Interessiert es nicht! Existiert für es nicht! Der Verstand hingegen arbeitet nur in der Vergangenheit oder in der Zukunft. Vom Bewusstsein geleitet, stellt er stets Überlegungen an, die vergleichende und prüfende Komponenten beinhalten. Um dies tun zu können, bedarf es der Bewertung von Erfahrungen aus der Vergangenheit und möglicher Wenn-dann-Szenarien in der Zukunft. Damit eine Information rasch und zügig vom Unterbewusstsein deines Gesprächspartners aufgenommen, gespeichert und vor allem geglaubt wird, braucht es also die direkte Form der Gegenwart. Vergangenheitsformen oder Zukunftssprache verwirren das Unterbewusstsein und erschweren es ihm, Dinge zu verarbeiten. Das Bewusstsein muss Übersetzungsarbeit leisten. Beim Weg der Information hin zum Unterbewusstsein deines Gesprächspartners kommt es zu kleinen Unterbrechungen. Anstatt das Tor zum Unterbewusstsein deines Gegenübers weiter zu öffnen, verlagern sich Teile deiner Kommunikation genau auf die Ebene, die du vermeiden willst: die bewusste. Aufforderungen, Suggestionen und rhetorische Beeinflussungstechniken werden entweder erkannt oder nur beschränkt angenommen.

Gegenwartssprache ist die Sprache der Profis

Rhetorik- und Kommunikationsexperten weisen immer wieder auf die Bedeutung dieser Technik hin. Werbe- und Kommunikationsagenturen setzen bewusst auf die ›Gegenwartisierung‹ der Sprache. Verkaufprofis sowieso. Und wenn du jetzt einfach ein paar Romane aus deinem Bücherregal zur Hand nimmst, erkennst du, dass einige berühmte Autoren Erzählungen und Biografien bewusst in der Gegenwartsform schreiben.

Zum Beispiel Henri Charrière in seinem bekannten Roman ›Papillon‹:

»Der Himmel vor den Fenstern ist grau. Die Tür uns gegenüber führt sicher in den Schwurgerichtssaal, denn wir befinden uns im Palais de Justice de la Seine in Paris. In wenigen Augenblicken wird man mich wegen Mordes anklagen. Mein Anwalt, Dr. Raymond Hubert, kommt mich begrüßen.« [10]

Oder Hape Kerkeling in ›Ich bin dann mal weg: Meine Reise auf dem Jakobsweg‹:

»Bei strömendem Regen setze ich mich auf einen Stein am Wegesrand und genieße das nicht vorhandene Pyrenäen-Panorama. Ein Blick nach rechts sagt mir, dass ich den steilen Aufstieg nicht mehr schaffen werde, da der Gipfel, wenn ich von meinem bisherigen Entenmarschtempo ausgehe, wahrscheinlich noch Stunden entfernt liegt. Ein Blick nach links verrät, dass ich den wahrscheinlich dreistündigen, nicht minder steilen Abstieg auch nicht mehr auf die Reihe bekomme. Dies ist also ein Notfall und so gönne ich mir einen Müsliriegel und eine klatschnasse Zigarette. Triefende Nässe verleiht dem Tabak eine besondere Note.« [11]

Kaum ein Leser nimmt bewusst wahr, dass diese Romane in der Gegenwart geschrieben sind. Er weiß ja, dass die Handlung in der Vergangenheit stattfand. Und doch lesen sich die Bücher spannender als andere und man hat den Eindruck, sich mitten im Geschehen zu befinden. Würdest du einen Leser nach Beendigung der Lektüre fragen, in welcher Zeitform der Roman geschrieben ist – er würde mit sehr hoher Wahrscheinlichkeit eine Vergangenheitsform nennen. Gleich jenem Leser merkt auch dein Gesprächspartner, wenn du die Technik der Gegenwartssprache anwendest, diese nicht im Geringsten. Du beeinflusst ihn, ohne dass er es realisiert.

Gegenwartssprache ist deine natürliche Sprache

Wir alle benutzen oft, ganz automatisch – ohne es zu merken – die Gegenwartssprache, wenn wir über Vergangenes oder Zukünftiges sprechen. Oft findet auch mitten in der Erzählung oder Beschreibung ein Wechsel der Zeiten statt.

»Wir sind also in Prag angekommen. Es hat geschüttet. (Wechsel) Da sehe ich plötzlich diesen kleinen Touristenstand. Ich also hin – völlig durchnässt. Der Verkäufer schaut mich mitleidig an und sagt ...«

»Wir werden im nächsten Quartal einige Veränderungen in unserer Abteilung durchführen. Dies wird rasch und zügig geschehen. (Wechsel) Hans Milessnig ersetzt Rita Platter. Platter geht dafür in die Abteilung für Customer Relations und übernimmt dort die Position der Gruppenleiterin. Diese Rochade bewirkt ...«

Du siehst also: Du weißt bereits, wie es geht. Und nicht nur das – du setzt es auch schon dann und wann erfolgreich ein. Jetzt geht es also nur noch darum, dass du daran arbeitest, diese Technik wann immer möglich, in allen (und zwar in wirklich allen) Gesprächssituationen anzuwenden. Mit der Zeit sprichst du dann ganz automatisch, ohne viel nachzudenken, in der Gegenwart.

6.2 Bla bla bla ... – Viel reden war gestern!

Dein Auge sendet pro Sekunde mindestens zehn Millionen Bit Information an dein Gehirn. Deine Haut übermittelt ebenfalls rund eine Million Bit. Dein Hör- und dein Geruchssinn steuern jeweils 100.000 Bit bei. Und als Draufgabe liefert dein Geschmacksinn auch noch mal circa 1.000 Bit. Zusammengezählt kommen wir damit auf mehr als elf Millionen Bit/Sekunde, die an dein Gehirn weitergeleitet werden. Eine ordentliche Menge! Jetzt das entscheidende, große Aber. Bewusst kannst du nur einen Bruchteil der erhaltenen Information aufnehmen und verarbeiten – nämlich gerade einmal um die 10 bis 15 Bit/Sekunde. Das ist, grob formuliert, ein Millionstel dessen, was du in der gleichen Zeit über deine verschiedenen Sinne wahrnimmst. Zusätzlich ist es von Bedeutung zu wissen, dass es neben dieser Limitierung auch noch eine sogenannte ›Gegenwartsdauer‹ gibt.

Schreibe in beliebiger Reihenfolge zwölf Zahlen (zwischen 0 und 9) auf einen Zettel, zum Beispiel 8 6 4 2 7 3 1 6 5 7 6 7.

Dann lese diese Zahlen jemandem ein einziges Mal vor und bitte ihn vorab, sich die Zahlen und deren Reihenfolge zu merken. Du siehst anschließend, dass die Person maximal fünf bis acht der Zahlen in richtiger Reihenfolge wiedergeben kann. Warum ist das so? Eine Zahl entspricht ungefähr einer Informationseinheit von 15 Bit. Wunderbar – das sollte sich ausgehen: eine Zahl pro Sekunde. Jetzt ist allerdings die Gegenwartsdauer bei uns Menschen dummerweise auf sechs Sekunden begrenzt. Das heißt, du kannst sechs Informationen ›stapeln‹ – dir also merken. Danach fallen die zuerst wahrgenommenen Informationen/Zahlen wieder aus deinem Kurzzeitgedächtnis heraus und werden in dein Langzeitgedächtnis abgelegt. Dieses Abspeichern wiederum bedarf bewusster ›Ablage‹, zum Beispiel durch Wiederholung. Und während du das tust, kannst du logischerweise nicht mehr zuhören und die letzten Zahlen im Kurzzeitgedächtnis speichern.

Umgelegt auf deine Kommunikation bedeutet das, dass du dir immer im Klaren sein musst, dass dein Gesprächspartner nur eine gewisse Menge an Information bewusst verarbeiten kann. Sendest du zu viel Information auf einmal, gehen Inhalte verloren – du verlierst die Aufmerksamkeit und das Verständnis des anderen. Deine Teilnehmer schlafen bei Präsentationen ein. Du erschlägst als Verkäufer deinen Kunden mit Information. Dein Mitarbeiter oder Kind versteht die von dir gestellten Aufgaben nicht, weil sie dir nicht mehr folgen können.

Kurze Sätze

In der Theorie sind Sätze mit durchschnittlich sechs bis acht Wörtern zu empfehlen (achte einmal auf die Länge von Werbeslogans). Dies ist in der gesprochenen Sprache natürlich nicht immer möglich. Entscheidend ist jetzt allerdings auch nicht, ob deine Sätze sechs, acht oder zwölf Wörter haben, sondern vielmehr, dass du darauf achtest, kurze Sätze zu benutzen. Vermeide, wo immer du kannst, Satzungetüme und übe, deine Inhalte und Informationen kürzer und prägnanter zu formulieren. Sprich, wo immer es dir möglich ist, in kurzen Hauptsätzen: Dein Zuhörer versteht dich besser. Er kann dir schneller folgen. Du sprichst automatisch langsamer. Du hast mehr Zeit zum Nachdenken. Du versprichst dich seltener. Kurzum: Deine Kommunikation ist effizienter und effektiver!

Anbei ein ›kleines‹ Satzbeispiel von Angela Merkel aus der Präsidentschaftswahldebatte 2009. Wie lange, glaubst du, haben die interessierten Zuhörer ihren Ausführungen gedanklich folgen können?

»Nein, also ich bin mitten im Wahlkampf, ich kämpfe um jede Stimme und ich glaube, wir können das schaffen und das, was Sie machen, Herr Steinmeier, das ist ja nur, dass Sie auf der einen Seite die Koalition der Union mit der FDP als sozusagen das Schreckgespenst per se darstellen, aber auf der andern Seite ja angeblich auch mit den Liberalen gerne in eine Koalition gehen wollen und da muss ich einfach sagen, das verstehen die Menschen nicht und das ist das Problem der SPD insgesamt, dass sie nicht so richtig

weiß, wo sie hin soll, soll sie die Erfolge der großen Koalition loben, wie Sie das tun, soll man dagegen anrennen, wie andere das tun, wenn Herr Heil sagt Höchststrafe, und diese Zerrissenheit ist es, von der ich sage, das ergibt keine stabilen Verhältnisse und deshalb glaube – bin ich ganz gewiss, dass wir das schaffen können, aber bei der großen Ernsthaftigkeit um jeder einzelnen Stimme.«

Pausen, Pausen, Pausen

Viele Menschen reden ohne Punkt und Komma. Die Sätze werden länger und länger. Es fällt anderen zunehmend schwer, dem Gesagten inhaltlich zu folgen. Die meisten Leute haben schlicht und einfach Angst vor Pausen. Und ein gesetzter Punkt am Ende eines Satzes bewirkt nun einmal eine Pause. Bewusst gesetzte Pausen sind in der Rhetorik nicht nur in Ordnung, sondern bieten dir eine große Menge an Vorteilen: Du erhöhst die Aufmerksamkeit und stellst sicher, dass das Verständnis sich verbessert. Du gewinnst Zeit, um vorzudenken, und kannst in Ruhe Höhepunkte einleiten. Insgesamt wirkst du durch bewusste Pausensetzung weniger hektisch und reduzierst ganz nebenbei Versprecher und verhinderst inhaltliche Fehler.

Die leidigen Füllwörter

Wie gesagt: Ohne sinnvollen Grund haben die meisten Redner höllische Angst vor Pausen. Da sie hierdurch reden und reden und vor lauter reden nicht mehr dazu kommen, darüber nachzudenken, was sie eigentlich sagen wollen, passiert meist Folgendes: Füllwörter werden benutzt, um zwei Sätze zu verbinden: ›Äh!‹, ›Ähm!‹, ›Und‹, ›Also‹, ›Tja!‹, ›Gut!‹, ›Okay!‹ …

Ein hie und da gesetztes ›Äh!‹ oder Ähnliches ist in Ordnung und kein rhetorischer Beinbruch. Dein Zuhörer oder Publikum bekommt es meistens gar nicht bewusst mit. Benutzt du allerdings gewisse Füllwörter immer und immer wieder, wirkt dies irritierend und störend. Die Kompetenz, die andere an dir wahrnehmen, nähert sich dem Nullpunkt.

Der deutsche Politiker Edmund Stoiber ist bekannt für das Füllwort ›Äh!‹. Durch das Üben, kürzere Sätze zu benutzen, würde er sicher mehr Zeit für seine Gedankengänge gewinnen und die Anzahl der ›Ähs!‹ deutlich verringern. Hier einige Auszüge aus einem Gespräch bei Sabine Christiansen 2002: *»Erstens: Es muss – äh – zum Beispiel bei vier Millionen Arbeitslosen in Deutschland – generell den Anwerbestopp für Arbeitnehmerinnen und Arbeitnehmer außerhalb der Europäischen Union aufzuheben, halte ich für falsch, das kann man den Millionen von Arbeitslosen in Deutschland nicht – äh – deutlich machen, hier stimme ich sogar ausnahmsweise mal mit Oskar Lafontaine überein, der das – äh – äh – am Sonntag vor einer Woche hier auch so deutlich gemacht hat. – Äh – zweiter Punkt: Ich halte also die Begren – ich halte den Anwerbestopp – der muss – äh – kann nicht generell aufgehoben werden. ... Ob wir dann im langfrist – äh – die Dinge wieder verändern, da muss ich Ihnen ganz offen sagen, äh – da müssen wir – äh – in Ruhe – äh – die Dinge in – erörtern und behandeln. [...] Und jetzt – das ist unsere Position, nie haben wir etwas anderes gesagt – wenn wir im September die Mehrheit bekommen, dann kann ich nur sagen – und deckungsgleich – äh – Herr Merz – äh – äh – Frau – äh – äh – Frau Merkel oder ich oder wer auch immer, das ist die Position von CDU/CSU [...] Es gibt doch keinen Flop. – Äh – ich meine, man überlegt, das hat – äh – äh – verschiedene Aspekte, ich hab mit Frau Merkel darüber gesprochen, und – äh – das war noch überhaupt nicht konkret, wir haben – äh – überlegt, wie – äh – ordnen wir eigentlich die Wahlkampfstruktur zu ...«*

Das einfache Darauflosreden, ohne darüber nachzudenken, was man eigentlich sagen will, mindert die Überzeugungskraft und Logik des zum Ausdruck Gebrachten beträchtlich. Stichwort: Betrunkene oder kleine Kinder. Natürlich kannst du dich nicht auf jede Gesprächssituation hundertprozentig vorbereiten – das ist klar! Setze deswegen Pausen, während du sprichst. Dein Gesprächspartner dankt es dir und du gewinnst wertvolle Zeit um Vorgehen, Argumentationen und Formulierungen zu planen.

Ein weiterer Grund für Pausen, kurze Sätze und langsameres Sprechen: Man weiß heute, dass die Denkgeschwindigkeit schneller ist als die Sprechgeschwindigkeit. Zehn- bis fünfzehn Mal! Während du sprichst, fällt dir alles Mögliche ein und, obwohl du erst dabei bist, den alten Gedanken auszuführen, bindest du schon neue Information in das Gesagte ein. Deine Sätze werden länger und komplizierter. Es ist zunehmend schwierig, deinen Ausführungen zu folgen.

6.3 Hör mir zu! – Wie du Ankünder richtig einsetzt

Die Aufmerksamkeitsspanne eines Goldfischs beträgt nach Untersuchungen (ja, die gibt es!) gerade einmal drei Sekunden. Zugegeben, wir Menschen haben da ein größeres Potenzial und doch ist es oft ein Ding der Unmöglichkeit sicherzustellen, dass dein Gesprächspartner oder dein Publikum längerfristig seine Konzentration auf das von dir Gesagte richtet. Der oder die Zuhörer verlieren sich in eigenen Gedanken oder schalten zwischendurch komplett ab. Sie befinden sich nur noch im Stand-by-Modus. Gerade bei langen Gesprächen, Diskussionen oder Vorträgen liegt es in der Natur der Sache, dass solche unliebsamen Reaktionen eintreten. Je länger die Aufmerksamkeit aufrecht gehalten werden muss, desto schneller und öfter verlieren sich andere in eigenen Gedanken oder erliegen der Versuchung verschiedenster Ablenkungen. Ein guter Redner oder Trainer weiß dies und benutzt verschiedene Techniken, um sein Publikum von Zeit zu Zeit wieder zurückzuholen und dessen Interesse an dem von ihm Gesagten neu zu entfachen. Benutze daher die folgende Vorgangsweise immer dann, wenn du die Aufmerksamkeit deines Gesprächspartners sicherstellen und dessen Interesse wecken willst.

Erwartungen wecken und nutzen

Aufmerksamkeit wird von Erwartungen gesteuert. Erwartet dein Gesprächspartner, dass du in Kürze eine für ihn wertvolle Information sendest, hört er dir mit geschärften Sinnen zu. Das ist wie beim Fernsehen. In der Werbepause schaltest du geistig ab. Kommt die Einblendung ›Noch zehn Sekunden – dann geht's weiter!‹, richtest du deine Augen wieder konzentriert auf den Bildschirm. Umgelegt auf die Rhetorik bedeutet dies, dass du positive, zeitnahe Erwartungen durch Worte aufbaust.

*»Nadja, meine Tochter, ich sage dir jetzt **etwas wirklich Wichtiges!**«*

Der Ankünder ist der Ausdruck ›etwas Wichtiges‹. Verstärkt wird dieser durch das Wort ›wirklich‹. Rhetorische Verstärker vervielfachen die Kraft eines Ankünders oder Eigenschafsworts im Generellen.

wirklich	unglaublich	absolut
besonders	ganz und gar	ganz
richtig	ehrlich	wahrhaft
außerordentlich	einzigartig	enorm
hoch	etc.	

Benutze Verstärker-Ankünder-Kombinationen überlegt. Wenn du Erwartungen weckst, tust du gut daran, diese auch zumindest im Ansatz zu erfüllen.

»Lieber Herr Marxer, für den Schluss habe ich mir das Beste aufgehoben. Unser neues, unglaubliches Angebot für Erstkäufer. Wenn sie den Kombi um 24.990 Euro kaufen, bekommen Sie nicht nur zwei, sondern drei kostenlose Fußmatten dazu!«

Achte zusätzlich stets darauf, es mit dem Einsatz nicht zu übertreiben. Sonst wirkst du bald unglaubwürdig und die Wirkung der Technik verpufft.

»Nadja, meine Tochter, ich sage dir jetzt etwas wirklich Wichtiges!« ... »Und was auch noch enorm wichtig ist ... Aber eigentlich am absolut wichtigsten ist ... Und ehrlich, noch wichtiger ...«

6.4 Storytelling – Das uralte Wissen der Geschichtenerzähler

Dein Unterbewusstsein erlebt und verarbeitet Dinge in der primären Erfahrung des Sehens, Hörens und Fühlens. Hierbei ist die bildliche Dimension die stärkste. Wird dein Unterbewusstsein – auf welche Art auch immer – angesprochen, übersetzt es die Information in Bilder und Vorstellungen. Auch dein Bewusstsein arbeitet mit Bildern. Du verarbeitest in deiner linken Gehirnhälfte ungefähr 60.000 Gedanken am Tag, die anschließend als Informationen in der rechten Gehirnhälfte abgespeichert werden und über das Tor zum Unterbewusstsein in selbiges gelangen, wo rund 100 Milliarden Informationen an Bildern gespeichert sind. Willst du daher die rechte Gehirnhälfte und damit das Unterbewusstsein deines Gesprächspartners erreichen, sind Bilder, Bilder und nochmals Bilder nötig. Bilder sind das Um und Auf, um Emotionen zu entfachen, Vorstellungen zu lenken und Entscheidungen zu beeinflussen. Bilder sind mächtig und zeitlos! Einmal gesetzt, wirken sie ein Leben lang. Eine schlimme Erfahrung aus der Kindheit wirkt sich noch nach Jahren aus. Eine wunderschöne Erinnerung bestimmt noch heute deine Gedankenwelt. Schon Aristoteles beschreibt in seiner Abhandlung *Über Gedächtnis und Erinnerung*, dass das, was wir mit unseren Sinnesorganen aufnehmen, in unserem Erinnerungsvermögen ein Bild hinterlässt ›wie die, die mit dem Siegelring einen Abdruck in Wachs machen‹. Menschen denken und entscheiden in Bildern! Deine Gesprächspartner ›funktionieren‹ in Bildern, nicht in Worten! Beeinflussende Kommunikation benutzt daher stets Bilder, die gewünschte Emotionen auslösen und entstehen lassen.

Die Macht der Geschichten

Bildhaftes Sprechen bedeutet nicht das einfache Setzen von optischen Impulsen. Bilder sind lebendig. Sie bewegen sich. Sie erzeugen Filme, die im Inneren deines Gesprächspartners ablaufen. Kino im Kopf! Ein Weg, solche Filme zu erzeugen, ist das Erzählen von Geschichten. Geschichten begleiten uns seit unserer Kindheit, erregen Neugier und Anteilnahme und lassen sich durch Bilder und Motive leichter nachvollziehen. Sie sind erheblich einfacher zu behalten als nüchterne Fakten, steigern die Faszination und sorgen für besseres Verständnis. Außerdem sprechen Geschichten immer die rechte Gehirnhälfte deines Gesprächspartners an und wirken direkt in dessen Unterbewusstsein.

Ein Beispiel für die überlegene Wirkung von Geschichten ist Folgendes. Stell dir vor, du sitzt in einem einstündigen Vortrag über die Ursache der letzten Finanzkrise. Der Redner liest die wirtschaftlichen Hintergründe und Zusammenhänge monoton von einem Blatt herunter. Zusätzlich zeigt er dutzende PowerPoint-Folien von komplexen finanz- und geldpolitischen Abläufen und Zusammenhängen. Lass diese Vorstellung kurz auf dich wirken. Gut! Stelle dir nun ein anderes Szenario vor. Gleiches Thema, ein anderer Vortragender. Er erscheint und beginnt seine Ausführungen mit dieser Geschichte.

Bill möchte reich werden mit seiner Ranch. Also kauft er ein Pferd von einem Farmer. Für das Pferd zahlt er hundert Dollar, die Lieferung soll am nächsten Tag erfolgen. Doch am nächsten Tag kommt alles anders: Der Farmer hat schlechte Nachrichten für Bill. Das Tier sei tot – gestorben, letzte Nacht. »Aha«, sagt Bill, »Okay, dann gib mir einfach mein Geld zurück.« Aber der Farmer sagt:»Das Geld habe ich gestern leider bereits für Dünger ausgegeben.« Da überlegt Bill kurz und sagt dann: »Dann gib mir wenigstens das tote Pferd. Ich will es verlosen.« Der Farmer ist überrascht:»Du kannst doch kein totes Pferd verlosen.« »Doch!«, sagt Bill, »Ich erzähle einfach niemandem, dass es schon tot ist …« Wenige Monate später laufen sich Bill und der Farmer über den Weg. Der Farmer sieht die feinen Kleider und den offensichtlichen Reichtum. »Und«, sagt er, »wie ist es mit der Verlosung des Kadavers gelaufen?« Bill grinst: »Spitze!«, sagt er. »Ich habe fünfhundert Lose zu je zwei Dollar verkauft und damit fast tausend Dollar Profit gemacht.« Der Farmer schüttelt den Kopf:»Und es gab keine Reklamationen, weil das Pferd schon tot war?« Bill grinst. »Doch, klar – der Gewinner hat sich beschwert. Aber dem habe ich einfach seine zwei Dollar zurückgegeben.«

Welcher Vortragende fesselt dich und sein Publikum wohl mehr? Wer bringt die Kernaussage besser auf den Punkt? Ganz klar! Derjenige, der die Technik des Geschichtenerzählens benutzt. Und warum ist das so? Ganz einfach: Weil wir Menschen in Figuren und Geschichten denken.

Was Geometrie mit Storytelling zu tun hat

1944. Fritz Heider und Mary-Ann Simmel zeigen Studierenden einen einfachen, animierten Film, in dem sich drei geometrische Figuren (Kreis, kleines Dreieck, großes Dreieck) in und um ein Rechteck bewegen. Der Film dauert rund eineinhalb Minuten. Anschließend beschreiben die Zuseher, was sie gerade gesehen haben. Sie erzählen Dinge wie eine Liebesgeschichte zwischen dem kleinen Dreieck und dem Kreis und die Rolle des großen Dreiecks als böser Verfolger und Ähnliches. Ganz so, als ob die einfachen geometrischen Symbole Absichten und Gefühle hätten. Sie besetzen das physikalisch Abgebildete emotional und bilden aus geometrischen Abläufen eine Geschichte. So ist das! Die Wahrnehmung des Menschen bildet aus allem Gesehenen und Erlebten Geschichten.

Marketing-Experten wissen das seit geraumer Zeit: Zuseher reagieren deutlich positiver auf Werbung in erzählender Form als auf sachlich-logische Argumente. ›Storytelling‹ ist der neue Weg, Aufmerksamkeit, Interesse und Kaufbereitschaft zu entfachen: Verkaufen über Geschichten! Dabei muss es nicht immer um das Erzählen von tollen Erlebnissen mit dem Produkt oder ausgeklügelte Plots gehen. Mercedes zeigt in einem Werbespot, wie kurz und knapp über eine Geschichte erwünschte Ergebnisse erzielt werden können. *Sie wartet zu Hause unruhig auf ihren Mann. Der Mann kommt nach Hause und sagt: »Es tut mir leid! Ich hatte eine Panne.« Sie antwortet: »Mit einem Mercedes?!«, und gibt ihm eine schallende Ohrfeige.*

Egal ob Werbung, Unternehmenskommunikation, Religion oder Psychotherapie: Alle benutzen beständig Geschichten um Kunden, Mitarbeiter, Gläubige oder Patienten erfolgreich anzusprechen sowie Einstellungen und Verhalten zu steuern.

Wahre Geschichten

Ein Weg, Geschichten zu nutzen, ist das Erzählen realer Ereignisse. Hierbei hast du drei Möglichkeiten. Du erzählst Geschichten, die du selbst erlebt hast, Geschichten, die andere, die du kennst, erlebt haben, oder Geschichten, von denen du gehört hast.

»Anna, auch wenn du skeptisch bist, ich weiß genau, wie du dich jetzt fühlst. Als ich ungefähr so alt war wie du – ich war zwölf – hatte ich zwei beste Freunde. Den Harald und den Schopfi. Schopfi deswegen, weil er immer so eine komische Frisur getragen hat. Eines Tages gehen wir gemeinsam auf den Spielplatz …«

»Liebes Team. Wir stehen jetzt vor einer äußerst herausfordernden Situation. Das erinnert mich an eine berufliche Episode aus meinem Leben, als ich selbst noch als Account Manager gearbeitet habe. Mein damaliger Chef, der Herr Knorr, kommt in die Besprechung und beginnt seine Ansprache mit folgenden Worten …«

»Das ist eine ausgezeichnete Frage. Ich habe dazu erst vor Kurzem eine wirklich unglaubliche Geschichte gelesen …«

6.5 Metaphern – Der direkte Weg ins Unterbewusstsein

Metaphern lassen in Sekunden Aufmerksamkeit entstehen und sprechen deinen Gesprächspartner direkt an. Durch die Konstruktion von meist fiktiven, inneren Bildern und Filmen ziehen sich Bewusstsein und der Zensor deines Gegenübers zurück. Metaphern zeichnen einen imaginären, bildhaften Vergleich: Gleichnisse, erfundene Geschichten, Fabeln und Parabeln gehören zu dieser Gattung – gleich der Geschichte von Bill, dem Farmer und dem Pferd. Du kannst Metaphern in verschiedenster Form und Länge nutzen. Kurze Metaphern generieren bei deinem Gesprächspartner ein kurzes Bild beziehungsweise einen Mini-Film.

»Der Herstellungsprozess dieser einzigartigen Vase ist extrem herausfordernd. Das ist so, als ob man eine Seifenblase tätowiert.«

»Ich verstehe, was sie sagen, Herr Lodl. Aber diese Spezifikationsmöglichkeit interessiert unser Unternehmen so viel, als ob in China ein Fahrrad umfällt.«

Bei längeren Metaphern unterscheiden wir zwischen ein- und zweiteiligen.

Einteilige Metaphern

Solche Metaphern erzählen eine fiktive Geschichte, die von deinem Gesprächspartner auf sein eigenes Leben übertragen werden kann.

Der Wasserkrug

Eines Tages hält ein Zeitmanagementexperte einen Vortrag vor einer Gruppe Studenten, die Wirtschaft studieren. Er möchte ihnen einen wichtigen Punkt vermitteln mithilfe einer Vorstellung, die sie nicht vergessen sollen. Als er vor der Gruppe dieser qualifizierten angehenden Wirtschaftsbosse steht, sagt er: »Okay, Zeit für ein Rätsel.« Er nimmt einen leeren Fünf-Liter-Wasserkrug mit einer sehr großen Öffnung und stellt ihn auf den Tisch vor sich. Dann legt er zwölf faustgroße Steine vorsichtig einzeln in den Wasserkrug. Als er den Wasserkrug mit den Steinen bis oben gefüllt hat und kein Platz mehr für einen weiteren Stein ist, fragt er, ob der Krug jetzt voll ist. Alle sagen: »Ja!« Er fragt: »Wirklich?« Er greift unter den Tisch und holt einen Eimer mit Kieselsteinen hervor. Einige hiervon kippt er in den Wasserkrug und schüttelt diesen, sodass sich die Kieselsteine in die Lücken zwischen den großen Steinen setzen. Er fragt die Gruppe erneut: »Ist der Krug nun voll?« Jetzt hat die Klasse ihn verstanden und einer antwortet: »Wahrscheinlich nicht!« »Gut«, antwortet er. Er greift wieder unter den Tisch und holt einen Eimer voller Sand hervor. Er schüttet Sand in den Krug und wiederum sucht sich der Sand den Weg in die Lücken zwischen den großen Steinen und den Kieselsteinen. Anschließend fragt er: »Ist der Krug jetzt voll?« »Nein!«, ruft die Klasse. Noch einmal sagt er »Gut!«. Dann nimmt er einen mit Wasser gefüllten Krug und gießt das Wasser in den anderen Krug bis zum Rand. Nun schaut er die

Klasse an und fragt sie: »*Was ist der Sinn meiner Vorstellung?*« *Ein Angeber hebt seine Hand und sagt:* »*Es bedeutet, dass egal wie voll auch dein Termin-kalender ist, wenn du es wirklich versuchst, kannst du noch einen Termin da-zwischenschieben.*« »*Nein*«, *antwortet der Dozent,* »*das ist nicht der Punkt. Die Moral dieser Vorstellung ist: Wenn du nicht zuerst mit den großen Steinen den Krug füllst, kannst du sie später nicht mehr hineinsetzen.*«

Zweiteilige Metaphern

Zweiteilige Metaphern erzählen zunächst die Metapher. Anschließend er-folgt die Erklärung beziehungsweise die Überleitung zu der konkreten Be-zugssituation. Damit ein solches Vorgehen optimale Ergebnisse bei deinem Gesprächspartner auslöst, bedarf es dreier Faktoren. Erstens: Die Metapher muss real sein. Zweitens: Sie dockt an individuellen Erfahrungen deines Gesprächspartners an. Und drittens: Sie nutzt Wortwiederholungen.

Eine Metapher erzielt bei einer zweiteiligen Taktik die beste Wirkung, wenn sie nicht abstrakt ist, sondern eine Geschichte oder Begebenheit aus dem wirklichen Leben erzählt. Verstärkt wird dies durch die Auswahl einer Geschichte, die deinem Gesprächspartner aus seinem eigenen Leben bekannt ist beziehungsweise die er selbst erlebt hat. Zur Illustration ein Beispiel aus meiner eigenen beruflichen Tätigkeit.

Vor einigen Jahren werde ich, nach Abgabe eines Angebots, überraschend in die Endrunde einer Projektausschreibung eingeladen. Das Unternehmen wird innerhalb der nächsten Monate von einem ausländischen Konzern übernom-men. Im Rahmen dieser Übernahme baut man am österreichischen Stand-punkt einen Großteil des Personals ab. Eine heikle Geschichte mit rechtlicher, wirtschaftlicher und emotionaler Brisanz. Da die von mir vertretene Firma keine Outplacement-Beratung im eigentlichen Sinne macht, stelle ich im aus-führlichen Angebot klipp und klar fest, dass unsere Stärke und Möglichkeiten in der Durchführung einzelner benötigter Leistungen liegen. Eine ganzheit-liche Übernahme des Umbildungsprozess ist von uns nicht durchführbar.

Die Atmosphäre ist verständlicherweise angespannt. Der Geschäftsführer bittet mich, unseren Zugang darzulegen und zu erklären, wie wir den kompletten Prozess abwickeln würden. Meine Befürchtungen werden wahr. Er hat mein Angebot nicht gelesen. So bleibt mir nichts anderes übrig, als ein weiteres Mal zu erklären, welchen Teil der Leistungen wir abwickeln können und welchen nicht. Schnell wird klar, dass der Geschäftsführer von meinen Ausführungen alles andere als begeistert ist. Er will einen einzigen Partner haben: Eine Firma, die alle Leistungen abdeckt und die gesamte Verantwortung übernimmt. Das Gespräch droht ein schnelles Ende zu nehmen. Ich weiß, dass ich etwas tun muss.

Ich: *»Herr Heisinger, eine Frage, die uns sicher weiterbringt. Es ist ja bald Weihnachten. Kaufen Sie selbst für das Festmahl und die Feiertage ein?«*

Heisinger: *»Ich verstehe Ihre Frage jetzt nicht ganz. Aber, ja – ich kaufe ein und koche auch gerne selbst und das leidenschaftlich.«*

Ich: *»Gut, Herr Heisinger, ich gehe davon aus, Sie haben einen Supermarkt, wo sie gerne einkaufen gehen – einen Billa, Spar, Pennymarkt oder irgendetwas in der Richtung. Dort kaufen Sie dann das meiste, das Sie brauchen, ein.«*

Heisinger: *»Natürlich!«*

Ich: *»Das macht natürlich Sinn. Sie bekommen Vieles aus einer Hand und ersparen sich weitere Wege und Zeit. Und doch gibt es sicher etwas Besonderes, das Sie lieber am Markt oder in einem Spezialitätengeschäft einkaufen, das einzigartige Qualität bietet.«*

Heisinger: *»Ja schon, den Fisch kaufe ich am Fischmarkt und das Obst bei einem kleinen Geschäft bei mir um die Ecke, die das selber anbauen. Was hat das jetzt aber alles mit unserem Projekt zu tun?«*

Ich: *»Einiges, Herr Heisinger, einiges. Bei komplexen Beratungsprojekten verhält es sich nämlich oft genau so. Man nimmt sich einen Hauptpartner – eine Beratungsfirma, die das meiste abdeckt, das sie brauchen. Das macht natürlich Sinn. Sie bekommen Vieles aus einer Hand und ersparen sich Kopfweh und Zeit. Und* *doch zahlt es sich aus, gewisse Dinge beziehungsweise Besonderes bei einer anderen Unternehmung in Auftrag zu geben. Einem Unternehmen, das darauf spezialisiert ist und hierdurch einzigartige Qualität bietet.«*

Der Geschäftsführer überlegt kurz und nickt.

Heisinger: *»Gut, so habe ich das noch gar nicht gesehen. Dann reden wir einmal darüber, wen der anderen verbliebenen Firmen Sie mir als Supermarkt empfehlen würden und welche Leistungen ich bei Ihnen gesondert kaufen könnte oder sollte.«*

Die Bilder, die ich im Kopf von Herrn Heisinger gezeichnet habe, sind ihm bekannt gewesen. Damit bewertet er sie als sinnvoll und richtig. Er kauft selber nicht alles bei einem Anbieter, wenn er ein Essen vorbereitet. Bei gewissen Dingen legt er Wert auf besondere Qualität oder Herkunft. Durch den Vergleich mit dem laufenden Beratungsprojekt ist er gezwungen, sich selbst zu hinterfragen, warum er hier eine ›All-in-One‹-Strategie nutzen sollte, die er in einem anderen Bereich seines Lebens als falsch empfindet. Die letzte Voraussetzung, die meine zweiteilige Metapher erfüllte, ist die Wortwiederholung. Ich benutzte sowohl in der Metapher als auch in dem erklärenden Teil einige gleich oder abgewandelt wiederkehrende Wörter und Ausdrücke: ›... was Sie brauchen‹, ›Das macht natürlich Sinn‹, ›Sie bekommen Vieles aus einer Hand und ersparen sich ... Zeit‹, ›... spezialisiert ...‹ und ›... einzigartige Qualität‹.

Durch die Wiederholung von Kernwörtern und -ausdrücken erschaffst du bei deinem Gesprächspartner unbewusst Zustimmung. Sein Gehirn bewertet die wiederkehrenden Ausdrücke als Wahrheit und Logik verstärkende Aspekte. Ein als erfolgreich bewerteter innerer Film aus seiner eigenen Vergangenheit erzeugt so den neuen, gewollten, ebenfalls als erfolgreich wahrgenommenen Film. Überlege dir deswegen und übe, wann immer du dafür Zeit hast, solche zweiteiligen Metaphern, die du für deine geschäftlichen und privaten Zwecke nutzen kannst. Am besten sind immer solche einleitenden Metaphern, die du je nach Bedarf auf verschiedene Interessen deiner Gesprächspartner umlegen kannst. Die Einkaufsmetapher könntest du zum Beispiel auf so gut wie jede Kaufvorliebe anpassen: Kleidung, Elektronik, Sport etc.

6.6 Archetypen – Wie du Urfiguren des Unbewussten nutzt

Das Wort Archetyp stammt aus dem Griechischen. Es bedeutet Urbild oder Urform. Archetypen bezeichnen Urfiguren des Unterbewusstseins. Das damit verbundene tiefenpsychologische Konzept stammt vom Schweizer Psychologen C.G. Jung, dem Begründer der Analytischen Psychologie. Laut Jung sind Archetypen vorprogrammierte, kulturübergreifende, symbolische Bilder und Ideen aus dem kollektiven Unbewussten – Urbilder menschlicher Vorstellungsmuster. Sie beeinflussen als unbewusste Wirkfaktoren das Bewusstsein. Viele von ihnen entstehen aus Menschheitserfahrungen wie Geburt, Kindheit, Pubertät, Geburt, Elternschaft, Tod etc. Archetypen drücken sich unterbewusst über symbolische Bilder aus. Heute beschäftigen sich verschiedenste Wissenschaften mit archetypischen Strukturen und Wechselwirkungen: Anthropologie, Ethologie, Linguistik, Hirnforschung, Soziobiologie, Psychologie, Psychiatrie. Diese bezeichnen sie als Verhaltensmuster, angeborene Auslösemechanismen, Tiefenstrukturen, psychobiologische Reaktionsmuster oder tief liegende homolog-neurologe Strukturen.

Archetypische Symbole nutzen

Laut Jung gibt es nur eine begrenzte Anzahl von Archetypen. Allerdings gibt es eine große Anzahl von archetypischen Symbolen und Bildern. Archetypische Symbole sprechen stets direkt das Unterbewusstsein deines Gegenübers an. Sie erzeugen und verstärken Bilder und innere Filme. Sie ordnen dem von dir Gesagten bestimmte Eigenschaften und Grundgefühle zu. Dies hat auch die Werbung erkannt, die in nationalen und internationalen Kampagnen gerne archetypische Symbole zur beständigen Übermittlung starker Emotionen benutzt. Stichwort: ›Marlboro Man‹. Dieser steht für das archetypische Symbol ›Held‹. Ein Held, der die Freiheit liebt, vor Abenteuerlust strotzt und sich in einem schwierigen Umfeld durchsetzt.

Achte darauf, dass du bei dem Einsatz von archetypischen Symbolen bei solchen, die mehrere verschiedene Deutungen zulassen oder von deinem Gesprächspartner mit verschiedenen eigenen Erfahrungen besetzt sein könnten, ein beschreibendes Eigenschaftswort, das deinem Wunschbild entspricht, hinzufügst: ›Der gütige Zauberer‹, ›Die liebevolle Mutter‹, ›Die intrigante Schlange‹, ›Das zerstörerische und alles vernichtende Feuer‹.

*»Du bist eine **wunderschöne Prinzessin**, Hannah. Komm, lass uns aufhören zu streiten und etwas Verrücktes machen ...«*

*»Unsere Konkurrenz ist ein **wütendes Ungeheuer**. Ein **Ungeheuer**, das nur darauf wartet, dass wir einen Fehler machen. Es liegt an uns als Team, und zwar nur an uns, zu reagieren und alles zu geben. Jetzt sind **Helden** gefragt!«*

Kurze Vorstellung einiger archetypischer Symbole

Symbol	Bedeutungen
Held	Erretter, Helfer, Erkundender
Prinzessin	Unschuld, kindlicher Aspekt des Weiblichen, Spontaneität
Zauberer	Gutes oder Schlechtes, Macht, Wissen, innere und äußere Räume umgestalten, Willen durchsetzen
Ungeheuer	Wut, Aggression, Erzeugung von Angst
Hafen	Zuhause, Ankunft, Sicherheit
Schmetterling	Veränderung, Transformation, Wiedergeburt
Schlange	Hüter oder Zerstörer

Symbol	Bedeutungen
Nebel	Etwas, das im Verborgenen ruht, Beschränktheit, langsames Vorankommen
Tag und Nacht, Vier Jahreszeiten	Rhythmus, Ergänzung, Wachstum und Niedergang

7.
DIE FÜHRUNG ÜBERNEHMEN –
Wie du Vorstellungen kontrollierst
und Gedanken steuerst

● ●

7.1 Tod dem Konjunktiv!

Eines der wichtigsten Ziele erfolgreichen Auftretens und Sprechens liegt darin, einen selbstsicheren und kompetenten Eindruck zu hinterlassen. Logisch! Denn wer nimmt schon Inhalte, Anliegen und Vorschläge ernst, die von einem unsicheren und nicht besonders kompetent erscheinenden Gegenüber stammen. Egal in welchem Bereich angewandter Kommunikation: Selbstsicherheit und Glaubwürdigkeit sind Grundvoraussetzung, um andere zu beeinflussen und zu überzeugen. Eine Hauptgruppe rhetorischer Fallgruben, die das von dir Gesagte unsicher erscheinen lassen, nennen Rhetoriktrainer gerne Weichmacher oder auch, angelehnt an die Waschmittelbranche, Weichspüler. Schauen wir uns also gleich die wichtigsten Gruppen von Weichmachern an.

Der Konjunktiv

»Tod dem Konjunktiv!«, schallt es lauthals aus dem Mund vieler Trainer – sei es im Bereich Verkauf, Präsentation, Texten, Mitarbeiterführung, Kundenkontakt oder Medien-Coaching. Sterben soll er, der Konjunktiv! Und recht haben sie! Der Konjunktiv kommt, laut deutscher Grammatik, in zwei Formen vor: dem Konjunktiv I und dem Konjunktiv II. Ersterer ist für uns nicht von Bedeutung. Er wird zum Beispiel in der indirekten Rede verwendet: »Mein Bekannter sagt, er habe geheiratet.«

Wunderbar, kann so bleiben. Der böse Geselle, in Bezug auf überzeugendes Sprechen, ist der Konjunktiv II. Diese Form benutzt du, um unmögliche und unwahrscheinliche Bedingungen oder Bedingungsfolgen auszudrücken. Durch diese Art von Formulierung werden auch Vorstellungen, Ideen und Wünsche ausgedrückt, die mit hoher Wahrscheinlichkeit entweder nicht eintreten oder unmöglich sind, oder sie bringen einfach Zweifel an bestimmten Sachverhalten zum Ausdruck.

kommen	käme
können	könnte
müssen	müsste

- »Ich käme dann gleich morgen vorbei.«
- »Wir könnten diesen Auftrag umsetzen.«
- »Sie müssten zuerst den Vertrag unterzeichnen.«

Gerne benutzten wir auch die Ersatzform des Konjunktiv II. Hierzu wird einfach eine Form des Wortes ›würden‹ mit dem Infinitiv eines Zeitworts kombiniert.

- »Ich würde gerne kommen.«
- »Wir würden Folgendes machen.«
- »Du wurdest durch diese Investition viel gewinnen.«

Werfen wir nun noch einen kurzen, detaillierteren Blick auf den Gebrauch des Konjunktiv II. Wenn du in ein deutsches Grammatikbuch schaust, findest du folgende Anwendungsgebiete: Bedingung, deren Eintritt unmöglich oder sehr unwahrscheinlich ist; Unwahrscheinliche oder unmögliche Bedingungsfolgen; Irrealer Vergleichssatz; Zögern, Zweifel bei einer Frage, Vermutung oder Feststellung.

Unterm Strich führen also alle mit dem Konjunktiv II verbundenen Ausdrucksergebnisse zum genauen Gegenteil dessen, was du durch die Wirkung deiner Sprache erreichen willst. Du erzeugst durch die Verwendung dieser Form Unsicherheit. Und was bedeutet das in Wirklichkeit? Du wirkst über die Zeit nicht nur unsicher, sondern dadurch auch zunehmend unglaubwürdig oder gar inkompetent.

Mit Konjunktiv: Unsicher	Ohne Konjunktiv: Sicher
Wir würden uns über eine erfolgreiche Zusammenarbeit freuen!	*Wir **freuen** uns auf eine erfolgreiche Zusammenarbeit!*
Wenn die Wähler uns ihre Stimme geben, würden wir in ihrem Sinne die längst notwendige Reform durchsetzen. Jeder Österreicher hätte einen Anspruch auf einen extra Urlaubstag und die finanzielle Belastung der Lohnnebenkosten würde drastisch sinken.	*»Wenn die Wähler uns ihre Stimme geben, **setzen** wir in ihrem Sinne die längst notwendige Reform durch. Jeder Österreicher **hat** einen Anspruch auf einen extra Urlaubstag und die finanzielle Belastung der Lohnnebenkosten **sinkt** drastisch.*
Ich würde dich sehr glücklich machen, wenn du mich lässt.	*Ich **mache** dich sehr glücklich, wenn du mich lässt.*

Aber, aber, aber ...

Vor einiger Zeit lese ich eine Online-Kritik an einem Rhetorikbuch. Der Leser beschwert sich über die Verallgemeinerung der sprachlichen Regeln. So meint er zum Beispiel, dass man ruhig Weichmacher verwenden kann. Als Beispiel gibt er sinngemäß den Wunsch höflich zu sein an und zu sagen »Ich möchte mich herzlich bedanken!« Hierzu sei Folgendes gesagt: Erstens geht es nicht darum, sein ganzes Leben nie mehr Höflichkeitsfloskeln zu verwenden, genauso wie es nicht darum geht, keine einzige Verneinung oder Zukunftsform zu setzen. Ziel ist es vielmehr, den unnötigen Einsatz gewisser Sprachmittel, die das Gesagte weniger wirksam und überzeugend machen, zu vermeiden beziehungsweise zu minimieren. Ein ungewollter Einsatz eines Konjunktivs oder eines ›Ich möchte‹ ist kein Beinbruch. Wenn du aber, wie manche Leute, dazu neigst, innerhalb weniger Sätze gleich unzählige Male Weichmacher zu benutzen, ist das von der Sprachwirkung her bedenklich. Zweitens bin ich persönlich der Meinung, dass der Einsatz von ›möchte‹ in Wirklichkeit nichts bringt. Betrachten wir noch einmal das Beispiel des erwähnten Lesers.

Mit ›möchte‹	Ohne ›möchte‹
Ich möchte mich herzlich bedanken!	*Ich bedanke mich herzlich!*

Wenn ich mir vorstelle, wie das jemand zu mir sagt, mir dabei fest und dankbar in die Augen blickt und meine Hand drückt – dann erscheint mir die zweite Form um einiges kräftiger und Dank vermittelnder. Außerdem empfinde ich das Wort ›möchte‹ generell als unnötig, denn Fakt ist, du bedankst dich ja schon, während du den Satz sagst. Warum also einen Wunsch zum Ausdruck bringen? Ich gebe dir noch ein paar Beispiele. Entscheide selbst ob der Gebrauch von ›möchte‹ hier auch nur irgendeinen Sinn macht.

Deine Aussage	Gedachte Antwort
Ich möchte sie alle herzlich begrüßen!	*Tust du gerade!*
Ich möchte jetzt über das Thema Weichmacher sprechen.	*Na, wirst du jetzt wohl auch tun!*
Ich möchte anfügen, dass ich diesen Punkt genau so sehe wie der Kollege Hansen.	*Hast du doch sowieso eben gemacht!*

7.2 Mach's dir selber nicht so schwer! – Wörter, die Gesagtes schwächen

Hierzu zählen zuerst einmal sämtliche Wörter, Ausdrücke und Phrasen, die das von dir Gesagte relativieren oder vage erscheinen lassen.

eigentlich	unter Umständen	eventuell
vielleicht	könnte	vermutlich
irgendwie	nur, nur mal	ein wenig, ein bisschen
relativ	sozusagen	also
natürlich	zum Schluss, letztendlich	eher
wahrscheinlich	möglicherweise	im Prinzip
prinzipiell	quasi	...

Diese und ähnliche Worte verwässern deine Mitteilungen und schwächen Inhalte ab.

Schwach	Stark
Ich bin **eigentlich** ein netter Kerl.	Ich bin ein netter Kerl.
Da kommt mir eine Idee. Ich habe da **vielleicht** was für Sie. Das **könnte** Ihnen **unter Umständen** gefallen.	Da kommt mir eine Idee. Ich habe da was für Sie. Das gefällt Ihnen!
Ihre Wünsche umzusetzen ist **relativ** einfach.	Ihre Wünsche umzusetzen ist einfach.

Zeitwörter (Verben) der Unsicherheit

Zeitwörter, die Zweifel oder mangelndes Wissen ausdrücken, sind alles andere als hilfreich, wenn es darum geht, selbstsicher und kompetent zu wirken. Viele Leute benutzen solche Verben sogar locker in jedem dritten Satz – mit dementsprechender Wirkung! Anbei die vier gefährlichsten Zeitwörter. Achte darauf, sie aus deinem Sprachgebrauch zu entfernen: ›glauben‹, ›hoffen‹, ›möchten‹, ›denken‹.

Unsicher	Sicher
Ich **glaube**, wir sind auf einem guten Weg. Die neue Marke ist erfolgreich am Markt positioniert und ich **denke**, dass wir alles richtig gemacht haben.	Wir sind auf einem guten Weg. Die neue Marke ist erfolgreich am Markt positioniert. Wir haben alles richtig gemacht.
Das war's! Ich **hoffe**, Ihnen hat meine Präsentation gefallen. 17 Uhr – ich **denke**, jetzt haben wir uns einen Kaffee oder ein Glas Sekt verdient.	Das war's! Ich freue mich, dass Ihnen meine Präsentation gefallen hat. 17 Uhr – jetzt haben wir uns einen Kaffee oder ein Glas Sekt verdient.

Selbstverständlich werden diese Zeitwörter benutzt, wenn sie, im Sinne der gewünschten Aussage, notwendig sind: »Ich glaube an Außerirdische.«, »Wir hoffen auf eine baldige Rückkehr der Neandertaler.«

Überflüssige Phrasen

Hierbei handelt es sich um Redewendungen und Phrasen, die die Verständlichkeit deiner Sätze erschweren oder, noch schlimmer, Unsicherheit vermitteln.

Phrase	Gedachte Antwort
Ich habe eine Frage ...	Danke, sonst wäre es mir nicht aufgefallen, dass du gerade eine Frage stellst!
Ich wollte nur mal anmerken ...	Merke ich!

Phrase	Gedachte Antwort
Ich will mal sagen ...	Tust du sowieso!
Ohne überheblich erscheinen zu wollen ...	Jetzt wo du es sagst ...
Wie Sie sich denken können ...	Entschuldigung, konnte ich nicht!
Wie gesagt ...	Ja, ich erinnere mich!

Die deutsche Bundeskanzlerin, Angela Merkel, hat einen Hang zu Weich-machern. Anbei einige Passagen ihrer Antworten aus dem letzten Kanzler-duell, Merkel gegen Steinmeier, 2009:

- »Also, **erst einmal, finde** ich, **sollte** gesagt werden, dass die große Koalition in der Tat gut gearbeitet hat unter meiner Führung. Ich **will** noch einmal daran erinnern, als ich 2005 Bundeskanzlerin wurde, da hatte Deutschland über fünf Millionen Arbeitslose im Winter 2005/2006 ...«
- »Ich **glaube**, dass wir aber diesen Kurs noch entschlossener fahren **könnten**.«
- »Wenn sie mir in der 89. Minute noch mal die Frage stellen, oder in der 86., bevor wir unser Schluss-Statement geben, dann **kann** ich sie **vielleicht** noch besser beantworten. Im Augenblick **würde** ich sagen, lassen Sie uns doch über die Inhalte sprechen.«
- »Ich **will vielleicht** noch mal kurz darauf eingehen, was unter Rot-Grün geschehen ist.«
- »**Na ja**, also das ist ja jetzt nun wirklich eine sehr kühne Behauptung, von der ich mal sagen **möchte**, dass man da außerordentlich vorsichtig sein **sollte**.«

7.3 Entschuldigung! – Ich bin so gerne unterwürfig!

Vor einigen Tagen sitze ich mit meinem Netbook in einem Café an der Bar. Während ich an diesem Kapitel tippe, spielt sich folgender Dialog zwischen einem Gast und der Kellnerin ab.

Gast: »*Ähh, Entschuldigung!*«

Gast: »*Frau Kellnerin, Entschuldigung!*«

Kellnerin: »*Ja?*«

Gast: »*Entschuldigung, ich möchte etwas bestellen.*«

Kellnerin: »*Ja?*«

Gast: »*Ich hätte gerne, äh, Entschuldigung, haben Sie auch ein Cola Zero?*«

Kellnerin: »*Nein, nur Cola Light.*«

Gast: »*Okay, tut mir leid, dann bitte ein Cola Light*«

Gast: »*Und Entschuldigung, bitte mit einer Scheibe Zitrone.*«

Und wie geht es weiter? Die Kellnerin ist offensichtlich genervt. Sie serviert das Getränk ohne ein Lächeln. Und dann muss der arme Gast, als er zahlen will, auch noch drei, vier Mal »Entschuldigung!« sagen, bis sie reagiert. Dafür gibt er dann aber auch ein ordentliches Trinkgeld. Entschuldigungen lassen dich immer unsicher wirken. Selbst wenn du gar nichts Falsches gesagt oder gemacht hast, wird dein Gesprächspartner unterbewusst, je öfter du dich entschuldigst, argwöhnisch. Entschuldigungen werden immer damit verbunden, dass derjenige, der sie ausspricht, etwas falsch gemacht hat. Aus diesem Grund haben Entschuldigungen in erfolgreicher Rhetorik nichts verloren.

Die Ausnahme der Regel: Du willst dich bewusst für etwas, das du getan hast oder für das du die Verantwortung übernimmst, entschuldigen. Dann, und nur dann, sind Äußerungen wie ›Entschuldigen Sie!‹ oder ›Es tut mir leid!‹ angebracht. In diesem Fall solltest du diese auch klar, deutlich und vor allem ehrlich kommunizieren. Viele Menschen benutzen allerdings Ausdrucksformen der Entschuldigung, ohne dass diese notwendig sind. Leute entschuldigen sich, wenn es strategisch kontraproduktiv ist. Und oft entschuldigen wir uns, obwohl es überhaupt keinen Sinn macht.

Entschuldigung	Und der Erfolg
Ich entschuldige mich gleich vorab für die etwas enge Zeitstaffelung des Seminars.	*Passt! Jetzt wissen wenigstens alle schon von Anfang an, dass das Seminar stressig wird.*
Grüß Gott Herr Mayer, ich entschuldige mich gleich im Voraus, falls ich Sie störe. Sie kennen mich nicht. Mein Name ist Gustav Hauer von Pipifax Consulting und ich würde Ihnen gerne einmal, wenn Sie Zeit haben, unsere Firma vorstellen.	*So wird es sicher was mit dem Termin.*
Es tut mir leid, dass ich Ihnen jetzt die PowerPoint-Präsentation, die ich normalerweise an dieser Stelle meines Vortrages vorführe, nicht zeigen kann. Ich habe Sie dummerweise im Auto meiner Frau vergessen. Und jetzt erreiche ich meine Frau nicht ...	*Gedanken des Zuhörers: »Aha, schau an! Mir wäre das gar nicht aufgefallen, dass hier eine geplant war. Na ja – jetzt weiß ich es! Vergessen hat er sie. Inkompetent! Auto der Frau ... hat er kein eigenes Auto? Warum erreicht er seine Frau nicht? Eheprobleme?«*
Entschuldige! Tut mir leid, dass ich dich so einfach anspreche. Darf ich dich auf einen Drink einladen?	*Antwort: »Nein!«*

7.4 Aufgepoppt und eingebrannt! – Wie du unerwünschte Bilder vermeidest

In der erfolgreichen Rhetorik verzichtest du auf sämtliche Verneinungen. Genau wie bei der Zukunfts- und Vergangenheitsform fängt dein Unterbewusstsein auch mit Verneinungen herzlich wenig an. Eine Verneinung setzt immer einen bewussten Vergleich mit einer anderen Möglichkeit voraus.

Nur dein Verstand erlaubt es dir, einen solchen Vergleich anzustellen. Deswegen streicht dein Unterbewusstsein die Verneinungen und dein Bewusstsein übernimmt stattdessen deren Interpretation. Klingt kompliziert? Ist es nicht. Beispiel gefällig?

»Denke nicht an Sex! Nicht an Sex!« oder:

»Stelle dir jetzt bitte auf keinen Fall einen rosa Elefanten vor! Versuche in der nächsten Minute auf keinen Fall an einen rosa Elefanten zu denken, und schon gar nicht an ein blaues Krokodil, das auf ihm reitet!«

Natürlich hast du jetzt, in beiden Fällen, unterbewusst genau das Gegenteil von dem Gewünschten gemacht. Ganz normal! Funktioniert immer! Dein Unterbewusstsein streicht, einfach ausgedrückt, alle Verneinungen in den Anweisungen.

»Denke ~~nicht~~ an Sex! ~~Nicht~~ an Sex!«

»Stelle dir jetzt bitte ~~auf keinen Fall~~ einen rosa Elefanten vor! Versuche in der nächsten Minute ~~auf keinen Fall~~ an einen rosa Elefanten zu denken, und schon gar ~~nicht~~ an ein blaues Krokodil, das auf ihm reitet!«

So weit – so gut! Diese oder ähnliche Beispiele findest du in so gut wie jedem Buch, das sich in irgendeiner Form mit Sprache und Unterbewusstsein auseinandersetzt. Machen wir also einen weiteren Versuch:

»Springe nicht wie verrückt auf einem Bein! Jetzt!«

Du bist nicht gesprungen? Also noch einmal!

»Du sollst nicht auf einem Bein durch den Raum springen! Nicht springen!!! Mach es nicht, sage ich! Nicht jetzt!«

Lass mich raten: Du sitzt noch immer. Dachte ich mir! Also was lernen wir daraus? Einerseits bist du nicht über ein Buch so mir nichts, dir nichts manipulierbar. Andererseits zeigt dir das letzte Beispiel folgende Dinge:

Dein Unterbewusstsein liebt Bilder

Wird dein Unterbewusstsein – auf welche Art auch immer – angesprochen, übersetzt es die Information in Bilder und Vorstellungen. Aufforderungen wie ›Denke an ...‹ oder ›Stelle dir vor ...‹ sprechen es also direkt und ohne Umweg an. Dein Bewusstsein bemerkt keine Unstimmigkeiten und schaltet sich nicht ein. Mit anderen Worten: Wenn es darum geht, sich etwas vorzustellen oder an etwas zu denken, fragt dein Unterbewusstsein nicht erst bei deinem Verstand um Erlaubnis, ob es das tun darf oder soll.

Dein Bewusstsein kontrolliert dein Unterbewusstsein

Im Hüpfbeispiel habe ich dich aufgefordert etwas zu tun, das deutlich über eine reine Vorstellung à la rosa Elefant hinausgeht. Deswegen schaltete sich dein Bewusstsein auch nicht nur ein bisschen, sondern mit Nachdruck ein. Dein Verstand nahm sich der Aufforderung an und entschied nach gründlicher Überlegung, dass du nicht wie ein Verrückter durch das Zimmer springen wirst – noch dazu auf einem Bein. Was er allerdings mit einer hohen Wahrscheinlichkeit nicht beeinflussen konnte, war die Tatsache, dass vor deinem geistigen Auge das eine oder andere Bild entstand. Ein Bild davon, wie du auf einem Bein hin und her springst.

Machen wir an dieser Stelle einen kleinen Ausflug zu einer alten Streitfrage aus der Hypnose: Versteht derjenige, der sich in Trance befindet, verneinte Befehle, oder nicht? Ein beliebtes Beispiel der Befürworter der These, dass verneinte Befehle sehr wohl funktionieren, ist folgendes. Showhypnose: Einem Freiwilligen, der nach Nachfrage auch Alkohol trinkt, wird ein Glas Wasser gegeben und suggeriert:

»*Nach dem zweiten Schluck von diesem Getränk bist du betrunken. Du wirst dich jedoch nicht übergeben ...*«

Was passiert? Nein, der Boden bleibt sauber! Also wurde die Negation verstanden. Auch in der Hypnose ist, je nach Tiefe der Trance, ein gewisser Anteil des Bewusstseins wach. Diese Tatsache verhindert auch, laut gängiger Meinung, die Beeinflussung zu Verbrechen unter Hypnose. Trotz allem ist es immer effektiver, wenn man in der Hypnose den Zustand so suggeriert, wie er eintreten soll – also positiv.

Negativ	Positiv
Du kannst nicht mehr von deinem Sessel aufstehen!	*Du bleibst an deinem Sessel kleben!*

Verneinungen führen zu Irritationen

Problematisch wird es, wenn dein Unterbewusstsein in Konflikt mit deinem Bewusstsein kommt. Stell dir vor, du hängst, warum auch immer, irgendwo mitten in einer Felswand. Unter dir der freie Fall. Hundert Meter und mehr. Über dir trennen dich noch zehn Meter vom erlösenden Hochplateau. Du denkst dir: »Da will ich jetzt nicht abstürzen!« Plötzlich fängst du am ganzen Körper zu zittern an. Warum? Dein Unterbewusstsein steht im Konflikt mit deinem Bewusstsein und dieser Konflikt drückt sich körperlich durch das Zittern aus. Die Aufforderung wird unterbewusst als »Da will ich jetzt abstürzen!« interpretiert. Dein Unterbewusstsein stellt sich den Absturz bildlich vor. Es erzeugt Gedanken, die auf einen möglichen Absturz ausgerichtet sind. Dein Bewusstsein hingegen hat die Aufforderung richtig verstanden und will Aktionen setzen, die einen Absturz vermeiden. Gedankliche Konfusion! Oder: Du nimmst an einem Training in einem Hochseilgarten teil. Du balancierst in schwindelerregender Höhe auf einem Seilkonstrukt. Der Trainer ruft dir wohlmeinend zu: »Nicht nach unten schauen! Nicht nach unten!« Was passiert? In dir entsteht ein schier unglaubliches Verlangen, deinen Blick Richtung Boden zu richten. Du kämpfst dagegen an. Deine Knie werden weich. Gott sei Dank bist du gut gesichert!

Das Unterbewusstsein reagiert immer. Da es keine Verneinungen versteht, unterstützt es oft das Gegenteil des Gewünschten. Wenn du einem kleinen Kind nachrufst: »Nicht fallen!«, gibt es drei Möglichkeiten.

1. Eher unwahrscheinlich: Das Kind ist die große Ausnahme von der Regel. Bleibt stehen. Überlegt ganz genau und bewusst, was du da jetzt gerufen hast und beschließt nun, sehr, sehr vorsichtig weiterzulaufen.
2. Schon wahrscheinlicher: Wenn das Kind noch sehr klein ist oder schon weiter weg ist, kann es das Gesagte entweder noch nicht richtig verstehen oder nimmt aufgrund der Distanz nur einen plötzlichen warnenden Laut wahr. Deswegen bleibt es intuitiv stehen.
3. Am wahrscheinlichsten: Das Kind bekommt die Warnung nur am Rande mit. Das Unterbewusstsein kreiert in seinem Kopf sofort das Bild des Fallens. Das Kind ist abgelenkt und siehe da – mit ziemlicher Sicherheit stolpert es.

Ein weiteres Beispiel: ein aufgeregtes Kind. Die besorgte Mutter nimmt es in den Arm und sagt liebevoll: »Nicht weinen, Schatz!« Das Kind überlegt eine Sekunde und fängt hemmungslos zu heulen an.

Bezüglich erfolgreicher Gesprächsführung ergibt sich daraus der simple Folgeschluss, dass du unnötige Verwirrungen und Konflikte durch verneinte Aussagen bei deinem Gesprächspartner gar nicht erst entstehen lässt. Auch wenn diese kleinen Konflikte oft nicht bewusst wahrnehmbar sind, stören sie doch den Fluss erfolgreicher Kommunikation gewaltig. Der Verstand schaltet sich zu oft ein. Das Bewusstsein muss mehr Arbeit tun als notwendig. Deine Beeinflussung durch die Sprache wird erschwert.

›Hin zu‹ und ›Weg von‹

In der Motivationsforschung unterscheidet man zwei verschiedene Typen: Erfolgsucher (hin zu) und Misserfolgsvermeider (weg von). Während der eine Typ danach strebt, Erfolg zu haben, ist es für den anderen wichtig, Misserfolge zu vermeiden. Bei Erfolg hat der Erfolgsucher ein Erfolgserlebnis, das ihn motiviert. Er kann den Erfolg aktiv für sich verbuchen. Der Misserfolgsvermeider hingegen zieht keine Motivation aus seiner Handlung. Er verspürt lediglich Erleichterung. Diese zwei generellen Taktiken machen sich auch in der Zielsetzung bemerkbar.

Ziele: ›Weg von‹	Ziele: ›Hin zu‹
Ich will meinen Job nicht mehr!	*Ich will eine neue, spannende Herausforderung!*
Ich will nicht mehr dick sein!	*Ich will in meine Abendkleider passen!*
Ich will nicht mehr rauchen!	*Ich will gesund leben!*

Was denkst du? Wo entstehen wohl die motivierenderen Bilder? Genau, immer bei ›Hin zu‹! Diese Formulierungen optimierst du, wenn du das willst, übrigens wie folgt: »Ich suche eine neue, spannende Herausforderung!«, »Ich passe in meine Abendkleider!«, »Ich lebe gesund!«

Ein ›Hin-zu‹-Denken und eine ›Hin-zu‹-Zielsetzung ist immer lohnender. Auch in der Rhetorik kannst du dir dieses Wissen zunutze machen. ›Hin-zu‹-Formulierungen haben eine viel stärkere Energie als ›Weg-von‹-Formulierungen. Du kannst dir das wie bei einem Magneten vorstellen. ›Hin-zu‹-Aussagen besitzen eine viel stärker anziehende Kraft als die vergleichbare abstoßende Kraft der ›Weg-von‹-Sprache.

Appell: ›Weg von‹	Appell: ›Hin zu‹
Reden wir nicht über die derzeitigen Probleme!	*Schauen wir uns die neuen Möglichkeiten an.*
Weißt du noch, das trübe, morastige Wasser bei unserem letzten Urlaub am See. Das war doch echt nichts!	*Stell dir vor, wie schön das blaue Meer in Costa Rica ist!*

Appell: ›Weg von‹	Appell: ›Hin zu‹
Wir werden heute nicht über alltägliche Themen reden!	*Wir reden heute über spannende, neuartige Themen!*

Verneinungen haben immer einen ›Weg-von‹-Charakter. Deswegen sind sie, bis auf wenige punktuelle Einsatzgebiete, überflüssig und mindern deinen Erfolg. Vermeide deswegen, für überzeugendes und erfolgreiches Sprechen, ›Weg-von‹-Strategien jeglicher Art und ersetze sie durch ›Hin-zu‹-Aussagen.

Verneinungen sind negativ

Wie schon der ursprüngliche Name »Negationen« besagt, sind Verneinungen als solche negativer Natur. Es ist einleuchtend, dass erfolgreiche Rhetorik, egal ob auf bewusster oder unterbewusster Ebene, immer positive Inhalte vermittelt und negative tunlichst vermeidet. Wenn du Verneinungen benutzt, erzeugst du ständig negative Inhalte, Gedanken und Assoziationen. Diese werden von deinem Gesprächspartner manchmal bewusst, manchmal unterbewusst wahrgenommen. Verneinungen verursachen nicht nur »Wegvon«- statt »Hin-zu«-Vorstellungen und aktivieren das Bewusstsein deines Gesprächspartners. Sie machen außerdem auch noch etwas anderes: Worte wie ›nicht‹, ›kein‹, ›niemals‹, ›nie‹ usw. wecken stets negative Erinnerungen an deine Kindheit. Wie oft hörst du als Kind ›Tu das nicht!‹, ›Mach dies nicht!‹, ›Das darfst du (noch) nicht!‹, ›Keine Chance!‹, ›Nie mehr!‹ und andere Einschränkungen und Vorgaben. Je älter du wirst, desto mehr kämpfst du um deinen eigenen Entscheidungsfreiraum. So ist es auch nicht verwunderlich, dass dich oder deine Gesprächspartner, egal ob ihr euch dessen bewusst seid oder nicht, auch heute noch ständige Verneinungen stören.

Die Angewohnheit, Negationen zu benutzen, geht sogar so weit, dass du, ganz ohne darüber nachzudenken, sogar Positives auf negative Art ausdrückst.

Positives als Negatives	Positives als Positives
Das ist nicht schlecht!	*Das ist **gut**!*
Sie werden es nicht bereuen!	*Sie sind **zufrieden**!*

Umgekehrt benutzen viele Menschen mit Vorliebe Verneinungen, um Negatives aufzuweichen.

Negatives aufgeweicht	Ich sag, wie es ist
Das ist nicht gut!	*Das ist **schlecht**!*
Die derzeitige Lösung ist für Ihre Abteilung nicht perfekt.	*Die derzeitige Lösung ist für Ihre Abteilung **falsch**.*

Wenn du etwas als falsch oder schlecht darstellen willst, dann sage die Dinge so, wie sie sind. Solche Botschaften kommen direkter und nachdrücklicher bei deinem Gesprächspartner an. Schonende Formulierungen sind hier fehl am Platz.

Ein ›nicht‹ wirkt immer unsicher

Wer ständig von dem redet, was nicht ist, war oder sein wird, wirkt immer unsicherer und weniger vertrauenswürdig und zielstrebig als jemand, der davon spricht, was ist, war oder sein wird.

Unsicher	Sicher
Was meinst du? Wollen wir nicht zahlen? Und dann nicht in ein anderes Lokal gehen, sondern zu mir? Ich werde das auch nicht ausnutzen!	*Was meinst du? Wollen wir **zahlen** und zu mir **gehen**? Du **fühlst** dich wohl, versprochen!*

Der Satz ›Ich werde das nicht ausnutzen!‹ ist übrigens der beste Weg zu einem sicheren ›Nein!‹. Denn, wie es halt so ist: Das Unterbewusstsein deines Flirtpartners stellt sich automatisch alle möglichen Bilder davon vor ›wie du das ausnutzt‹. Den Rest kannst du dir sicher ausmalen. Die Ausnahme der Regel wäre natürlich, dass dein Flirtpartner im Geheimen will, dass du die Situation ausnutzt.

Wann Verneinungen erlaubt sind

1. Du willst strategisch etwas Negatives positiver formulieren.

Kunde: *»Ihre Lieferzeiten in letzter Zeit sind unter aller Sau!«*
Verkaufsleiter:*»Herr Prikopa, ich verstehe Ihren Ärger. Sie haben absolut recht. Die Lieferzeiten waren **wirklich** nicht **zufriedenstellend**.«*

2. Du willst negative Bilder zeichnen, ohne dies zu offensichtlich erscheinen zu lassen.

*»Mein werter Mitstreiter, der Herr Filkensteiner, ist ja, das wissen wir alle, nicht **dumm**. Und auch nicht **auf der Nudelsuppe dahergeschwommen**. Zweifelsohne ist er kein **blutiger Anfänger,** wenn es um Regionalpolitik geht.«*

7.5 Wie du Vorstellungen durch Worte lenkst

Durch die Wahl deiner Wörter beeinflusst du die im Kopf deines Gesprächspartners entstehenden Vorstellungen und Gedanken. Wörter lassen immer und ausnahmslos innere Bilder und Filme entstehen. Du selbst entscheidest durch die Wahl von Wörtern und Ausdrücken, ob du positive oder negative Emotionen weckst und ob deine Botschaften schnell und klar aufgenommen und verstanden werden oder nicht. Auf den nächsten Seiten stelle ich dir die wichtigsten Möglichkeiten von Wortersetzungsstrategien vor.

Verneinungen

Verneinungen drücken, wie bereits im letzten Kapitel dargestellt, Positives unnötigerweise negativ aus, senken die Kraft deiner Aussagen und zwingen deinen Gesprächspartner sein Bewusstsein zu aktivieren. Laut der Zeitschrift *Psychology Today* benötigt der Mensch 48 Prozent mehr Zeit, eine verneinende Formulierung zu verstehen als eine direkte Botschaft.

Statt	Besser
Das ist nicht das Ende der Welt.	*Das ist in Ordnung.*
nicht schlecht	*gut*
nicht richtig	*falsch*
Kein Problem!	*In Ordnung!*
Keine Eile	*Lass dir Zeit!*
Machen Sie sich keine Sorgen!	*Entspannen Sie sich!*

Wünsche: ›Weg-von‹-Formulierungen

Benutze, wenn du Zielbilder entstehen lassen, Motivation entfachen und Zustimmung erhalten willst immer ›Hin-zu‹-Formulierungen.

Statt	Besser
Hör auf ständig den Fernsehkanal zu wechseln!	*Lass Fernsehkanal XY laufen!*
Verschluck dich nicht!	*Kau langsam!*
Hör auf zu jammern!	*Denk positiv!*
Ärgere die Oma nicht!	*Spiel in deinem Zimmer!*

Statt	Besser
Vergessen Sie nicht wieder den Ausdruck morgen!	*Bringen Sie bitte morgen den Ausdruck mit.*
Sag bitte nicht »Nein«!	*Sag »Ja«!*

Verneinte Ankündigungen

Achte darauf, wenn du Dinge ankündigst, versprichst oder in Aussicht stellt, diese so zu sagen, wie sie eintreten, und nicht so, wie nicht. Eine umgedrehte Ankündigung lässt sofort ein Bild entstehen, welches das Gegenteil des von dir Gewünschten wiedergibt.

Statt	Besser
Wer mich wählt, wird nicht enttäuscht! Das verspreche ich!	*Wer mich wählt, ist zufrieden! Das verspreche ich!*
Ich werde dich nie betrügen!	*Ich bin dir immer treu!*
Mit uns als Partner werden Sie nie schlecht schlafen.	*Mit uns als Partner sind Sie immer bestens versorgt.*
Ich will nicht, dass du heute wieder zu spät nach Hause kommst!	*Ich will, dass du heute um Mitternacht zu Hause bist.*

Falscher Fokus

Lege den Inhaltsfokus, wenn du jemanden erklärst, was wann oder wie möglich ist, immer auf den positiven Aspekt.

Statt	Besser
Wir haben am Samstagnachmittag, Sonntag und feiertags geschlossen.	*Wir haben an allen Wochentagen und am Samstag bis 13.00 für Sie geöffnet.*

Statt	Besser
Morgen habe ich keine Zeit für Sie.	*Übermorgen nehme ich mir sehr gerne Zeit für Sie.*
Was wir nicht abdecken können, ist Punkt neun und zehn Ihrer Anfrage.	*Wir decken Punkt eins bis acht umfassend ab.*
Wir haben heute kein frisches Gebäck mehr.	*Ab morgen um sechs in der Früh haben wir wieder knackig frisches, dampfendes Ofengebäck.*

›Un‹-Wörter

›Un‹-Wörter sind ebenfalls verneinende Formen, die für dein Gegenüber schwerer zu übersetzen sind und immer ein negatives Gefühl übermitteln.

Statt	Besser
Was ich Ihnen jetzt zeige, ist unglaublich!	*Was ich Ihnen jetzt zeige, ist faszinierend!*
unwichtig	*vernachlässigbar*
unbekannt	*neu*
unschön	*schlecht, negativ*
unbestimmt	*festzulegen*
untrüglich	*sicher*

Negativ besetzte Wörter und Formulierungen

Manche Wörter und Ausdrucksformen stehen von Natur aus für ein abschreckendes Bild. Sie rufen Ablehnung hervor. Negative Emotionen entstehen. Ersetze solche Formulierungen, wann immer möglich, durch neutrale oder positive Formen. Dies bedeutet jetzt natürlich nicht, dass du zum Beispiel ein Problem nicht ein Problem nennen darfst, wenn es sich um ein echtes Problem handelt und es dein klares Anliegen ist, Betroffenheit zu erzeugen. Allerdings zeigen meine Erfahrungen, dass die meisten Leute negativ besetzte Wörter meist viel zu oft einsetzen und so überflüssige Spannungen und Widerstände aufbauen. Weiters nehmen deine Gesprächspartner, wenn du ständig Ausdrücke wie ›Problem‹ oder ›du musst‹ benutzt, diese Aussagen schon bald nicht mehr ernst. Sie haben sich daran gewöhnt.

Statt	Besser
Ich verstehe, dass dieses Problem für Sie ärgerlich ist. Sie müssen aber ...	*Ich verstehe, dass der Umstand für Sie wichtig ist. Es ist sinnvoll, dass ...*
Problem, Schwierigkeit	*Situation, Herausforderung, Umstand*
Sorgen	*Gedanken*
Einwand	*Ergänzung*
Werbung	*Information*
Streit	*Diskussion, Meinungsverschiedenheit*
Sie müssen ...	*Ich wünsche mir, dass*
Ich empfehle, dass	*Wenn Sie ..., dann*
aber	*und, zusätzlich, allerdings, Punkt setzen*
ärgerlich, frustrierend, schlimm ...	*wichtig*

Konstruierte Hauptwörter

Ein echtes Hauptwort bezeichnet etwas Wirkliches: einen Baum, einen Sessel, eine Broschüre. All diese Dinge sind greifbar und existieren im realen Alltag. Konstruierte Hauptwörter leiten sich von Eigenschaftswörtern ab und bezeichnen eine nicht materielle oder sehbare Wortkonstruktion – sie sind starr und leblos. Hierdurch entstehen Schwierigkeiten in der Kommunikation: Dein Gesprächspartner muss das von dir genannte Konstrukt zuerst verstehen und dann individuell interpretieren und in seinem Kopf zeichnen. In weiterer Folge hast du keinen Einfluss, wie dieses Bild bei ihm ausschaut. Durch den Gebrauch solcher Wörter vergibst du auch die Chance, das entstehende Bild mit Emotionen auszustatten (Die Wörter ›Unsicherheit‹ und ›Bedürfnis‹ wecken nun einmal keine starken Gefühle), zu schärfen und mit Dynamik auszustatten. Dies gelingt nämlich nur über Eigenschafts- und Zeitwörter (›Du bist unsicher‹, ›Du brauchst‹). Jedes konstruierte Hauptwort lässt sich entweder durch ein Eigenschaftswort oder ein Zeitwort ausdrücken.

Statt	Besser
Das erzeugt bei dir Unsicherheit und Angst. Machst du es anders, stellt sich Entspannung ein.	Dadurch bist du unsicher und ängstlich. Machst du es anders, entspannst du.
Du hast Bedürfnisse	Du brauchst
Sie geben sich Mühe	Sie bemühen sich
Er hat Durst	Er ist durstig
Ich habe die Kontrolle	Ich kontrolliere
Deine Überzeugungen	Du bist überzeugt

7.6 Wie du Bildern Leben einhauchst

Der gesamte deutsche Wortschatz wird auf 300.000 bis 500.000 Wörter geschätzt. Der Wortschatz der deutschen Standardsprache umfasst dabei ungefähr 75.000 Wörter. Je höher der Bildungsstand eines Menschen ist, desto größer ist sein Wortschatz. Schätzungen gehen bei Erwachsenen von Bandbreiten zwischen 3.000 und 216.000 Wörtern aus. In seinem Buch *Grunddeutsch* schreibt J. Alan Pfeffer, dass 1.285 Wörter notwendig sind, um 85 Prozent aller Texte einer Sprache zu verstehen. Ein umfassender Wortschatz ist hilfreich, um rhetorisch zu überzeugen. Entscheidend ist hierbei aber nicht die Anzahl von Spezial- und Fremdwörtern, die dir geläufig sind. Denn erfolgreiche Bilder und Filme erzeugst du durch bekannte und einfache Ausdrücke und nicht durch komplizierte Fachbegriffe. ›Konsistent‹, ›stringent‹, ›adäquat‹: Solche Wörter erzeugen im besten Fall Verzögerungen und im schlechtesten Fall einen weißen Fleck in der Vorstellung deines Gesprächspartners, den er dann beliebig mit eigenen Vorstellungen füllt. Entscheidend ist vielmehr, dass die meisten Menschen nicht einmal ihren grundlegenden Wortschatz bekannter Ausdrücke gebrauchen. Sätze werden verkürzt und sprachliche Möglichkeiten ausgelassen.

Eigenschaftswörter – die vergessenen Kinder

»In der Küche steht ein Mann. An der Tür sitzt ein Hund. Der Mann hat ein Messer in der Hand. Er schneidet Gemüse.«

Diese Geschichte zeichnet kein spannendes Bild und erzeugt keinen lebendigen Film. Das Interesse des Zuhörers nimmt schon nach wenigen Sekunden ab. Bilder und Film verblassen. Außerdem ist der Film ungenau. Er wird von jedem Zuhörer anders erstellt. Wie schaut die Küche aus? Was ist das für ein Hund? Ist das ein alter oder junger Mann? Ist er nett oder böse? Ist er gut zu seinem Hund oder nicht? Was für ein Messer hat er in der Hand?

»In der kleinen, dampfenden Küche steht ein alter, hagerer Mann. An der massiven Eichentür sitzt ein großer, langhaariger Hund, der dem Treiben verträumt zuschaut. Der schwitzende, fröhlich vor sich hin pfeifende Mann hat ein kleines, abgenutztes Jagdmesser in der Hand. Er schneidet langsam und hoch konzentriert das frische Gemüse, das er gerade im Garten geerntet hat.«

So schaut das ganze schon anders aus. Die Geschichte wirkt lebendig und dynamisch. Interesse entsteht und die Vorstellung des Zuhörers wird viel genauer und detaillierter gelenkt. Wenn du Vorstellungen beeinflussen willst, musst du die Gedanken deines Gesprächspartners kontrollieren. Zeichnest du vage und unklare Bilder und Filme, passiert genau das Gegenteil: Dein Gegenüber entscheidet frei – aus Lust, Laune und Erfahrungen – wie er das von dir Gesagte sieht und bewertet. Zusätzlich nimmt sein Interesse durch solche unscharf gezeichneten Aussagen rasant ab.

Um Vorstellungen in die gewünschte Richtung zu lenken, braucht es Eigenschaftswörter. Hauptwörter bilden den Rahmen, Zeitwörter erzeugen Dynamik, aber ausschließlich Eigenschaftswörter hauchen dem von dir Gesagten wahres Leben ein und zwingen die andere Person, deinen gewünschten Film, samt allen seinen Bildern, genau so zu erleben, wie du das willst. Unter Eigenschaftswörtern fasse ich der Einfachheit halber sowohl Adjektive (Die liebe Mutter), Adverbien (Die Mutter schaut lieb), Partizip I (Die liebende Mutter) als auch Partizip II (Die geliebte Mutter) zusammen: Also alle Wörter, die etwas näher beschreiben.

7.7 Filme erzeugen – Die hohe Kunst der Gedankensteuerung

Genau genommen denken Menschen nicht in Bildern, sondern in Filmen. Manche sind kurz, wie die Vorstellung eines dampfenden Hamburgers, andere verfügen über eine deutlich längere Dramaturgie und komplexe inhaltliche Abfolgen. Wenn du dich an etwas erinnerst, sei es etwas Schlimmes oder Schönes, dann beginnt ein Film in deinem Kopf zu laufen. Das gleiche gilt, wenn du dir etwas vorstellst oder Gedanken zu einem gewissen Thema anstellst. Beeinflussung bedeutet deswegen, bei anderen innere Filme erzeugen zu können, die dich bei deinen Vorhaben und Anliegen unterstützen. Einige Anforderungen für das kommunikative Erzeugen von erfolgreichen Filmen hast du bereits kennengelernt: Gegenwartssprache, Vermeidung von Weichmachern, eher kurze Sätze, positives Formulieren und das Nutzen von Eigenschaftswörtern und Verstärkern. Schauen wir uns jetzt weitere Zutaten eines wirkungsvollen Films an.

Die Sprache der Sinne

Innere Filme sind die Sprache der rechten Gehirnhälfte und des Unterbewusstseins. Wann spricht dein Unterbewusstsein ohne Einmischung des Zensors für Stunden mit dir? Genau! Wenn du träumst. Träume sind intensiv. Oft wachst du auf und musst erst begreifen, dass das Geträumte nicht wahr war. Und doch hat es sich so angefühlt. Träume sind lebendig und sprechen alle Sinne an. Du siehst, hörst, riechst, schmeckst und fühlst die Inhalte deines Traums. Und genau so verhält es sich mit inneren Filmen. Ein gut entworfener Film ist mehr als eine einfache Abfolge von Bildern. Er spricht möglichst viele Sinne deines Gesprächspartners an. So wird er für das Unterbewusstsein zur Wirklichkeit. Hierbei spielt es keine Rolle, ob das von dir Gesagte eine wahre Begebenheit wiedergibt oder eine erfundene. Das Unterbewusstsein macht keinen Unterschied zwischen Dokumentation und Spielfilm. Egal ob reales Erlebnis oder intensive Vorstellung: Hauptsache gut inszeniert! Sprich deswegen durch das von dir Gesagte nicht nur den Sehsinn des anderen an. Binde seine anderen Sinne mit ein.

Beispiel Trance-Induktion

»Du bist entspannt. Deine Aufmerksamkeit richtet sich nach innen. Und während du entspannst und immer weiter in dein Innerstes vordringst, nimmst du Kontakt mit deinem Unterbewusstsein auf. Vielleicht siehst du einen kristallklaren See, hörst das angenehme Surren der Luft und fühlst, wie sich deine Muskeln nach und nach entspannen, während du immer tiefer in das kühle Nass eintauchst. Alles, was du im Moment riechst, und der Geschmack, den du auf deiner Zunge spürst, leiten dich tiefer in dein Inneres.«

Ein solch umfangreiches Ansprechen der verschiedenen Sinne macht natürlich in Alltagssituationen wenig Sinn. Du wirkst wie ein seltsamer Kauz. Achte stattdessen einfach darauf, hin und wieder den einen oder anderen Sinn im Filmdrehbuch zu aktivieren. Am wichtigsten ist hierbei neben dem Sehsinn der Hör- und Tastsinn.

»Herr Franzen, stellen Sie sich vor, Sie fahren mit diesem Modell auf der Autobahn. Bei der gewünschten Geschwindigkeit aktivieren Sie den kleinen Knopf am Schalthebel. Er blinkt kurz auf und schon ist der Tempomat aktiviert. Ihre Füße und Beine entspannen sich. Sie lehnen sich bequem in den komfortablen Ledersitz zurück und fahren entspannt, begleitet vom extraleisen Schnurren des V8-Motors, zu Ihrer Arbeit.«

7.8 Wie du bevorzugte Sinne erkennst, aktivierst und nutzt

Jeder Mensch hat einen bevorzugten Weg, wie er Informationen verarbeitet. Wenn du herausfindest, in welche Richtung dein Gesprächspartner tendiert, nutzt du dieses Wissen. Du sprichst bei der Filmgestaltung den »Hauptsinn« des anderen einfach etwas öfter an als die anderen. Wir unterscheiden drei verschiedene Vorlieben:

Sehsinn

Dieser Typ denkt und verarbeitet Information bevorzugt visuell. Meist spuken ihm ständig irgendwelche Gedanken und Bilder im Kopf herum. Daher redet er oft schnell und viel, begleitet von einer flachen Atmung. Er hat einen scharfen Blick, erkennt äußerliche Details schnell und legt generell Wert auf optische Eigenschaften – sei es bei Gegenständen oder Menschen. Seine Pupillen bewegen sich meist im oberen Augendrittel. In Gesprächen hält er Augenkontakt. Er merkt sich Gesichter besser als Namen oder Zahlen. Er benutzt gerne Ausdrücke und Wörter wie: ›Ich stelle mir vor‹, ›Schauen wir uns das an‹, ›Ich sehe das so‹, ›glanzvoll‹, ›strahlend‹, ›erleuchtend‹, ›bunt‹, ›blendend‹ etc.

*»Frau Hansen, ich **zeige** Ihnen, was wir in der heutigen Coaching-Sitzung machen. Wir **richten unsere Augen** auf Ihr inneres Wertsystem und **beleuchten** so das in der letzten Sitzung Besprochene. Wir **schauen** uns an, welche Werte bei Ihnen Entscheidungen erzeugen. Sie **sehen** schon bald,*

*dass gewisse Muster viele Ihrer Handlungen beeinflussen, im Guten wie im Schlechten. Diese **schreiben** wir auf, **betrachten** sie im Detail und **schauen** gemeinsam, auf welche wir einen **genauen Blick richten**.«*

Hörsinn

Dieser Typ denkt und verarbeitet Information bevorzugt auditiv. Er hört genau zu. Auch ist er empfindlich für akustische Reize und sensibel bezüglich Umgebungsgeräuschen. Er spricht mit Bedacht und wählt seine Formulierungen überlegt. Er atmet rhythmisch. Meist verfügt er auch über einen großen Wortschatz. Seine Pupillen wandern oft in das mittlere Drittel der Augen. Es fällt ihm schwer, Augenkontakt zu halten. Er merkt sich Zahlen und Namen besser als Gesichter. Er benutzt gerne Ausdrücke und Wörter wie: ›Hör mir zu‹, ›Hört sich gut an‹, ›Das klingt‹, ›verständlich‹, ›deutlich‹, ›klar‹ etc.

*»Frau Hansen, ich **erzähle** Ihnen, was wir in der heutigen Coaching-Sitzung machen. Wir **hören** tief in uns hinein, **sprechen** Ihr inneres Wertsystem an und **reflektieren** auf dieser Grundlage das in der letzten Sitzung Besprochene. Wir **sprechen** darüber, welche Werte bei Ihnen Entscheidungen erzeugen. Sie **nehmen** schon bald **wahr**, dass gewisse Muster viele Ihrer Handlungen beeinflussen, im Guten wie im Schlechten. Diese **diskutieren** wir im Detail und **erörtern** gemeinsam, über welche wir ausführlich **plaudern**.«*

Tastsinn

Dieser Typ denkt und verarbeitet Information bevorzugt körperlich. Er wirkt ruhig, spricht tendenziell eher langsam und atmet tief. Er setzt körperliche Akzente (Händeschütteln, Umarmung, ausdrucksvolle Gestik etc.). Er hat oft körperbetonte Hobbys und begreift beziehungsweise erlernt körperliche Aufgaben sehr schnell. Er spricht viel über seine Gefühle und besetzt Beschreibungen mit hiermit verbundenen Emotionen. Seine Pupillen ›fallen‹ öfter in das untere Augendrittel. Er benutzt gerne Ausdrücke und Wörter wie: ›Das berührt mich‹, ›Das fühlt sich gut an‹, ›Du begreifst‹, ›leicht‹, ›wohltuend‹, ›berührend‹ etc.

*»Frau Hansen, damit Sie ein **Gefühl bekommen**, was wir in der heutigen Coaching-Sitzung machen: Wir **tauchen** in Ihr inneres Wertsystem **ein** und **verknüpfen** es mit dem in der letzten Sitzung Besprochenen. Sie **begreifen**, welche Werte bei Ihnen Entscheidungen erzeugen. Wir **erarbeiten** die Muster, die viele Ihrer Handlungen beeinflussen, im Guten wie im Schlechten. Diese **nehmen** wir **zur Hand**, **untersuchen** sie im Detail und **picken** gemeinsam die **heraus**, auf deren **Struktur und Form** wir genauer eingehen.«*

7.9 Wie du Blickwinkel zu deinen Gunsten veränderst

Wenn in deinem Kopf innere Filme ablaufen, erlebst du sie im Normalfall aus deiner eigenen Perspektive. Du siehst die Dinge durch deine eigenen Augen. Du bist in dem Film aktiv eingebunden. Nur selten erinnerst du dich an Erlebnisse oder bildest Vorstellungen in deinen Gedanken, in denen du dich selbst passiv von außen siehst oder beobachtest. In der Kommunikationssprache nennt man diese beiden Formen des gedanklichen Erlebens assoziiert (in dem Film drinnen) oder dissoziiert (du beobachtest den Film von außen). Damit ein Film wirklich wird, die Inhalte als interessant empfunden werden und Emotionen entstehen, bedarf es der assoziierten Form. Dein Gesprächspartner erlebt ihn durch seine eigenen Augen und von seinem Standpunkt aus. Telefon- und Verkaufsexperten wissen das und achten bei Gesprächen auf eine kundenorientierte Sprechweise. Sie stellen den anderen in den Mittelpunkt, nicht die eigenen Handlungen.

Klassisch	Kundenorientiert
Wir haben für Sie	*Sie bekommen von uns*
Ich zeige Ihnen	*Sie sehen hier*
Ich biete Ihnen zur Auswahl an	*Sie haben die Auswahl zwischen*
Ich gebe Ihnen vier Prozent Nachlass	*Sie erhalten vier Prozent Nachlass*

Wenn du Filme im Kopf deines Gesprächspartners erzeugst, sollen diese stark, einprägsam und verführerisch sein. Dafür muss dein Gegenüber diese aktiv erleben. Er muss Teil des Films sein und diesen durch seine eigenen Augen erleben. Nur so fesselst du ihn und stellst sicher, dass er emotional voll eingebunden ist und so durch seine Gefühle steuerbar wird.

Blickwinkel der Kamera	Und der Erfolg
Herr Huber, dieses E-Bike der neuesten Generation ist einzigartig. Wenn man es fährt, kommt es einem so vor, als ...	*Herr Huber ist nicht im Film. Vorstellungen bleiben aus oder werden, wenn überhaupt, von ihm selbstständig gewählt. Keine emotionale Bindung.*
Herr Huber, dieses E-Bike der neuesten Generation ist einzigartig. Wir haben viele begeisterte Kunden. Sie sagen, wenn sie mit ihm fahren, kommt es ihnen so vor, als ...	*»Was für Kunden? Was fahren die anderen?«, fragt sich Herr Huber. Er ist wieder nicht im Film. Die anderen Kunden sind nicht er. Keine emotionale Bindung.*
Herr Huber, dieses E-Bike der neuesten Generation ist einzigartig. Ich benutze es selbst. Wenn ich mit ihm fahre, kommt es mir so vor, als ...	*Gut gemeint, aber Herr Huber ist leider schon wieder nicht im Film. Er sieht den Verkäufer Rad fahren. Der interessiert ihn aber nicht. Er will selbst fahren. Keine emotionale Bindung.*
Herr Huber, dieses E-Bike der neuesten Generation ist einzigartig. Wenn Sie damit fahren, kommt es Ihnen so vor, als ...	*Endlich! Herr Huber darf im Film mitspielen. Er sitzt auf dem Rad, er spürt den Wind um seine Nase und sieht die Straße neben seinem Haus. Emotionen entstehen.*

Der richtige Blickwinkel ist in der kommunikativen Beeinflussung ein entscheidender Faktor. Leute müssen im Film sein. Sie müssen der Hauptdarsteller sein, der alles erlebt! Es erschreckt mich immer wieder, dass diese elementare Technik nicht gekannt und weitergegeben wird. Jeder Verkaufstrainer redet unzählige Male über nutzenorientiertes Verkaufen: Nicht das Leistungsmerkmal verkaufen, sondern den Nutzen! Stimmt auch:

Die Rezeptur eines Parfums interessiert keinen Menschen. Attraktion zu erreichen ist das Ziel. Niemand findet Benzin als solches besonders sexy. Die Freiheit, die es ermöglicht, ist der Grund, warum Leute mit ihrem Auto an die Tankstelle fahren. Und was interessiert die Oma das Retina-Display eines Handys? Sie will nur sicher sein, dass ihr Enkel immer für sie erreichbar ist. Also soweit alles richtig, aber nur die Hälfte der Miete. Damit andere beschriebenen Nutzen spüren, müssen sie diesen erkennen. Sie müssen ihn sprichwörtlich in ihrer Vorstellung sehen und fühlen – ihn also erleben. Aller Nutzen der Welt hilft nichts, wenn dein Gesprächspartner ihn nicht im Moment deiner Überzeugungsarbeit empfindet und in dem von dir gesetzten Film aktiv erfährt. Merke dir deswegen: Dein Gesprächspartner ist immer der Hauptdarsteller! Er ist im Film assoziiert und erlebt diesen aus seinen Augen.

»Liebe Teilnehmer, heute erlebt ihr die Macht der Kommunikation. Schon in fünf Minuten sitzt ihr hier vorne an den Tischen **(Film läuft!)** *und seht, wie ich einen nach dem anderen von euch wie von Geisterhand bestimmte Entscheidungen treffen lasse. Ihr traut euren Augen und Ohren nicht mehr. Ihr staunt, wie einfach es ist, andere zu beeinflussen.«*

»Paul, ich habe da eine spannende Idee. Du gehst mit mir in die Wohnung **(Film läuft!)**. *Ich ziehe mir was Bequemes an und du machst uns solange etwas Prickelndes zum Trinken.«*

»Frau Kaspar, stellen Sie sich einfach vor, dass Sie am Abend nach Hause kommen **(Film läuft!)**. *Ein langer Arbeitstag. Sie werfen die Sprudelfunktion Ihrer Badewanne an, drücken kurz auf diesen blauen Knopf und in Sekundenschnelle erwacht Ihr eigener, edler Whirlpool zum Leben. Das Wasser blubbert, angenehme Wärme! Sie riechen den wohltuenden, beruhigenden Aromaduft. Während Sie Ihre Hand in das angenehme, wogende Wellenbad tauchen, merken Sie bereits, wie Sie sich mehr und mehr entspannen.«*

7.10 Negative Filme entschärfen – Vom Umgang mit unerwünschten Glaubenssätzen & Co.

Manchmal stören negative Filme, die bei deinen Gesprächspartnern ohne dein Zutun laufen, erfolgreiche Kommunikation. Um solche Filme zu entschärfen, bedarf es der Umdrehung gewisser Beeinflussungsregeln. Vermeide generell die Verstärkung von negativen Filmen durch das Weglassen von Eigenschaftswörtern, Verstärkern und sinnesspezifischen Formulierungen. Die drei mächtigsten Techniken im Umgang mit negativen Inhalten und Filmen stelle ich dir jetzt im Detail vor.

Du weißt, dass dir das Sprechen in der Gegenwart den großen Vorteil verschafft, dass alles, was du sagst, für deine Gesprächspartner realer, lebendiger und interessanter wirkt. Nun ist es allerdings in manchen Situationen so, dass du genau einen solchen Effekt vermeiden willst. Und zwar dann, wenn du dich mit Vorwürfen oder negativ behafteten Aussagen und Feststellungen konfrontiert siehst – bei deinem Gesprächspartner laufen also störende, negative Filme ab. Vorwürfe, die Benennung von Fehlern oder der Ausdruck von Unzufriedenheit werden oft in der Gegenwart vorgebracht.

In solchen Fällen ist es natürlich alles andere als sinnvoll, Lebendigkeit, Aktualität und Relevanz sprachlich zu verstärken. Im Gegenteil, dein Ziel muss es sein, die negativen Aussagen zu entkräften. Und der erste Schritt hierzu ist die Beförderung selbiger in die Zeit, die – wir erinnern uns – für ›schon vorbei‹, ›nicht für jetzt von Bedeutung‹, ›kann man nicht mehr ändern‹ steht. Also, zurück in die Vergangenheit!

Durch diese Zeitveränderung milderst du die Kraft des Vorwurfs durch die Verschiebung der Tatsachen in die Vergangenheit. Der negative Film verliert an Fahrt. Im Idealfall fügst du dann noch die Aussicht oder das Versprechung für Änderungen an deine Antwort an. Und das tust du selbstverständlich nicht in der Zukunftsform, sondern in der über die Gegenwart ausgedrückten Zukunft.

Vorwurf	Technik: Vergangenheit	Technik: Vergangenheit und Ausblick
Ihre Firma macht ständig Fehler!	*Herr Müller, Sie haben recht.* **In der Vergangenheit** *sind Fehler passiert.*	*Herr Müller, Sie haben recht. In der Vergangenheit sind Fehler passiert.* **Von jetzt an** *kümmere ich mich persönlich um den reibungslosen Ablauf des Projekts.*
Du bist ein Egoist!	*Petra, ich verstehe deinen Vorwurf.* **In den letzten Wochen** *habe ich wirklich meine Interessen vor die unseren gestellt.*	*Petra, ich verstehe deinen Vorwurf. In den letzten Wochen habe ich wirklich meine Interessen vor die unseren gestellt.* **Ab jetzt** *ändert sich das. Sprechen wir als Erstes über …*

Negative Einstellungen und Glaubenssätze

Du sprichst mit einer Person, deren Aussagen (und vielleicht auch Tun) punktuell oder dauerhaft von negativen Einstellungen und Glaubenssätzen geprägt ist: ›Ich kann das einfach nicht besser machen!‹, ›Der Abteilungsleiter macht mich immer fertig!‹, ›Ich bin ein Versager!‹

Die negative Situation beziehungsweise das ungewünschte Verhalten werden als unumstößlicher, unveränderbarer Fakt dargestellt. Hierdurch manifestieren sie sich zusehends im Unterbewusstsein des Betroffenen und werden nach und nach zu seiner eigenen Wirklichkeit, aus der es kein Entrinnen gibt. Ein Teufelskreis der schlimmsten Sorte. Ein beständig laufender, negativer Film. Damit du einen solchen fix abgespeicherten, negativen Film durchbrichst und deinen Gesprächspartner darin unterstützt, Motivation, Glaube und vor allem Wille für Veränderungen in Denk- und Sichtweisen zu erlangen, greifst du ebenfalls auf die Verschiebung des Gesagten in die Vergangenheit zurück.

Negativer Glaubenssatz	Zurückholung
Ich kann das einfach nicht besser machen!	*Okay, deine Kalkulation **war** das letzte Mal nicht optimal. **In der Zukunft**, davon bin ich überzeugt, klappt das sicher ausgezeichnet.*
Der Abteilungsleiter macht mich immer fertig!	*Ich weiß! **Im letzten Jahr** hattet ihr beide die eine oder andere Auseinandersetzung. Was hältst du davon, wenn du **ab jetzt ...***
Ich bin ein Versager!	*Gut, Sie sagen: **In der Vergangenheit** haben Sie nicht ihr gesamtes Potenzial ausgeschöpft.*

Astralreisen für jedermann

Durch den Gebrauch von Vergangenheitssprache erreichst du, dass die Inhalte eines inneren Films an Kraft verlieren. Zusätzlich kannst du dessen Einfluss auf deinen Gesprächspartner durch die Veränderung der Betrachtungsperspektive schwächen. Wenn jemand direkt in seinem inneren Film assoziiert ist, empfindet er die stärksten Gefühle und erlebt das von ihm Gedachte als Wirklichkeit. Deswegen bietet es sich bei negativen Vorstellungen und Gedankenabläufen an, dein Gegenüber, wann immer möglich, aus diesem Zustand herauszuholen. Er verlässt in seiner Vorstellungswelt sprichwörtlich den Körper und betrachtet den laufenden Film von außen. Du dissoziierst ihn. So schlägst du zwei Fliegen mit einer Klappe: Dein Gegenüber fährt seine Emotionen herunter und ist, durch die neue entkoppelte Betrachtungsweise, besser in der Lage, Dinge rational zu bewerten.

Vorwurf	Astralreise
Papa, du bist so gemein! Das ist so unfair von dir! Ich will jetzt sofort nach Hause! Ich hasse dich!	Carla, du **warst** jetzt sehr aufgeregt. Okay! **Stell dir mal vor, wie uns jetzt gerade die Gäste erleben. Was sie sehen. Sie sehen** da einen Vater und seine Tochter an einem Tisch sitzen. Das Kind war ärgerlich, hat geweint und geschrien. Warum **war** die Carla so drauf? Wie siehst du das?
Mir steht das jetzt schon alles bis zum Hals! Auf Ihre Firma ist nie Verlass. Die Serverarbeiten werden unpünktlich durchgeführt. Nichts funktioniert so wie es soll! Ich sitze ständig vorm Computer und ärgere mich grün und blau, weil ich wieder nicht richtig auf die Daten zugreifen kann.	Herr Manninger, ich verstehe Sie. **Im letzten Jahr sind** einige Dinge **nicht** optimal **gelaufen**. Einige Updates **haben nicht funktioniert**. Wir lösen das jetzt. **Schauen wir uns die Sache von außen an. Betrachten wir** dabei die gesamte Firma.
Ich sehe das noch wie heute vor mir. Du sitzt da, neben deinem Vater, und lachst über das ganze Gesicht. Und das auf meine Kosten. Und dein toller Vater findet das auch noch witzig!	Schatz, reden wir darüber. Ich will genau verstehen, was du meinst. Wir drei **haben** am Tisch **gesessen. Wenn wir uns so sitzen sehen**, was **ist** genau **passiert?** Was genau **ist** da **vorgefallen**, wenn **du uns** beide **damals** in dem Moment beim Familientreffen **betrachtest**?

8.
DEN WIDERSTAND BRECHEN –
Wie du Muster durchschaust und Verhalten änderst

● ●

8.1 Die Macht der Fragen

Individuelle, unterbewusste Programme entscheiden darüber, wie sich deine einzelnen Gesprächspartner in gewissen Situationen verhalten. Warum der eine Mensch so und ein anderer so tickt. Kennst du die Abläufe im Inneren selbiger, ist es ein Leichtes, Gespräche in deinem Sinne zu beeinflussen und gewünschte Reaktionen und Entscheidungen entstehen zu lassen. Du erinnerst dich: Unterbewusste Programme basieren auf folgenden Faktoren.

Vergangenheitsfaktoren	Werte, Normen, Prinzipien, Tabus, Positionen, Sozialisationen, Erfahrungen, Überzeugungen, Motive, Antriebe, Einstellungen, Vorstellungen, Bedürfnisse, Interessen, Instinkte, Ängste, Enttäuschungen, Verdrängte Konflikte
Gegenwartsfaktoren	Kontext, Bedingungen, Umstände, Status, Stimmungen
Zukunftsfaktoren	Ziele, Absichten, Wünsche, Hoffnungen, Herausforderungen, Erwartungen

Damit du bei deinem Gesprächspartner genau diese verschiedenen Faktoren erkennst und anschließend nutzen kannst, musst du sie erst einmal herausfinden und verstehen. Dafür stehen dir zwei grundlegende Möglichkeiten zur Verfügung. Auf der einen Seite gibt dir dein Gegenüber, während es spricht, kontinuierlich Hinweise auf seine individuellen Antreiber – also die Faktoren, die seine Verhaltens- und Entscheidungsmuster kontrollieren. Manchmal macht es das offen und direkt, andere Male versteckt und indirekt. Höre also deinem Gesprächspartner stets aufmerksam und konzentriert zu! Auf der anderen Seite hast du immer die Chance, die Innenwelten des anderen durch gezielte Fragetechniken zu erkunden. Fragen sind einer der mit Abstand wichtigsten Bausteine beeinflussender Kommunikation. Sie lassen dich andere Menschen durchschauen und verstehen. Und nicht nur das! Fragen erlauben es dir auch, deine Gesprächspartner bei Verhaltensänderungen zu unterstützen beziehungsweise sie zu solchen zu führen.

Fragen über Fragen

Es gibt zahlreiche klassische Frageformen. Gerne werden sie in Büchern seitenlang beschrieben oder bei Trainings stundenlang vorgestellt, besprochen und geübt: Geschlossene Fragen, offene Fragen, Informationsfragen, Suggestivfragen, Alternativfragen, Gegenfragen, Kontrollfragen, Motivationsfragen, rhetorische Fragen, direkte Fragen, indirekte Fragen, Filterfragen und viele, viele mehr.

Ich selbst bin überzeugt davon, dass die allermeisten klassischen Fragearten keine besondere Untersuchung und Betrachtung benötigen. Du benutzt sie im Normalfall automatisch richtig. Wenn dein Kunde zum Beispiel zwischen zwei Produkten auswählen soll, stellst du ihm eine Alternativfrage. Willst du wissen, was er bereit wäre für ein Produkt zu zahlen, dann stellst du ihm eine Suggestivfrage. Alles keine Zauberei! Das machen wir alle richtig und ohne viel zu überlegen. Meiner Erfahrung nach gibt es nur eine wirklich wichtige Sache, wenn wir über klassische Fragetechniken sprechen. Die hat es dafür in sich und ist die Grundvoraussetzung für den erfolgreichen Einsatz von Fragen, wenn du andere von innen heraus verstehen und lenken willst. Wir reden vom Unterschied zwischen geschlossenen und offenen Fragen.

Vermeide, wenn du Muster anderer entdecken und erkunden willst, geschlossene Fragen! Geschlossene Fragen beginnen mit einem Zeit- oder Hilfszeitwort. Hier kann der Gefragte nur mit Ja oder Nein antworten. Du erhältst keine relevante, neue Information. Keinen Einblick in sein Inneres. Solche geschlossenen Fragen machen nur dann Sinn, wenn du schnelle Antworten brauchst oder einen Dauerredner bremsen willst. So wird der geschulte Mitarbeiter beim Rettungsnotdienst dem aufgeregten Anrufer niemals eine solche Frage stellen: »Wie geht es dem Unfallopfer?«.

Denn in diesem Fall wird der Anrufer alles Mögliche zur Antwort geben – wichtig oder unwichtig. Wertvolle Zeit, die vielleicht über Leben und Tod entscheidet, verstreicht. Stattdessen nutzt der Profi geschlossene Fragen:

»Ist das Opfer bei Bewusstsein?«, »Ist das Opfer ansprechbar?« oder »Blutet das Opfer?«

Um nun aber andere zu durchschauen und innere Hebel und Knöpfe zur Beeinflussung zu finden, bedarf es offener Fragen. Diese beginnen mit einem Fragewort. Meistens einem sogenannten ›W‹-Fragewort: ›Was?‹, ›Wie?‹, ›Wer?‹, ›Wann?‹, ›Warum?‹, ›Wozu?‹ etc. Auf solche Fragen muss der andere ausführlicher antworten. Er kann nicht einfach ›Ja‹, ›Nein‹ oder ›Vielleicht‹ sagen.

Geschlossene Frage	Offene Frage
Geht es Ihnen heute gut?	**Wie** geht es Ihnen heute?
Wollen Sie mir Ihre Beweggründe bei Kaufentscheidungen verraten?	**Was** sind Ihre Beweggründe bei Kaufentscheidungen?
Gefällt dir deine neue Position in unserem Team?	**Wie** gefällt dir deine neue Position in unserem Team?

Fragen in der Praxis

Einige der später folgenden Fragetechniken stammen ursprünglich aus der Psychotherapie oder ans hiermit verwandten Feldern. Sie sind etwas komplexerer Natur und verlangen manchmal auch nach einem mehrstufigen Vorgehen. Das ist im therapeutischen oder Coaching-Einsatz absolut in Ordnung. Setzt du sie allerdings im normalen Leben einfach nach »Anleitung« ein, erreichst du einen ungewollten Effekt: Dein Gegenüber schaut dich skeptisch an. Dein Gesprächspartner merkt, dass du etwas im Schilde führst. Die Fragen wirken ausforschend und alles andere als passend – sei es im Geschäftsleben oder im privaten Umfeld. Achte deswegen immer darauf, dass du diese Techniken natürlich und unauffällig benutzt. Halte dich nicht 1:1 an vorgegebene Formulierungen und Strukturen. Lass deine Fragen stattdessen locker und beiläufig wirken. Experimentiere und improvisiere ruhig ein wenig bei deren Einsatz!

8.2 Du kannst mir nicht helfen! – Die erste magische Frage

Manchmal führt beständiges Fragen nicht zum Ziel. Dein Gesprächspartner hat ein Problem und ist emotional. Auch gut gemeinte Lösungsvorschläge werden vom anderen abgeblockt oder sogar als Angriff interpretiert.

Freund: *»Ich gebe auf! Ich schaff' die Prüfung übermorgen nicht. Das ist alles sinnlos. Ich trete nicht an!«*

Du: *»Wieso willst du aufgeben? Du hast doch jeden Tag gelernt?«*

Freund: *»Ich weiß schon, wie es ausschaut. Ich trete nicht an.«*

Du: *»Als ich noch studiert habe, habe ich auch oft gedacht, ich schaffe eine Prüfung nicht. Aber dann hat es doch irgendwie funktioniert.«*

Freund: *»Das ist schön für dich. Bei mir schaut das aber anders aus. Ich weiß, dass das keinen Sinn macht dieses Mal!«*

Du: *»Weißt du was? Warum schläfst du nicht eine Nacht darüber und …«*

Freund: *»Du verstehst mich einfach nicht! Ich brauche keine gut gemeinten Ratschläge!«*

Dein Freund will hier weder darüber reden, warum er so fühlt, wie er fühlt, noch will er deine in seinen Augen sinnlosen Ratschläge. Also was tun? Ganz einfach: Du setzt die erste magische Frage ein.

»Ich verstehe! Was genau kann ich für dich tun, um dir zu helfen?« oder

»Ich verstehe! Was genau kann ich für dich tun, damit es dir besser geht?«

Fertig! Hierdurch passieren drei Dinge. Erstens sagt dir der andere genau das, was ihm helfen würde. Zweitens bittet er dich um etwas, das du – und zwar nur du – für ihn tun kannst, anstatt irgendwelche Dinge zu fordern, die du nicht beeinflussen kannst. Und zu guter Letzt hilft dir das »genau« dabei, dass er sich klar und nachvollziehbar ausdrückt.

Du: »*Ich verstehe! Was **genau kann ich** für dich tun, um dir zu helfen?*«
Freund: »*Hm ... na ja, hast du vielleicht morgen einmal Zeit, mit mir den Fragekatalog durchzugehen?*«

Willst du sofortige Wirkung erreichen, ergänzt du deine Frage um ein »jetzt sofort«.

Du: »*Ich verstehe! Was genau kann ich **jetzt sofort** für dich tun, um dir zu helfen?*«
Freund: »*Nimm mich einfach kurz in den Arm und drück mich!*«

Diese Technik ist auch im Geschäftlichen gut anwendbar. Nur zu oft wollen beispielsweise Kunden, die ihren Ärger – berechtigt oder unberechtigt – an dir auslassen, unrealistische Zugeständnisse oder Zusagen erhalten. Da gibt es nur ein paar Probleme. Entweder sind die gewünschten Lösungen generell unmöglich, im Moment noch nicht zusagbar, oder liegen nicht in deiner eigenen Verantwortung. Setze auch hier, um Nerven raubende Diskussionen zu vermeiden, die genannte Fragetechnik ein.

Innendienst: »*Ich verstehe, dass die Lieferverzögerung bei Ihnen großen Ärger verursacht! Wie gesagt, ich habe in diesem speziellen Fall leider selbst keine Einsicht vom Kundencenter aus und der Herr Huber ist gerade außer Haus. Was **genau kann ich jetzt sofort** für Sie tun, um Ihnen zu helfen?*«
Kunde: »*Dann sagen Sie dem Herrn Huber vom Verkauf, dass ich noch heute einen Rückruf von ihm erwarte. Und sagen Sie ihm, dass es dringend ist!*«

8.3 Unerfüllbare Wünsche – Die zweite magische Frage

Nicht immer sind geäußerte Wünsche erfüllbar. Dein Gesprächspartner reagiert verärgert und uneinsichtig. Du hast alle dir möglichen Lösungen vorgeschlagen. Die Diskussion kommt trotzdem zu keinem Ende. Das Gespräch dreht sich im Kreis. In diesem Fall empfehle ich dir folgendes Vorgehen.

1. Aufzählen deiner Bemühungen und Vorschläge
2. Benennung deines emotionalen Zustands
3. Bitte um Hilfe
4. Magische Frage
5. Still sein

1. Aufzählen deiner Bemühungen und Vorschläge

Zuerst machst du deinem Gesprächspartner klar, was du bereits alles für ihn getan hast und welche verschiedenen Lösungsvorschläge du bereits angeboten hast. Hierdurch zwingst du ihn anzuerkennen, dass du dich umfassend um ihn und sein Anliegen bemüht hast.

»Frau Blau-Vogelmann, ich habe Ihrem Anliegen sehr gerne viel Zeit gewidmet. Ich habe mehrmals mit meinem Abteilungsleiter gesprochen und auch persönlich in der Werkstatt vorbeigeschaut. Ich biete Ihnen an, dass Sie für die Reparaturzeit ein kostenloses Leihauto bekommen, dass wir die Reparaturzeit nicht berechnen und dass Sie zusätzlich einen Gratis-Service erhalten.«

2. Benennung deines emotionalen Zustands

Im nächsten Schritt benennst du deinen eigenen Gefühlszustand. Du zeigst, dass auch du ein Mensch bist und kein böser Roboter.

»Frau Blau-Vogelmann, ich bin wirklich ratlos und verzweifelt, dass Sie sich mit diesem speziellen Lösungspaket nicht anfreunden können, und sehe im Moment einfach keine Chance auf eine Einigung!«

3. Bitte um Hilfe

Nun verbindest du das ganze mit einer persönlichen Bitte. Bitten sprechen andere immer auf der emotionalen Ebene an.

»Bitte helfen Sie mir!«

4. Magische Frage

Jetzt ist der Boden für diese magische Frage gelegt!

»Was schlagen Sie vor, wie wir zu einer realistischen, machbaren Lösung kommen?«

5. Still sein

Das war's. Frau Blau-Vogelmann muss sich nun in dich hineinversetzen. Sie muss einen Perspektivenwechsel durchführen. Sage jetzt einfach nichts mehr und warte so lange, bis du eine Antwort erhältst. Egal wie lange dein Gegenüber dafür braucht! Du siehst: In neun von zehn Fällen akzeptiert der andere plötzlich dein Angebot.

8.4 Standpunkte verändern – Die dritte magische Frage

Die folgende Fragetechnik stammt ursprünglich von Mara Selvini Palazzoli. Anbei die überlieferte Geschichte, wie die bekannte italienische Familienpsychologin den Geistesblitz zu dieser Herangehensweise erhält:

»Mara Selvini fährt von einer Analytiker-Tagung von Zürich nach Mailand zurück. Sie sitzt zunächst alleine im Abteil. Dann kommen ein junger Sizilianer und etwas später eine Mutter mit ihrer bildhübschen 18-jährigen Tochter. Schließlich kommt ein norditalienischer Geschäftsmann, der einen etwas verächtlichen Blick auf seinen süditalienischen Landsmann wirft und sich ebenfalls ins nun recht volle Abteil setzt. Nach einiger Zeit kommt ein

Tunnel, und es wird dunkel im Abteil. Man hört plötzlich ein schmatzendes Geräusch und unmittelbar darauf ein klatschendes. Der Tunnel ist zu Ende, und auf der Wange des Geschäftsmannes kann man die Fingerabdrücke der Ohrfeige sehen, die er eingefangen hat. Im Abteil herrscht ein angespanntes Schweigen. Die Tochter verlässt das Abteil und Mara Selvini folgt ihr, um sie zu fragen, was eigentlich passiert sei. Die Tochter sagt, dass sie es nicht so genau wisse, aber vermutlich habe sie der nette Sizilianer küssen wollen und sei irrtümlich wohl an ihre Mutter geraten, und die habe aus Versehen dem Geschäftsmann eine gescheuert. Kurze Zeit später verlässt die Mutter das Abteil, um nach der Tochter zu suchen. Mara spricht auch die Mutter an, und die äußert ihre Sicht der Vorfälle: »Der Geschäftsmann hat wohl meine Tochter küssen wollen, und die hat ihm eine gescheuert. Das habe ich ihr eigentlich gar nicht zugetraut.« *Kurz bevor Mara etwas ratlos das Abteil erreicht, kommt ihr der Geschäftsmann entgegen, der auf der Toilette seine Wange kühlen wollte.* »Es geht mich zwar nichts an, aber was ist eigentlich geschehen?«, *fragt Mara. Der Geschäftsmann sagt:* »Dieser unbeherrschte Sizilianer muss der Tochter wohl einen Kuss gegeben haben, und die dachte, ich sei es gewesen und hat mir eine gescheuert.« *Mara setzt sich zu dem Sizilianer und schaut ihn fragend an. Dieser zwinkert ihr zu und sagt:* »Wenn wieder alle da sind, und es kommt noch mal ein Tunnel, dann schnalz' ich wieder mit der Zunge und hau dem arroganten Schnösel noch mal eine rein.« *Auf dieser Fahrt beginnt Mara darüber nachzudenken, ob ihr Einzelbefragungs-Setting soeben sich nicht als zu aufwendig und ineffizient erwiesen hat. Dies ist die Geburtsstunde der systemischen Familientherapie und des zirkulären Fragens.«*

Zirkuläres Fragen ist eine einfache Technik, um Standpunktveränderungen zu ermöglichen. Der von dir Gefragte ist dadurch gezwungen, Dynamiken und Situationen von außen zu betrachten. Er steigt also aus seinem eigenen Film aus und betrachtet und bewertet aus einer Außenperspektive – dissoziiert. Er nutzt andere Sichtweisen. Dahinter steckt das Wissen, dass Menschen ihr eigenes Verhalten meist als Reaktion auf das Tun anderer sehen und rechtfertigen. Verantwortung wird auf andere übertragen. Geschieht dies in einem starken Ausmaß, erschweren sich proaktive Handlungen. Dein Gegenüber fühlt sich ausgeliefert. Es verweilt bei dem Problem, anstatt sich zu überlegen, wie es eigenständig gewünschte Veränderungen herbeiführt. Zirkuläres Fragen hat das Ziel, versteckte Prozesse offenzulegen und starre Kommunikationsmuster zu lösen. Durch dein Fragen »um die Ecke« gewinnt dein Gesprächspartner neue Einsichten und Perspektiven, die es ihm erlauben, neue Denkmuster zu entwickeln und Handlungen zu setzen. Das zirkuläre Fragen wurde ursprünglich ausschließlich für Familientherapien und Teamentwicklungen eingesetzt und erfordert – in einem solchen Setting – ein neues, ungewohntes Verhalten der teilnehmenden Personen. Sie dürfen nicht nur, sie sollen über andere Anwesende reden, mutmaßen und urteilen.

»Wie sehen Sie das als Mitglied des Teams? Hat Ihr Vorgesetzter ein besseres Verhältnis zu Herrn Huber oder Frau Kellermann?«

»Hans, angenommen ich würde Ihre hier sitzende Kollegin Roswitha fragen, welche Ihrer Taktiken sich bis jetzt bei der Verkaufsoptimierung bewährt haben – was würde sie mir zur Antwort geben?«

Ein solches Vorgehen erfordert, so scheint es zumindest auf den ersten Blick, die örtliche Teilnahme aller in dem Prozess beteiligten Personen. Dem ist aber nicht so! Du kannst zirkuläre Fragen genauso gut jederzeit in täglichen Gesprächen einsetzen. Hierzu bindest du für den Perspektivenwechsel einfach eine passende Außenperson, die neue Sichtweisen auf das Thema geben kann, in deine Fragestellung ein. Hierbei stehen dir im generellen vier Möglichkeiten zu Verfügung.

Perspektive	Beispiele
Eine Person, die dein Gesprächspartner schätzt	*Frau Hansen, wenn ich Ihren Ex-Chef, mit dem Sie ja immer ein sehr gutes Verhältnis hatten, fragen würde, wie würde er die Situation beschreiben?* *Was würde dein Vater dir raten?*
Eine Person, die direkt sein Problem beeinflusst	*Herr Solbakken, was meinen Sie, würde der Herr Meier, der Leiter des Verkaufs vorschlagen, um die problematische Zusammenarbeit zwischen seiner und Ihrer Abteilung zu verbessern?* *Hannes, stell dir einmal vor, ich rede mit dem Papa vom Thomas. Was glaubst du würde der mir erzählen, wenn ich ihn frage, was ihm der Thomas über eure Rauferei im Park erzählt hat?* *Liebe Teammitglieder. Ich sehe schon: Wir kommen nicht so recht weiter. Stellt euch einmal vor, hier säße der Herr Kolik, Einkaufschef von unserem besten und treuesten Kunden XYZ. Was würde der uns wohl bezüglich der Innendienstproblematik empfehlen?*
Eine Person, die er selbst vorschlägt	*Rita, wer kann dir in solchen Situationen oft nützliche Ratschläge geben? ... Gut, nehmen wir an, dein verstorbener Großvater säße jetzt hier bei uns am Tisch und ich frage ihn, wie er ...* *Herr Plonder, Sie haben mir erzählt, dass Sie immer viel Wert auf die Meinung Ihrer Verlobten legen. Angenommen ich frage Ihre Verlobte, ob ...*
Dem anderen persönlich unbekannte oder erfundene Experten	*Herr Just, angenommen Sie kennen Bill Gates persönlich, was würde der Ihnen wohl wegen der Firmenübernahme empfehlen?* *Hannah, stell dir vor, es gibt einen alten Zen-Weisen, den du wegen der Sache aufsuchst. Was würde der wohl zu dir sagen?* *Schatz, lassen wir einmal unsere Fantasie spielen. Stell dir vor, du hättest einen Zwillingsbruder. Ihr seid sehr eng verbunden und kennt euch ein Leben lang – mit all euren Stärken und Schwächen. Was würde der dir wohl bei einer Tasse Kaffee raten?*

8.5 Wir drehen uns im Kreis – Die vierte magische Frage

Menschen reden viel lieber über Probleme, als sich Gedanken über Lösungen zu machen. Wir alle tun uns viel leichter damit, stundenlang darzulegen, warum etwas nicht geht, als uns darüber zu unterhalten, wie es gehen könnte. Dies ist zum Beispiel immer wunderbar bei Teammeetings und Krisenmoderationen zu erleben. Aus diesem Grund stellen erfahrene Trainer oder Coaches auch gerne von Anfang an folgende Regel auf, die zum Beispiel wie folgt lautet: »Wir unterhalten uns heute nicht über die Vergangenheit, warum etwas passiert ist oder wer daran Schuld trägt. Das ist vorbei, geschehen und nicht mehr änderbar! Stattdessen konzentrieren wir uns auf die Zukunft und mögliche Lösungen. Dabei, und das ist jetzt entscheidend, diskutieren wir nicht darüber, warum etwas nicht funktioniert oder funktionieren kann. Wir sprechen ausschließlich darüber, wie etwas geht oder was wir tun müssen und können, damit es geht! Einverstanden?«

So weit ein guter Ansatz. Und doch fällt dies den Teilnehmern meist irrsinnig schwer. Immer wieder gleitet die Diskussion Richtung »Warum dieses und jenes nicht möglich ist« ab. Wertvolle Zeit verstreicht. Die Stimmung sinkt. Fortschritte bleiben aus. Veränderung sowieso! Ich benutze daher für solche Situationen immer gerne eine paradoxe Gegenteil-Frage. Dabei tust du nichts anderes als die eigentlich sinnvolle Fragestellung umzudrehen und ein »genau« einzubinden.

*»Was **genau** müssen Sie tun, damit die Verkaufszahlen weiterhin stagnieren?«*

*»Herr Mihil, betrachten wir das Ganze einmal anders. Sagen Sie mir, was **genau** müssen Sie tun, damit Ihre Blutwerte sich weiter verschlechtern und Ihr Herzinfarktrisiko noch weiter steigt?«*

*»Emil, du steuerst geradewegs auf die Wiederholung der siebenten Klasse zu. Sag mir einmal, was **genau** machst du am besten, damit du ganz sicher in Mathematik und Deutsch ein ›Nicht genügend‹ einfährst?«*

*»Schatz, was **genau** müssen wir tun, damit unsere Beziehung endgültig zerbricht?«*

Die Wirkung solcher Fragen ist verblüffend! Dein oder deine Gesprächspartner sind wie ausgewechselt. Du bekommst auf den Punkt gebrachte Vorschläge! Nichts wird verschwiegen! Wie gesagt, Menschen lieben es darüber zu reden, wie etwas nicht geht! Und dann? Tja, du hast es sicher schon erraten: Je mehr sie darüber reden, was zu tun ist, um das Gegenteil des Gewünschten zu erreichen, desto schneller, klarer und deutlicher erkennen sie (mit oder ohne deine verbale Hilfe), was zu ändern ist, um ihr eigentliches Ziel zu erreichen. Und nicht nur das: Deine Gesprächspartner begreifen durch die entstandenen negativen Filme in ihrem Kopf auch, dass sie das Gegenteil vom eben Gesagten besser sofort in die Tat umsetzen. Das war's! Keine weitere Motivation von außen notwendig!

8.6 Das große Schweigen – Die fünfte magische Frage

Ich lebe bis vor kurzem in Wien. Ich bin Raucher. Was das eine mit dem anderen zu tun hat? Hier die Erklärung: Als Raucher gehe ich klarerweise oft in Trafiken, um meinen täglichen Vorrat an Nikotin zu besorgen. Schon vor vier Jahren irritiert mich der Verkäufer mit seiner Fragetechnik. Nachdem er mir meine Packung Zigaretten auf den Tresen legt, fragt er mich: »Außerdem?!« Ich antworte: »Danke, das ist alles«, bezahle und gehe. Bis heute bin ich dieser Unart ausgeliefert. In fast jeder Trafik der Zweimillionenstadt läuft das gleiche Spiel ab. Ich sage, was ich brauche. Der Angestellte legt es mir hin und fragt »Außerdem?!«. Inzwischen bin ich überzeugt davon, dass eine ›schlaue‹ Trainingsfirma den Auftrag hat, jedem einzelnen in Wien lebenden Trafikanten diese »Außerdem?!«-Taktik einzutrichtern.

Verstehe mich bitte richtig! Ich habe nichts gegen den Versuch eines Zusatzverkaufs. Jedoch sollte dieser geschickt gemacht sein. Erstens kaufe ich in der Trafik keinen Anzug, wo sich vielleicht eine dazu passende Krawatte anbieten würde. Ich kaufe auch keinen Tennisschläger und brauche dazu vielleicht Tennisbälle. Und schon gar nicht erstehe ich ein Auto, wo Winterreifen eine zusätzliche Option sind. Ich kaufe nichts anderes als eine simple Packung Zigaretten. Eine, nicht zwei! Und wenn ich auch noch gerne eine Zeitschrift oder ein Brieflos will, sage ich das von Anfang an. Zweitens: Wenn schon, empfiehlt es sich immer den Kunden freundlich und emotional positiv besetzt zu fragen. Ein grantiges »Außerdem?!« ohne Lächeln und Blickkontakt wirkt für mich wie ein unangebrachter Befehl. Da ist ein freundliches »Darf ich Ihnen sonst noch etwas Gutes tun?« oder »Darf es sonst noch etwas für Sie sein?« sicherlich zielführender.

Zusatzverkauf ist eine eigene Kunst. Kurze direkte Aufforderungen zu zusätzlichen Einkäufen sind unangebracht und verärgern deinen Kunden. Willst du aber deinen Gesprächspartner von innen her erkennen und verstehen oder ihm einfach eine Hilfestellung geben, dass er sich selbst besser versteht und neue Perspektiven entwickelt – dann verhält sich die Sache genau umgekehrt. Die allermeisten Menschen tun sich sehr schwer damit, ausgiebig auf Fragen zu antworten – gerade dann, wenn dies ein intensiveres Nachdenken von ihnen erfordert. Nach zwei, drei Antworten ist meist auch schon Schluss.

Berater: *»Was sind die Alleinstellungsmerkmale Ihrer Unternehmung?«*

Geschäftsführer: *»Hm, gute Frage. Tja, also wir sind Exklusivpartner. (Lange Pause) Hm, ja und unsere Qualität ist auch höher!«*

Ähnlich ›tolle‹ und ›umfassende‹ Antworten erhältst du typischerweise bei den meisten Fragen, die eine Selbstauseinandersetzung von deinem Gesprächspartner erfordern.

- *»Was kannst du in deiner Arbeit besonders gut?«*
- *»Was kann ich tun, damit es dir besser geht?«*
- *»Was machen wir, damit uns der Kunde den Auftrag gibt?«*

Mit zwei, drei Ansatzpunkten fängst weder du noch dein Gesprächspartner oder Team viel an. Benutze deswegen, wann immer du mit der Ausbeute an Antworten nicht zufrieden bist, die fünfte magische Frage. Diese lautet schlicht und ergreifend: »Was noch?«

Und das machst du nicht nur einmal, sondern je nach Situation fünf, zehn oder zwanzig Mal! Kein Akzeptieren eines ›Das war's!‹, aber auch keine langen Fragestellungen, Überzeugungsversuche oder Bitten! Du benutzt einfach nur wiederholt die magische Frage: Kurz, freundlich und auf den Punkt gebracht: »Was noch?«, »Gut, was noch?«, »Wunderbar, was noch?«, »Sehr schön, und was noch?«, »So, eine Sache fällt dir sicher noch ein! Also, was noch?« Wichtig dabei: Nach jeder einzelnen »Was noch?«-Frage schweigst du – so lange, bis du die nächste Antwort erhältst. Du siehst sofort: Ganz neue Informationen werden auf den Tisch gelegt – und zwar ohne dass du viel sagen musst.

8.7 Bekannt aus Coaching, Psychotherapie & Co – Die Wunderfrage

Bei der ›Wunderfrage‹ handelt es sich nicht, wie ihr Name vermuten lässt, um eine einzelne Frage, sondern einen strukturierten Ablauf von Fragen beziehungsweise Fragegruppen. Die ›Wunderfrage‹ wird in den Siebzigerjahren des letzten Jahrhunderts von Steve de Shazer und seiner Frau entwickelt. Sie ist Teil ihres lösungsorientierten Kurzzeittherapiekonzepts. Die beiden erkennen, dass Sprache der Schlüssel für Veränderungsprozesse ist. Je mehr jemand darüber spricht, was er tun will, desto stärkerer Veränderungswille entsteht. Denkt und äußert er sich jedoch über den gegenwärtigen Problemzustand, sinkt sein Antrieb, eigenständig Veränderungen anzustreben. Steve de Shazer formuliert dies so: »Problemsprache schafft Probleme. Lösungssprache schafft Lösungen.« Beziehungsweise: »Das Problem und die Lösung haben nichts miteinander zu tun.« Wenn dein Gesprächspartner mit Problemen hadert, befindet er sich in einer Art Starre. Er konzentriert sich hauptsächlich auf den negativen Zustand. Er glaubt nicht daran, das Problem lösen zu können und fühlt sich in verschiedenster Hinsicht ausgeliefert. Genau hier setzt die ›Wunderfrage‹ an. Sie hilft deinem Gegenüber durch die Entwicklung von Zukunftsszenarien neue Lösungsansätze und die hierfür notwendige Umsetzungsenergie zu entwickeln.

Aber Vorsicht! In einem therapeutischen Gespräch oder einem Einzel-Coaching erwartet dein Gesprächspartner strukturiertes Fragen von deiner Seite. In der angewandten Kommunikation – also im alltäglichen Leben – ist die Chance allerdings groß, dass der andere schnell misstrauisch wird, wenn du ihm das Gefühl vermittelst, fertige Frageabläufe zu benutzen. Das bedeutet für dich: Mache dich mit der Gesamttechnik als solche vertraut. Gebrauche sie dann aber stets flexibel, kreativ und vor allem unauffällig!

Der Ablauf einer kompletten »Wunderfrage«-Anwendung kann wie folgt dargestellt werden.

1. Ziel/Wunder definieren
2. Skalierung
3. ›Wunderfrage‹
4. Selbstwahrnehmung
5. Fremdwahrnehmung
6. Ausnahmen erfragen
7. Eigenverantwortliche Lösungen
8. Verstärkung und Umsetzung

Betrachten wir nun, anhand eines verkürzt dargestellten Beratungsgesprächs, gemeinsam die einzelnen Bausteine im Detail. Nehmen wir folgendes Szenario an: Herr Hessl, ein Manager, befindet sich in einem Einzel-Coaching. Sein Problem besteht darin, dass er vor und bei dem alle zwei Wochen stattfindenden Vorstandsmeeting immer extrem nervös ist. Darunter leiden er, sein Auftreten und nicht zuletzt auch seine Familie. Übermorgen ist das nächste Vorstandsmeeting angesetzt.

1. Ziel/Wunder definieren

Das Ziel beziehungweise das Wunder besteht darin, dass Herr Hessl frei von Nervosität ist – sowohl vor als auch während der Meetings. Er ist vollkommen entspannt und gelassen.

2. Skalierung

Coach: *»Herr Hessl, auf einer Skala von 1 bis 10 steht die 10 für Ihr Ziel. Sie sind an den Tagen vor den Meetings komplett entspannt und gelassen. Die 0 hingegen steht für das komplette Gegenteil: Die größte innerliche Aufregung und Nervosität, die Sie je empfunden haben. Bitte sagen Sie mir, Herr Hessl, wo stehen Sie im Moment?«*

Hessl: *»Hm, ich würde sagen auf der 3.«*

Skalierungsfragen bieten viele Vorteile. Zuallererst erlauben sie deinem Gesprächspartner eine schnelle Antwort. Er bewertet sowohl den 10er-Zustand, den 0er Zustand als auch seinen derzeitigen Zustand selbst. Kein mühsames Erklären, was welchen Zustand ausmacht. Braucht es nicht! Kann dir egal sein! Dein Gegenüber hat alles damit Verbundene im Kopf. Du brauchst die Details dazu nicht zu wissen. So sparst du Zeit und vermeidest langwierige Erklärungen und Diskussionen darüber, wie etwas ist oder wie etwas sein soll. Zusätzlich zwingen solche Fragen deinen Gesprächspartner mit absoluten Bewertungen aufzuhören: Kein Gut oder Schlecht, kein Schwarz oder Weiß (deswegen werden solche Fragen auch gerne von Ärzten und Schmerztherapeuten verwendet). Und zu guter Letzt erlaubt dieses Vorgehen auch kleine Erfolge sichtbar zu machen oder zu planen

(»Wie ist es Ihnen gelungen, auf die 3 zu kommen?«, »Was muss passieren, damit Sie von der 3 auf eine 4 kommen?«).

3. ›Wunderfrage‹

Coach: *»Okay, Herr Hessl, ich habe jetzt für Sie eine ganz spezielle, etwas ungewöhnliche Frage. Stellen Sie sich einfach einmal Folgendes vor: Sie gehen heute am Abend nach Hause. Sie schlafen irgendwann ein und über Nacht passiert ein Wunder. Sie wachen auf und das von Ihnen gewünschte Ziel, die 10, ist eingetreten. Sie haben keine Ahnung warum. Es ist einfach passiert, während Sie geschlafen haben. Woran erkennen Sie in diesem Moment als Erstes, dass das Wunder passiert ist?«*

Hessl: *»Ähm, keine Ahnung! Ich weiß es nicht.«*

Coach: *»Ja, das ist eine besondere Frage. Aber alles ist möglich! Stellen Sie es sich einfach mit allen Sinnen vor. Woran bemerken Sie, dass Ihre Probleme gelöst sind und das Wunder über Nacht stattgefunden hat?«*

Hessl: *»Pfffff! Mhh, gut. Ich fühle mich entspannt – so als ob ein großer Stein von meiner Seele gefallen ist.«*

Die Wunderfrage lautet im Kern: »Stellen Sie sich vor, heute Nacht passiert ein Wunder und wenn Sie aufwachen, ist Ihr Problem gelöst. Woran merken Sie das am Morgen?« Durch diese Frage erstellst du ein Zukunftsszenario. Der Fokus deines Gesprächspartners verschiebt sich vom Problem zur Lösung. Das Herausarbeiten einer fiktiven Idealsituation in der Zukunft, auch wenn diese nur in seiner Vorstellung existiert, erlaubt deinem Gegenüber neue Denkansätze zu entwickeln. Das Erreichen des Ziels wird unbewusst in den Bereich des Möglichen gerückt.

4. Selbstwahrnehmung

Coach: *»Woran merken Sie noch, dass das Wunder passiert ist?«*

Hessl: *»Ich bin gut gelaunt.«*

Coach: *»Was noch?«*

Hessl: *»Ich bin weniger angespannt.«*

Coach: *»Gibt es auch eine körperliche Veränderung?«*

Hessl: *»Hm, mein Kopfweh ist verschwunden und mein Magen gibt Ruhe. Ich brauche keine Tabletten für den Magen.«*

Coach: *»Sonst noch etwas, was Sie an dem Tag anders machen?«*

Hessl: *»Tja, ich bin sicher umgänglicher zu meiner Frau und meinen Kindern. Ich habe wieder mehr Zeit für sie am Abend und bin einfach gelöster. Ich schlafe sicher auch besser ein. Vielleicht lese ich auch noch ein Buch, bevor ich einschlafe. Das habe ich sonst die letzten Tage vor den Meetings nie gemacht.«*

In dieser Phase verstärkst du das Bild und die damit verbundenen Vorstellungen und Gefühle. Dein Gesprächspartner versetzt sich immer stärker in die positive neue Situation und entwickelt in seinem Kopf neue positive Filme.

5. Fremdwahrnehmung

Coach: *»Herr Hessl, wer würde all das bemerken?«*

Hessl: *»Meine Familie und meine Kollegen bei der Arbeit.«*

Coach: *»Wer als erstes?«*

Hessl: *»Meine Frau.«*

Coach: *»Woran?«*

Hessl: *»Ich bin freundlich in der Früh und nicht wegen jeder Kleinigkeit genervt.«*

Coach: *»Wenn ich Ihre Frau frage, was fällt ihr wohl noch auf?«*

Hessl: *»Hm, ich bin beim Frühstück umgänglicher und habe am Abend wieder die Nerven dazu, auf die Fragen und Wünsche meiner Kinder einzugehen.«*

Coach: *»Was für Wünsche?«*

Hessl: *»Ach, zum Beispiel der Großen bei Mathematik zu helfen oder mit dem Kleinen ein wenig zu spielen.«*

Coach: *»Wie fühlt sich das an?«*

Hessl: *»Gut!«*

Jetzt erkundest du, was sich in der Außenwelt deines Gesprächpartners zum Positiven verändert. Das Zukunftsszenario wird für ihn noch greifbarer und wirklicher. Zusätzliche positive Emotionen entstehen.

6. Ausnahmen erfragen

Coach: *»Herr Hessl, gab es einmal eine Zeit, in der Sie sich in einer vergleichbaren Situation ähnlich gut gefühlt haben wie am Tag nach dem Wunder?«*

Hessl: *»Hm, nein. Eigentlich nicht.«*

Coach: *»Ganz sicher?«*

Hessl: *»Naja, doch. Vor rund einem Jahr einmal. Da habe ich mit dem Gedanken gespielt, ein Angebot einer anderen Firma anzunehmen. Da war mir das Meeting dann egal.«*

Coach: *»Und wie war das Meeting?«*

Hessl: *»Gut! War wahrscheinlich eine meiner besten Präsentationen.«*

Coach: *»Gab es neben diesem einen Mal auch Zeitpunkte, wo Sie zwar nicht auf einer 10 waren, aber höher als auf der 3?«*

Hessl: *»Mhh, ja schon. Also hin und wieder eine 4 oder 5. Und ja, einmal auch auf einer 8.«*

Coach: *»Wie war das?«*

Hessl: *»Das hat sich auch gut angefühlt.«*

Kein Problemzustand tritt immer und beständig ein. Durch das Fragen nach Ausnahmen zeigst du deinem Gesprächspartner auf, dass er bereits in der Lage war, Verbesserungen herbeizuführen. Hierdurch steigt sein Glaube daran, dass das endgültige Ziel erreichbar bzw. der derzeitige Zustand schrittweise verbesserbar ist.

7. Eigenverantwortliche Lösungen

Coach: *»Als Sie auf der 8 waren, was haben Sie da anders gemacht?«*

Hessl: *»Na ja, eigentlich das, was mir gerade sowieso klar wird. Ich hab mir einfach gesagt, dass das Ganze die Aufregung nicht wert ist.«*

Coach: *»Was noch?«*

Hessl: *»Ich habe die Präsentation nicht noch einmal angeschaut an den beiden Abenden zuvor.«*

Coach: *»Okay! Es ist jetzt wieder morgen und das Wunder ist passiert. Was haben Sie heute noch anders gemacht, damit Sie sich morgen auf der 10 befinden? Komplett entspannt und locker!«*

Hessl: *»Hm, tja. Mal nachdenken! Was habe ich wohl heute anders gemacht? Also, wie gesagt, zuerst hab ich mir heute mehrmals klargemacht, dass das Meeting übermorgen nicht so wichtig ist. Was soll auch schon groß passieren! Es ist mir egal, was der Reimann wieder für dumme Fragen stellt. Der kann mich mal, der Reimann! Okay, was noch? Zuhause hab ich die Arbeit Arbeit sein lassen und mit meiner Frau einen Film angeschaut. Vielleicht auch eine Serie auf DVD. Monk zum Beispiel – den mögen wir beide, wissen Sie. Und dann bin ich schon um zehn schlafen gegangen.«*

Coach: *»Was noch?«*

Hessl: *»Vielleicht habe ich auch noch einen schnellen Blick in die Internet-Jobbörsen geworfen. Nur so aus Interesse. Im Bett am Laptop.«*

An dieser Stelle folgt der entscheidende Übergang zu konkreten selbstgesteuerten Lösungsansätzen. Dein Gesprächspartner entwickelt und visualisiert eigenverantwortliche Möglichkeiten, seine Wirklichkeit zu verändern. An dieser Stelle ist es sehr wichtig, dass du ausschließlich solche Lösungsansätze zulässt, die er eigenständig durchführen kann.

8. Verstärkung und Umsetzung

Coach: *»Gut, Herr Hessl. Auf der gleichen Skala wie bisher, wo die 10 für komplette Entspannung und die 3 für den von Ihnen am Anfang des Gesprächs ausgedrückten Gefühlszustand steht: Wo stehen Sie jetzt, in diesem Moment?«*

Hessl: *»Hm, ja das klingt jetzt vielleicht etwas verrückt. Aber ich würde sagen auf der 5.«*

Coach: »*Sehr gut! Sie sind bereits auf dem Weg! Lassen Sie uns nun zum Abschluss weiter über das Hier und Jetzt reden. Was werden Sie heute und morgen tun, damit Sie weiter Richtung 10 kommen?*«

Hessl: »*Ich mache einfach genau das, was ich vorher schon gesagt habe. Und ich rufe gleich meine Frau an, dass sie die DVD raussucht.*«

Coach: »*Wunderbar. Herr Hessl! Ein letzter Vorschlag noch von meiner Seite. Stellen Sie sich doch zusätzlich einfach ab sofort jeden Tag vor, dass das Wunder schon passiert ist und verhalten Sie sich dementsprechend.*«

Hessl: »*Hm ja, ich denke schon, dass ich das versuchen kann. Wobei ... ich weiß nicht, ob das immer so einfach geht.*«

Coach: »*Fester Glauben unterstützt immer! Machen Sie es einfach! Und wenn Sie einmal unsicher sind, ob Sie das wollen, dann gebe ich Ihnen etwas mit. Diesen Würfel. Werfen Sie ihn an einem solchen Abend. Wenn Sie eine gerade Zahl werfen, verhalten Sie sich am nächsten Tag so, als ob das Wunder in der Nacht passiert ist. Bei einer ungeraden Zahl entscheiden Sie am Morgen selbst, ob sie das wollen. Hört sich das gut an?*«

Hessl: »*Ja, warum nicht. So machen wir es!*«

Bei der Verstärkung machst du deinem Gesprächspartner klar, dass schon durch das Vorstellen des Zielzustands und das Überlegen eigenverantwortlicher Strategien und Handlungsweisen eine Verbesserung eingetreten ist. Anschließend fixierst du mit ihm den verbindlichen Einsatz der von ihm entwickelten, neuen Verhaltensweisen und bestärkst ihn darin, sich weiterhin selbstständig das Wunder vorzustellen.

Anwendung in der Praxis

Du kannst und sollst die »Wunderfrage«, je nach Situation und Zielen, verändern und anpassen. Dabei lässt du Teile weg oder fügst auch neue dazu. Halte dich nicht an starre Anleitungen, sondern experimentiere eigenständig und frei!

8.8 Widerstand garantiert! – Ich kenne deine Werte nicht

Thomas Stifter ist ein exzellenter Trainer und Coach. Wir führen gemeinsam seit Jahren viele einzigartige Leistungen für unsere Kunden durch. Thomas arbeitet umfassend mit Werten und Wertsystemen. Und recht hat er! Denn Werte sind das Um und Auf, wenn es um Persönlichkeitsentwicklung geht. Werte bestimmen – manchmal bewusst, meist jedoch unterbewusst – dein Leben und das deiner Gesprächspartner. Werte sind dafür verantwortlich, dass Menschen etwas wollen oder nicht. Werte entscheiden darüber, ob sie sich zu etwas hingezogen fühlen oder von etwas abgestoßen fühlen. Alle Handlungen und Entscheidungen sind von Werten gesteuert. Wenn du erfolgreich kommunizieren und andere in ihrem Tun und Verhalten beeinflussen willst, ist es daher ganz entscheidend, dass du lernst, deren Werte zu erkennen und zu nutzen. Kennst du die Werte deines Gesprächspartners nicht, ist Widerstand garantiert.

Hintergrundwissen zu Werten

Werte sind bei jedem Menschen in einem Wertesystem verankert. Innerhalb dieses Systems sind die einzelnen Werte hierarchisch geordnet. Das bedeutet, es gibt wichtige und weniger wichtige Werte, die sich in einer klaren Reihenfolge abbilden lassen. Im Lauf der Zeit kann sich die Anordnung der einzelnen Werte verschieben. Es gibt nicht nur ein allgemeines Wertesystem, sondern viele verschiedene. Wertesysteme sind immer von einem Kontext abhängig. Mit anderen Worten musst du beim Herausfinden von Werten immer darauf achten, diese bei deinem Gegenüber im Kontext deiner Kommunikationsabsicht zu erkennen.

Mögliche Kontexte		
Leben allgemein	Arbeit	Kauf speziell (z. B. Auto)
Liebe	Team	Urlaub
Beziehung	Kauf allgemein	Erziehung

Werte sind meist immateriell (Ehrlichkeit, Anerkennung, Vertrauen, Sicherheit, ...), können aber auch materielle Formen haben, wie zum Beispiel Entlohnung. In Coachings arbeitet der Coach mit dem Coachee meist zehn Werte pro System aus und ordnet diese anschließend mit ihm nach deren Wichtigkeit. In der angewandten Kommunikation ist das Erkennen der drei wichtigsten Werte meist völlig ausreichend und auch zeittechnisch anders gar nicht möglich vor allem, wenn das Ganze unerkannt geschehen soll.

Werte erfragen

Da Menschen über ihre Werte lenkbar und steuerbar sind, solltest du diese immer in Erfahrung bringen. Nur so kannst du sicherstellen, anschließend kommunikativ die richtigen Hebel zu legen, um deinen Gesprächspartner unterbewusst zu erreichen. Denn die Chance, dass ihr beide die gleichen Wertehierarchien besitzt, ist ungefähr so groß wie ein Lottogewinn. Und wie machst du das? Und zwar unauffällig? Du hast es erraten: über Fragen! Die Grundfrage, um Werte zu erforschen, lautet: »Was ist Ihnen/dir im Kontext XY wichtig?« Achte wieder, wie auch bei den anderen folgenden Fragetechniken zum Thema Werte, bei der Anwendung der Fragetechniken darauf, dass sie immer natürlich und unaufgesetzt wirken.

Julia: »*Hans, was ist dir am wichtigsten in einer glücklichen Beziehung?*«

Hans: »*Am wichtigsten? Dass ich mich auf meine Freundin verlassen kann. Dass sie immer ehrlich zu mir ist. Ich habe da schon genug schlechte Erfahrungen gemacht.*« **(Wert: Vertrauen)**

Julia: »*Verstehe! Ja das ist wichtig! Sonst noch was, das dir wichtig ist?*«

Hans: »*Hm, na ja, ich bin ein Mensch der sehr viel gibt, wenn ich jemanden liebe. Und es ist schon schön, wenn der andere das auch schätzt. Meine Ex zum Beispiel hat immer alles als selbstverständlich genommen. Sogar das Auto, das ich ihr geschenkt habe, und dass ich extra wegen ihr nach München gezogen bin.*« **(Wert: Anerkennung)**

Julia: »*Wow! Du bist wegen deiner Ex nach München gezogen?*«

Hans: »Ja, bin ich. Ich war sehr verliebt, wollte sogar heiraten und Kinder mit ihr haben.« **(Wert: Familie)**

Julia: »Familie ist dir wichtig?«

Hans: »Ja, absolut. Ich war immer schon ein Familienmensch.«

Julia: »Also, dass deine Partnerin deine Bemühungen schätzt, bedeutet dir viel. Und dann, dass einmal eine Familie gegründet wird.«

Hans: »Ja, beides. Wobei Familie ist mir da noch wichtiger!«

Natürlich ist es auch möglich, Werte über ihr Gegenteil zu erkennen. Und das sind geäußerte Mängel.

Sugger: »Also ich bin bis jetzt immer XYZ gefahren. Beim neuen Auto mache ich das nicht mehr! Darum bin ich jetzt auch in Ihrem Autohaus.«

Autoverkäufer: »Okay, verstehe, Herr Sugger. Sie haben schlechte Erfahrungen gemacht mit XYZ?«

Sugger: »Das kann man wohl sagen! Das Schlimmste war, dass das Auto komplett überteuert war. Ich habe mich da vom Verkäufer blenden lassen!« **(Wert: Preis/Leistung)**

Autoverkäufer: »Preis/Leistung ist Ihnen also wichtig?«

Sugger: »Das Allerwichtigste! So etwas passiert mir nicht noch einmal! Und dann war das Auto die ganze Zeit kaputt. Und drei Mal dürfen Sie raten, wann das angefangen hat. Natürlich genau nach zwei Jahren, als die Garantie abgelaufen ist. Das hat mich ein Vermögen gekostet!« **(Wert: Zuverlässigkeit)**

Autoverkäufer: »Eine volle Garantie über einen längeren Zeitraum ist bei uns möglich.«

Sugger: »Ja, das ist auch ein Grund, warum ich hier bin!«

Gleiche Werte: Achtung!

Bei Wertgleichheit beziehungsweise -ähnlichkeit sollte ein Gespräch zwischen zwei Menschen immer gut funktionieren, denkt man. Unabhängig davon, ob diese sich von Natur aus ähnlich sind oder der eine Gesprächspartner die Werte des anderen erfolgreich erkannt hat und seine Taktiken nun auf diese ausrichtet. Wenn du die Werte eines anderen kennst, heißt das noch lange nicht, dass du die richtigen versteckten Knöpfe im Inneren deines Gesprächspartners stets erfolgreich drücken kannst. Denn Werte werden von dir und deinem Gesprächspartner nicht immer gleich interpretiert. Für einen Menschen bedeutet Freiheit im Kontext Beziehung, sich beruflich frei entfalten zu können. Für einen anderen, dass er einen Freifahrtsschein für Seitensprünge erhält. Komfort bei einem Auto meint für den Familienvater mit drei Kindern einen Riesenkofferraum. Für jemand anderen bedeutet es unzählige technische Spielereien. Und auch Anerkennung im Beruf kann auf dutzende Arten gegeben werden. Daher ist der zweite Schritt, nachdem du die Werte deines Gesprächspartners erkannt hast, die hierfür benötigten Erfüllungsbedingungen zu erfragen. Das sind die Bedürfnisse, die erfüllt werden müssen, damit dein Gegenüber den gewünschten Wert erhält, erlebt und spürt. Die Grundfrage hierfür lautet: »Was muss konkret/genau geschehen, damit Sie/du Wert XY haben/hast?«

Kennst du erst einmal die genauen Erfüllungsbedingungen für die Werte deines Gesprächspartners, bist du bereit, genau an diesen anzudocken und diese für deine Ziele, Verhandlungen und Argumentationen zu nutzen. Weitere nützliche Fragen hierfür:

»Ehrlichkeit ist ein weiter Begriff. Wie äußert sich das, wenn jemand ehrlich zu dir ist?«
»Okay, Vertrauen ist dir wichtig. Wie genau äußert sich das?«
»Ruhe? Wie sieht das genau aus?«
»Was bedeutet für Sie Erfolg genau? Woran merken Sie das?«
»Kannst du mir Unabhängigkeit anhand eines Beispiels verdeutlichen?«

Glaubenssätze nutzen

Wenn du noch tiefer in das Innere des anderen eintauchen willst, nutzt du das Wissen um seine Werte, um seine dahinter liegenden Glaubenssätze zu erkennen. Je tiefer du in diese vordringst, desto grundlegendere Ansichten und hiermit verbundenen Werte erkennst du. Diese verstärkenden Glaubenssatzwerte kannst du dann später wiederum auf ihre Erfüllungsbedingungen testen. Die Grundfrage hierfür lautet:»Warum ist Ihnen/dir Wert XY wichtig?«

Deine eigene Welt

Die Wertesysteme, Glaubenssätze und Erfüllungsbedingungen deines Gesprächspartners zu kennen und zu nutzen ist die eine Sache. Die andere ist es in vielen Situationen, wenn du rasch und zügig vorankommen willst, dein Gegenüber über deine eigene innere Welt in Kenntnis zu setzen. Denn wenn der andere nicht gerade dieses Buch gelesen hat oder sich für Wertesysteme begeistert, wird er sich für deine Werte und deine hiermit verbundenen Wünsche und Bedürfnisse wenig bis gar nicht interessieren. Er geht stattdessen einfach davon aus, dass seine eigene Welt die deine ist. So kommt es zu Missverständnissen und ständigen Kommunikationsstörungen. Warte deswegen nicht darauf, dass deinem Gesprächspartner plötzlich ein Licht aufgeht und er dich nach deinen Werten und Bedürfnissen fragt. Erzähle sie ihm lieber selbstständig und mache ihm klar, wie du tickst und was du brauchst. Ergebnis: Glücklichere Beziehung, kompetenterer Verkäufer, verständnisvollerer Chef etc.

8.9 Das Leben ist kein Kindergeburtstag – Auch Kritik muss sein!

Oft, sehr oft bedarf es für Veränderungen Kritik. Das ist Fakt. Da führt kein Weg dran vorbei. Die meisten Menschen gehen dabei wie folgt vor: Entweder sie scheuen es, Kritik zu üben, denn sie wollen ja niemandem zu nahetreten. Ergebnis? Keine Veränderung! Andere wiederum üben Kritik. Entweder weil ihnen nichts mehr anderes überbleibt oder weil sie es sowieso gerne tun. Ergebnis hierbei in neun von zehn Fällen: Der Kritikempfänger ist verletzt, verärgert oder sogar vor den Kopf gestoßen. Widerstand wird aufgebaut. Erfolgreiche Kommunikation wird erschwert. Die Veränderung ist kaum der Rede wert. Kritik zu üben ist notwendig, aber eine Kunst. Befolge und übe daher die folgende Technik, und du siehst schon bald, dass richtig dargebrachte Kritik immer in deinem Sinne arbeitet.

Der Klassiker

Friedemann Schultz von Thun schreibt 1981 sein Werk *Miteinander Reden*, eines der bis heute meistgelesenen Kommunikationsbücher. In diesem beschreibt er ausführlich sein Vier-Seiten-Modell der Kommunikation. Noch heute füllt dieses Modell oft ganze Tage bei Kommunikationstrainings. Kann man natürlich so umfangreich abhandeln, muss man aber nicht. Konzentrieren wir uns deswegen auf das Wesentliche, das in diesem Modell steckt, wenn es um beeinflussende Kommunikation geht.

Jede Äußerung kann auf vier Arten interpretiert werden.
* **Sachinhalt** (Der andere liefert dir neutrale Fakten)
* **Selbstoffenbarung** (Der andere gibt etwas über sich preis)
* **Appell** (Der andere will etwas von dir)
* **Beziehung** (Der andere drückt etwas über dich oder seine Gefühle zu dir aus)

Ein bekanntes Beispiel im genannten Buch ist jenes: *Ein Mann sitzt zu Hause am Esstisch. Vor ihm seine Suppe, die ihm seine Frau frisch gekocht hat. Er sagt: »Da ist etwas Grünes in meiner Suppe.«*

Die Frau kann das von ihm Gesagte nun auf verschiedene Arten interpretieren und reagiert aller Voraussicht nach dann entsprechend. Hört sie auf der Sachebene, versteht sie: »Da ist was Grünes in der Suppe«. Mögliche Antwort: »Ja, du hast recht!« Hört sie auf der Selbstoffenbarungsebene, versteht sie vielleicht: »Mir schmeckt das nicht.« Mögliche Antwort: »Schmeckt es dir nicht?« Hört sie auf der Appellebene, versteht sie vielleicht: »Mach das nächste Mal was anderes!« Mögliche Antwort: »Okay, das nächste Mal lass ich es weg.« Und hört sie auf der Beziehungsebene, versteht sie vielleicht:

»Du bist eine schlechte Köchin!« Mögliche Antwort: »Dann koch dir gefälligst selber was!«

Andere Beispiele:
»Schatz, das Bier ist aus.«
»Sie gehen heute aber früh nach Hause, Frau Maggerl.«
»Seit du und Robert zusammen seid, hat der Bub an Gewicht verloren.«

Wenn es um beeinflussende Kommunikation geht, ist in diesem Modell die Beziehungsebene entscheidend. Menschen hören bei jeder an sie gerichteten Aussage zu neunzig Prozent auf ihrem ›Beziehungsohr‹. Das ist auch der Grund, warum sie vieles persönlich nehmen und dementsprechend reagieren. Gerade bei Kritik ist ihr komplettes Empfinden durch dieses Ohr gesteuert. Alles was du sagst, wird als abschätzende Aussage über sie als Person und Mensch interpretiert. Das Resultat liegt auf der Hand: Sie fühlen sich persönlich angegriffen. Was lernen wir daraus? Wenn du Kritik gibst, dann musst du, damit diese angenommen und akzeptiert wird, vermeiden, den anderen auf der Beziehungsebene zu treffen. Wenn er sich nicht ungerechtfertigt als Mensch angegriffen fühlen kann, hat er auch nicht die Möglichkeit, dies als Rechtfertigung für Widerstand, aggressives Verhalten oder beleidigte Reaktionen zu benutzen.

Botschaften senden

Du- oder Sie-Botschaften zielen stets auf die Beziehungsebene deines Gesprächspartners ab. Er nimmt sie immer als Angriff oder Unterstellung wahr.

*»**Du** hast schon wieder einen Saustall in deinem Zimmer!«*
*»Herr Mimpf, **Sie** haben gestern wieder unsere Kunden verärgert!«*

Wir- oder Man-Botschaften sind auch keine Lösung. Diese verallgemeinern und generalisieren und wecken in deinem Gesprächspartner ebenfalls sofortige negative Emotionen.

»Herr Fuchs, **wir** *beide wissen, dass Sie Kunden gegenüber ständig unprofessionell agieren.«*

»Schatz, **man** *weiß doch, dass man vor dem Schlafengehen immer den Gasherd kontrolliert.«*

Der Trick erfolgreicher Kritik liegt darin, dass du im Kern der Technik über die Selbstoffenbarungsebene kommunizierst. Und zwar so, dass deinem Gesprächspartner gar keine Möglichkeit bleibt, als das von dir Gesagte über sein Beziehungsohr persönlich zu nehmen. Hierzu benutzt du Ich-Botschaften. Hierbei handelt es sich um Aussagen und Äußerungen, die deine eigene Meinung und Gefühle mitteilen. Eine klassische Ich-Botschaft besteht aus vier Hauptteilen.

Teil 1: (Sachebene)
Du teilst dem anderen den Anlass der Kritik auf sachliche Art mit. Hierbei beschreibst du immer die Situation und niemals die Person! Dabei bist du stets genau und objektiv! Keine Übertreibungen, Pauschalisierungen oder Verallgemeinerungen!

Teil 2: (Selbstoffenbarungsebene)
Du beschreibst deinem Gegenüber die aufgrund seines Verhaltens entstandenen Auswirkungen auf dich.

Teil 3: (Selbstoffenbarungsebene)
Du bringst deine hieraus entstandenen Gefühle in der Ich-Form zum Ausdruck.

Teil 4: (Appellebene)
Du endest, je nach Situation, mit einer Frage nach Feedback, einer Bitte oder einer Anweisung.

Teil 1: Objektive Situation darstellen

»Herr Müller, gestern habe ich drei Anrufe von verärgerten Kunden erhalten. Diese haben sich darüber beschwert, dass sie von Ihnen unfreundlich behandelt wurden.«

Teil 2: Auswirkung auf dich beschreiben

»Das hat mich in eine schwierige Situation gebracht und mich gezwungen eine halbe Stunde die Wogen zu glätten.«

Teil 3: Deine Gefühle benennen

»Ich bin frustriert, wenn solche Dinge geschehen und ärgere mich furchtbar, dass so etwas wiederholt passiert.«

Teil 4: Aufforderung Feedback/Bitte/Anweisung

»Herr Müller, was sagen Sie dazu?«
»Herr Müller, bitte erklären Sie mir, was los ist.«
»Deswegen, Herr Müller, rufen Sie jetzt bitte persönlich bei den drei Herrschaften an und entschuldigen sich.«

Die Vorteile eines solchen Vorgehens liegen auf der Hand. Du bist hart in der Sache, aber weich zum Menschen. Alles, was du am Beginn sagst, ist wahr und das weiß dein Gesprächspartner auch. Wenn du am Beginn die Sache nicht übertrieben oder verzerrt (immer, die ganze Zeit, unter jeder Sau etc.) darstellst, sondern objektiv und sachlich beschreibst, kann er dem nicht widersprechen. Er kann es auch nicht als unangemessen oder unfair interpretieren. Daraus folgt: Keine Eskalation und keine Einwände vonseiten des anderen. Durch Schritt 2 und 3 zeigst du deinem Gegenüber, dass seine Handlungen dich direkt – als Mensch – treffen. Er muss sich eingestehen, dass sein Tun direkte Auswirkungen auf das Wohlbefinden eines lebenden Wesens hat – nicht auf etwas Abstraktes wie Kundenzufriedenheit, Umsatz oder Ähnliches. Zusammengefasst: Ich-Botschaften ermöglichen dir, emotionale Diskussionen und Widerstände zu verhindern und Einsicht sowie produktive Veränderungen entstehen zu lassen.

Bitte kurz und natürlich bleiben

Frau Waha besucht ein Führungskräftetraining und erlernt die hohe Kunst der Ich-Botschaften. Am nächsten Tag kommt sie hoch motiviert zur Arbeit, mit dem festen Vorsatz, diese wunderbare Technik anzuwenden. Gesagt, getan! Zeitsprung: Es ist Abend. Zwei Mitarbeiter von Frau Waha unterhalten sich.

Sigi: *»Sag, hat die Waha heute auch mit dir gesprochen?«*

Berta: *»Ja!«*

Sigi: *»War die bei dir auch so komisch?«*

Berta: *»Ja, die wollte mit mir über die Verspätungen reden. Dabei war sie ganz seltsam und hat so unnatürlich und eigenartig gesprochen.«*

Sigi: *»Genau, und dann hat sie ewig herumgedruckst!«*

Berta: *»Ich glaube, die hat da was im Seminar gestern gelernt und wollte das bei uns ausprobieren.«*

Sigi: *»Na hoffentlich lässt sie das bald wieder.«*

Ich erlebe es bei jedem Training. Wenn wir das erste Mal Kritikgespräche durch Ich-Botschaften üben, passiert etwas Eigenartiges. Gestandene Führungskräfte hören sich plötzlich unnatürlich an, verlieren den Faden und stolpern mehr schlecht als recht durch die Übung. Der erste Teil der Ich-Botschaft funktioniert meist noch mit Ach und Krach, aber wehe sie müssen über die Auswirkungen auf sich und ihre Gefühle sprechen. Stimme und Argumentation werden unnatürlich, manche lassen den entscheidenden Auswirkungs- und Gefühlsteil einfach weg und wieder andere brauchen rund zehn Minuten, um eine Mini-Kritik auszudrücken. Daher mein Tipp an dich: Lass niemals einen der vier Schritte aus! Halte, wenn du Kritik übst, die einzelnen Schritte in der Ich-Botschaft kurz und prägnant! Keine Romane! Überlege dir vorher, was du sagen willst. Stehe zu deinen Gefühlen, habe keine Angst, Kritik zu üben und bleibe vor allem locker und entspannt. Sag die Sachen einfach so, wie sie sind, und denke nicht darüber nach, wie du etwas perfekt ausdrückst oder formulierst.

»Hans, bei zwei der letzten drei Wochenmeetings bist du eine Viertelstunde zu spät gekommen. Ich weiß nicht, ob dir klar ist, dass ich deine upgedateten Infos brauche, um mit den anderen loslegen zu können. So habe ich beide Male eine gefühlte Ewigkeit improvisieren können. Das geht mir schwer auf die Nerven und ich fühl' mich wirklich wie ein Idiot, wenn ich merke, dass die anderen im Team mitbekommen, dass ich als Meeting-Leiter krampfhaft versuche, Zeit zu gewinnen. Also bitte, Hans, wie machen wir das in Zukunft?«

Mini-Me-Botschaften

Ich-Botschaften eignen sich auch hervorragend für schwierige Gespräche jeder Art. In diesem Fall verkürzt du die vorhin beschriebene vierstufige Technik auf ein Minimum und konzentrierst dich einfach nur darauf, bei deinen Urteilen und Meinungen klar zum Ausdruck zu bringen, dass es sich hierbei ausschließlich um deine eigene Standpunkte handelt. Hierdurch nimmst du deinem Gesprächspartner den Wind für Einwände und Diskussionen aus dem Segel. Denn jeder Mensch hat das Recht auf seine eigene Meinung und seine eigenen Gedanken. Das sieht auch dein Gegenüber so. Jeder Einzelne deiner Gesprächspartner respektiert, bewusst oder unterbewusst, dein generelles Recht auf eine persönliche Sichtweise der Dinge. Wirklich emotional und schwierig wird es nur dann, wenn er das Gefühl erhält, dass du ihm deine Ansichten und Meinungen aufzwingen willst. Benutze in herausfordernden Gesprächen daher so oft wie möglich Formulierungen wie:

- »Ich persönlich denke, dass ...«
- »Meiner Meinung nach ...«
- »Aus meiner eigenen Erfahrung ...«
- »Ich habe den Eindruck, dass ...«
- »Von meinem eigenen Standpunkt aus ...«
- »Wenn Sie mich fragen ...«
- »Ich selbst sehe das so ...«

9.
DAS SCHWIERIGE MEISTERN –
Wie du Konflikte vermeidest und Angriffe abwehrst

9.1 Immer, alle, überall! –
Die nervigen Universalquantoren

Universalquantoren sind allgemein gehaltene Angaben über Häufigkeiten. Zu ihnen zählen Wörter wie:

Zeit:	Menge:
immer, stets, die ganze Zeit, niemals	alle, sämtliche, niemand, jeder, keiner, nichts
Ort:	Möglichkeit:
überall, nirgends	unmöglich

Warum wir verallgemeinern

Generalisierungen sind oftmals sinnvoll und notwendig. Sie helfen uns beispielsweise bei Entscheidungen: ›Fliegenpilze sind giftig!‹. Dementsprechend meiden wir diese Pilzart und erhöhen so unsere Chance auf ein hohes Alter beträchtlich. Du fragst, wenn es um die Giftigkeit von Fliegenpilzen geht, nicht ›Alle?‹, ›Auch die kleinen?‹, ›Was genau heißt giftig?‹, »Überlebe ich das oder nicht?«, sondern isst einfach andere Pilze. Das ist die eine Seite. Mehr oder weniger klare Fakten werden verallgemeinert. Auf der anderen Seite benutzt du Verallgemeinerungen aber auch häufig in Bereichen, wo sie keine allgemeine Gültigkeit besitzen. Vielmehr drückst du dann deine eigenen subjektiven Meinungen als allgemeinen Fakt aus. Das könnte dann zum Beispiel wie folgt ausschauen:

- *»Es ist unmöglich, dass...«*
- *»Wir alle wissen ja, dass...«*
- *»Es ist immer das Gleiche mit dir!«*
- *»Alle hacken auf mir rum!«*
- *»Meine Mitarbeiter lieben mich!«*
- *»Du bist die ganze Zeit unkonzentriert!«*

Solche Generalisierungen sind Bestandteil unserer angewandten Sprache. Sie helfen uns, Komplexität zu reduzieren und gewisse Meinungen direkter und schneller auszudrücken. Zusätzlich sind sie, bewusst oder unbewusst, ein beliebtes Mittel, um andere zu beeinflussen. Stichwort Politik: »Alle Österreicher wünschen sich ...«, »Der Wähler will ...«, »Deutschland braucht ...«

In der angewandten Beeinflussungskommunikation haben sie jedoch nichts zu suchen. Du benutzt sie nicht, um deinen Aussagen keine Angriffsflächen zu geben. Und du lässt es auch nicht zu, dass andere dich mit ihnen aufs Glatteis führen.

9.2 Nicht mit mir! – So wehrst du unfaire (und berechtigte) Angriffe ab

Wann immer du mit Verallgemeinerungen angegriffen wirst, rate ich dir, diese durch sprachliche Mittel aufzubrechen. Hierzu gibt es zwei grundlegende Möglichkeiten, die ich dir anhand der beiden Verallgemeinerungsszenarien ›Zeit‹ und ›Menge‹ beschreibe.

Immer, stets und überhaupt
»Du benachteiligst mich immer!«

Hier wendest du die Technik »Relativieren – Konkretisieren« an. Zuerst stellst du die Aussage deines Gesprächspartners richtig, indem du den Zeitrahmen und die Verallgemeinerung relativierst. Im nächsten Schritt konkretisierst du Häufigkeit und Art der behaupteten Allgemeinsituation. Wenn du schließlich, gemeinsam mit deinem Gesprächspartner, Umfang und Begebenheiten relativiert und konkretisiert hast, kannst du angemessen und erfolgreich auf das zum Ausdruck Gebrachte reagieren.

Relativierung: Zeitrahmen und Verallgemeinerung	Konkretisierung: Häufigkeit	Konkretisierung: Art
Ich verstehe, **in der letzten Zeit hattest** du **mehrmals** das Gefühl, dass du von mir **benachteiligt wurdest.**	Sprechen wir hier **von mehr oder weniger als drei Ereignissen** dieser Art?	**Was** habe ich **genau** gemacht?

Alle, jeder, keiner

»Deine ganze Abteilung ist gegen mich!«

Auch hier wendest du die Relativieren – Konkretisieren-Technik an. Im Gegensatz zu zeitlichen Verallgemeinerungen bietet sich hierbei bei mengenbezogenen Generalisierungen der Einsatz von klärenden Fragen an. Die Reihenfolge der Fragenziele ist immer: zuerst das ›Wer?‹ und dann das ›Was?‹.

Relativierung: Zeitrahmen und Verallgemeinerung	Konkretisierung: Wer?	Konkretisierung: Was?
Du sagst, dass dich **in der letzten Zeit einige aus deiner Abteilung** benachteiligen.	**Wer** denn **genau?** **Von wem** reden wir hier? **Wirklich alle?**	**Was genau** ist denn vorgefallen? **Wie** macht das der Müller und wie macht das die Berger? **Wie oft** hat er so etwas getan? Bitte **beschreibe mir im Detail, wie** das abgelaufen ist.

Berechtigte Angriffe abwehren

Ähnlich gelagerte Techniken lege ich dir wärmstens ans Herz, wenn du, unter Zuhilfenahme von Verallgemeinerungen, angegriffen wirst, der Vorwurf jedoch im Kern der Wahrheit entspricht. Ergänze deine Antwort hierbei stets um einen positiven Ausblick in die Zukunft.

Berechtigter Angriff	Abwehr
Es ist immer das Gleiche mit dir. Man kann sich auf dich nicht verlassen!	*Petra, du hast recht.* **In letzter Zeit** *habe ich* **zwei Mal** *berufliche Dinge über private gestellt. In* **Zukunft** *mache ich ...*
Ihre Lieferungen sind immer zu spät!	*Frau Ostermeier, leider ist es bei den* **letzten rund zwanzig** *Lieferungen* **zwei Mal** *zu Verzögerungen gekommen. Ich verstehe Ihren Unmut.* **Deswegen** *...*

Auch auf sich selber achten

Gerade bei emotional besetzten Diskussionen erntest du mit verallgemeinernden Vorwürfen oder Feststellungen im Normalfall das genaue Gegenteil des Gewünschten. Druck erzeugt Gegendruck und niemand lässt sich, bewusst oder unterbewusst, gerne Dinge unterstellen, die wahre zeitliche oder mengenbezogene Begebenheiten überdimensionieren. Trotz, Streit oder irrationale Gegenargumente deines Gesprächspartners sind die natürliche Folge. Konstruktive Gespräche und Lösungen rücken in weite Ferne. Möglichkeiten der Beeinflussung deinerseits sind begrenzt bis nicht vorhanden. Darum: Sei in emotional besetzten Gesprächen im Zweifelsfall immer konkret und stelle keine übertriebenen Verallgemeinerungen in den Raum.

Übertreibung	Konkret
Du bist nie am Handy erreichbar!	*Das ist jetzt* **das dritte Mal**, *dass ich dich seit gestern nicht am Handy erreiche.*

Übertreibung	Konkret
Ihre Einstellung ist unter jedem Hund!	*Herr Huber, mir fällt auf, dass Sie, wenn es um die termingerechte Fertigstellung der Kalkulationen geht, bereits **zum zweiten Mal** unsere Deadlines überschreiten. Das ist ...*
Alle deinen Verwandten sind arrogant und überheblich!	*Maria, ich habe ein Problem mit deinem **Onkel Kurt und deiner Mutter**. Was mich wirklich stört ist ...*

9.3 Lass dich nicht hineinlegen! – Vom Umgang mit ungenauen Aussagen

Die nun vorgestellten Techniken haben ein einfaches, gemeinsames Ziel. Sie helfen dir dabei, unklare Formulierungen deines Gesprächspartners aufzudecken und zu verhindern. Hierdurch entstehen dir zwei große Vorteile. Zuerst erhältst du wertvolle Informationen, mit denen du anschließend sinnvoll arbeiten kannst. Zusätzlich verhinderst du auf diese Art unvollständige und verallgemeinernde Argumentationen und Aussagen vonseiten deines Gegenübers. Du zwingst ihn also dazu, klare und nachvollziehbare Stellungnahmen und Ausführungen zu tätigen.

Unfaire/Ungenaue Aussage	Klärende Fragen
Ungenaue Zeitangabe: *Mein Sohn und ich streiten **den ganzen Tag**.*	*Den ganzen Tag, ohne Unterbrechung?* *Wann streitet ihr genau?* *Wie oft habt ihr letzte Woche genau gestritten?*
Ungenaue Zuweisung: ***Alle** von der Verkaufsabteilung sind Idioten!*	*Von wem genau sprichst du?* *Wer genau?* *Echt alle? Kennst du jeden Einzelnen?*
Ungenaues Hauptwort: *Ich vermisse die notwendige **Fairness** in diesem Unternehmen!*	*Was bedeutet Fairness für Sie?* *Woran merken Sie, dass nicht genug Fairness vorhanden ist?* *Geben Sie mir bitte konkrete Beispiele!*

Unfaire/Ungenaue Aussage	Klärende Fragen
Ungenaues Zeitwort (Verb): *Ich verstehe die Beschwerden nicht. Alle Angestellten **wurden informiert.***	*Wie genau wurden die Angestellten informiert? Wie, wann, von wem und worüber genau wurden sie informiert?*
Ungenaue Beschreibungen: *Ich verdiene mir endlich wieder **schöne Zeit** zu zweit!*	*Wann ist unsere gemeinsame Zeit für dich schön? Was genau bedeutet eine schöne Zeit für dich? Und das wäre zum Beispiel …?*
Ungenaues Bild: *Ich kämpfe da gegen **Windmühlen!***	*Wann und wie äußern sich diese Windmühlen? Wer oder was ist eine Windmühle? Was genau meinen Sie mit dieser Metapher?*
Ungenaue Regel: ***Alle** Mitarbeiter sind darauf aus, **Anstrengung und Einsatz zu minimieren!***	*Echt wahr? Alle? Haben Sie schon einmal eine Ausnahme erlebt? Machen sie das immer, meistens oder bei speziellen Dingen Ihrer Erfahrung nach?*
Ungenaue Unmöglichkeit: *Ich **kann ihm nicht die Wahrheit sagen!***	*Angenommen Sie machen es trotzdem, was könnte passieren? Was ist das Schlimmste, das dadurch passieren könnte? Hat er auch schon mal verständnisvoll reagiert in den zwanzig Jahren Ehe?*
Ungenauer Zwang: *Ich **muss das für meinen Chef bis morgen machen.** Auch wenn es mich die ganze Nacht kostet!*	*Was passiert, wenn du es nicht machst? Was wird wohl passieren, wenn du ihm morgen erklärst, dass es wegen unseres familiären Notfalls nicht möglich war? Was ist, wenn du nur die Gliederung machst?*
Ungenaue Feststellung: ***Es ist falsch**, dass du so denkst, und du weißt das!*	*Wer genau sagt, dass das falsch ist? Ist das deine persönliche Meinung? Wer hat das Gesetz aufgestellt?*
Ungenaue Einschätzung: *Deine Eltern **hassen mich!***	*Wie zeigen sie dir das? Meinst du jetzt generell oder bestimmte Situationen? Glaubst du, dass andere das auch so sehen und erleben?*

Unfaire/Ungenaue Aussage	Klärende Fragen
Ungenaue Zeichen-Ursache-Verknüpfung: *Er liebt mich nicht mehr, **weil** er neuerdings immer schlecht gelaunt ist in der Früh.*	*Kann das auch andere Gründe haben, dass er dann schlecht gelaunt ist?* *Woher weißt du, dass das etwas mit dir zu tun hat?*
Ungenaue Ursache-Wirkung-Verknüpfung: *Er **ist schuld, dass** ich in letzter Zeit so nervös bin.*	*Sonst noch etwas, das sich in Ihrem Umfeld verändert hat in letzter Zeit?* *Was genau macht er, dass Sie das Gefühl haben, dass er Sie nervös macht?* *Wie genau schafft er das?* *Was bedeutet nervös?*

9.4 Erfolgreich sein statt recht haben

Im Mittelalter stand der Brauch des Hinwerfens eines Handschuhs für die Aufforderung zu einer Fehde, also einem Privatkrieg. Wurde der Handschuh vom Rivalen aufgehoben, galt die Aufforderung als angenommen. Ab dem 18. Jahrhundert wurde dem unliebsamen Gegenüber ein Handschuh aus Stoff ins Gesicht geschlagen, um ihn zu einem Ehrenduell auf Leben und Tod herauszufordern. Heute ist diese Art der Konfliktklärung nicht mehr aktuell. Stattdessen werden Meinungsverschiedenheiten im Normalfall verbal ausgefochten – oftmals mit allen sprachlich zur Verfügung stehenden Waffen und Mitteln. Wüste Duelle, die nicht selten in einem Schlagabtausch der übelsten Sorte enden.

Meinungsverschiedenheiten gehören zum Leben dazu. Es ist vollkommen normal, dass du oft andere Ansichten und Standpunkte vertrittst als einer deiner Gesprächspartner. Gefährlich wird es allerdings dann, und das passiert uns allen von Zeit zu Zeit, wenn sich aus der anfangs noch ruhigen und sachlichen Diskussion plötzlich eine hochemotionale Auseinandersetzung entwickelt, bis hin zum Streit und untergriffig gerittenen Attacken. Ist ein Gespräch erst einmal so weit eskaliert, sind beeinflussende Kommunikationstechniken nur noch schwierig bis gar nicht einsetzbar. Nehmen wir als Beispiel ein Ehepaar. Hochzeitstag. Sie sitzen bei einem teuren Italiener. Der Aperitif ist serviert. Verliebte Blicke. Die Stimmung ist prächtig.

Sie: »*Ach Schatz, das erinnert mich an unseren ersten gemeinsamen Italien-Urlaub. Weißt du noch die kleine, romantische Pizzeria neben unserer Pension, wo wir so oft gegessen haben?*«

Er: »*Freilich weiß ich das. Die war echt toll! Vor allem der Kellner, der Luigi, der uns immer bedient hat. Der war wirklich ein ganz ein Netter!*«

Sie: »*Luigi? Nein, Schatz, der hat Mario geheißen.*«

Er: »*Mario? Nein, nein – da verwechselst du was. Der hat ganz sicher Luigi geheißen. Das weiß ich noch ganz genau!*«

Sie: »*Luigi hat vielleicht der eine komische Typ geheißen, mit dem du oft genug an der Bar gehangen bist beim Fußball schauen! Der Kellner war der Mario!*«

Er: »*Erstens habe ich nur zwei Spiele angeschaut. Es war ja Europameisterschaft. Und was hat das damit zu tun, dass der Kellner eindeutig Luigi geheißen hat?!*«

Sie: »*Es war immerhin unsere Hochzeitsreise! Und du hast Fußball geschaut! Aber was soll ich dazu sagen? So warst du schon immer. Und zugeben, dass du einmal falsch liegst, kannst du sowieso nicht!*«

Er: »*Ich kann sehr wohl zugeben, wenn ich mal daneben liege! Aber in dem Fall irrst du dich. Du verwechselst da was! Da bist du genauso wie deine Mutter!*«

Sie: »*Lass meine Mutter aus dem Spiel!*«

Er: »*Wieso? Die behauptet ja auch immer, dass sie mich damals nicht aus der Wohnung geschmissen hat. Die hat auch ein Gedächtnis wie ein Nudelsieb!*«

Sie: »*Das hat jetzt überhaupt nichts mit dem Namen vom Kellner zu tun!*«

Er: »*Oder sie lügt absichtlich!*«

Sie: »*Willst du mir unterstellen, dass ich bei dem dummen Kellnernamen lüge?*«

Er: »*Nein, aber du weißt, dass ich recht habe!*«

Sie: »*Weißt du was?! Warum gehst du nicht in deine Stammkneipe Fußball-schauen und mit deinen tollen Bekannten ein paar Bier stemmen. Das kannst du ja am besten! Kein Wunder, dass du dich bei dem ganzen Alkohol, den du beim Fußballschauen trinkst, an nichts mehr richtig erinnern kannst!*«

Gut, den Rest kannst du dir sicherlich ausmalen. Das romantische Hoch-zeitstagsessen ist bereits vorbei, bevor es überhaupt begonnen hat. Und das wegen einer offensichtlichen Kleinigkeit. Unvorstellbar? Zu weit her-geholt? Würde dir nie passieren? Ich glaube nicht. Denn so sind wir Men-schen. Wir wollen recht haben. Und gerade, wenn wir von etwas überzeugt sind, nehmen wir fast alles in Kauf, um zu beweisen, dass wir recht haben und der andere Unrecht hat.

Dein Feind mit drei Buchstaben

Einer deiner größten Feinde, wenn es um erfolgreiche Kommunikation geht, ist dein Ego. Es ist immer da und verlangt von dir, es in all seinen Wünschen zu unterstützen. Dein Ego will immer recht haben! Alles andere wäre eine Niederlage! Ein Gesichtsverlust! Darum sollst du kämpfen – ohne Rücksicht auf Verluste, so lange, bis du entweder recht bekommst oder deine Meinung zumindest bis zum bitteren Ende verteidigt hast. In unse-rem Beispiel haben wir gesehen, wohin das bedingungslose Hören auf sein Ego führt. Kein angenehmer Abend beim Italiener, kein entspanntes Essen und schon gar keine anschließende romantische Nacht innerhalb der eige-nen vier Wände. Statt dessen Streit, Anschuldigungen, getrenntes Schlafen und ein tagelanges, angespanntes Verhältnis samt unauslöschlicher Erin-nerungen an den Streit. Danke, Ego!

Niemand behauptet, dass du jedem bei allem recht geben sollst. Tatsache ist jedoch, dass wir Menschen in den allermeisten Fällen bei wenig bis komplett unwichtigen Dingen recht behalten wollen. Unser Ego befiehlt uns das. Wegen Nebensächlichkeiten werden Kämpfe aufgenommen und ausgefochten. Die ursprüngliche Meinungsverschiedenheit tritt schon bald in den Hintergrund. Der verbale Rundumschlag verlagert sich auf Neben-schauplätze. Die Argumente und Formulierungen werden nach und nach verallgemeinernder, persönlicher und beleidigender. Dabei ist es so einfach, sich viel Nerven und böses Blut zu ersparen. Es ist so leicht, positive Ent-wicklungen zu erreichen und die eigene Wirklichkeit angenehm zu gestal-ten. Und wie machst du das? Ganz einfach! Du gibst dem anderen recht!

Sie: *»Ach Schatz, das erinnert mich an unseren ersten gemeinsamen Italien-urlaub. Weißt du noch die kleine, romantische Pizzeria neben unserer Pension, wo wir so oft gegessen haben?«*

Er: *»Freilich, weiß ich das. Die war echt toll! Vor allem der Kellner, der Lui-gi, der uns immer bedient hat. Der war wirklich ein ganz ein Netter!«*

Sie: *»Luigi? Nein, Schatz, der hat Mario geheißen.«*

Er: *»Mario? Nun gut, da habe ich wohl was verwechselt. Du hast recht! Na, dann auf den Mario! Und jetzt wollen wir was Feines bestellen. Weißt du schon, was du als Vorspeise willst?«*

Anderen Menschen, wann immer es dafür steht, recht zu geben, ist ein Zeichen von Stärke, nicht von Schwäche. Dieses Vorgehen erlaubt es dir, Konflikte zu vermeiden, deine eigenen Nerven zu schonen und wichtigere Ziele zu erreichen. Du stehst über unwichtigen Kleinigkeiten. Du lässt dich nicht von deinem zerstörerischen Ego leiten, sondern von deinem Selbst-bewusstsein! Selbstbewusste Menschen wissen, dass es manchmal Sinn macht, auch wenn man überzeugt davon ist, im Recht zu sein, in kleinen Dingen nachzugeben. Und zwar dann, wenn sie dafür die gewünschten Re-aktionen erhalten.

Wenn du anderen recht gibst, gibst du ihnen das Recht auf ihre Meinung. Durch dein taktisches Nachgeben reduzierst du so schon einmal leidige Themen auf ein Minimum. Hat dein Gesprächspartner erst einmal recht bekommen, ist sein Ego still. Er hört auf, seine Standpunkte elendslang auszuführen. Das gilt auch für Situationen, wo es gar keine zwei Meinun-gen gibt. Stichwort: Dauerredner. Du kennst das sicher: Jemand erklärt dir seit Minuten seinen Standpunkt und obwohl du ihm bereits oft genug zu verstehen gegeben hast, dass du seine Äußerungen verstanden und zur Kenntnis genommen hast (»Ich verstehe.«, »Ich habe Sie verstanden.«), hört der andere einfach nicht auf zu reden. Du bist genervt.

Was ist passiert? Ganz einfach: Dein Gesprächspartner ist noch nicht wirklich überzeugt, dass du ihn wirklich verstanden hast, und argumentiert und erklärt deswegen unaufhaltsam weiter. Wenn du willst, dass er innerhalb von Sekunden schweigt, sage einfach schon am Beginn seiner Ausführungen ein bis zwei Mal »Du hast recht!« zu ihm. Zauber! Magie! Er ist wie auf Kommando still und noch wichtiger: Er fängt nie mehr mit dem Thema an.

Der zweite große Vorteil dieser Strategie liegt darin, dass du, wenn du jemandem recht gibst, oft seinen Respekt erhältst. Du zeigst Größe, und das merkt er ganz genau! Denn meist ist er sich ja selber nicht so sicher, ob er jetzt wirklich absolut im Recht ist. Und falls er sogar ernste Zweifel hatte, aber das nicht zeigen wollte, dann weiß er nach deinem Recht-Geben auch ganz genau, dass du dies nur aus einem Grund getan hast: damit endlich Ruhe ist. Er wird dir das dann natürlich nicht sagen, aber sein Wissen, dass du ihn, obwohl er vielleicht (oder sicher) im Unrecht war, den Wind aus dem Segel genommen hast und selbstbewusst über den Dingen stehst, lässt ihn nicht nur überrascht, sondern auch etwas peinlich berührt zurück. Und selbst wenn er wollte: Er kann nicht darüber zu diskutieren anfangen, ob du ihm aus rein taktischen Gründen recht gegeben hast. Denn sonst gibt er sich die Blöße, zugeben zu müssen, dass er wissentlich etwas Falsches vorgegeben hat.

Um Ziele zu erreichen, ist es also immer gut, dein Ego im Zweifelsfall deutlich zurückzuschrauben und logisch zu denken. Erfolgreich sein statt recht haben! Das große Ziel im Auge behalten, statt darauf wegen Kleinigkeiten zu verzichten. Hierzu als weiteres Beispiel ein kurzer Dialog, den ich kürzlich bei einer großen Elektrohandelskette mithören durfte: *Ich stehe vor der Vitrine mit den neuen Smartphones. Der Herr neben mir hat seinen Blick auf das neueste, teuerste Telefon gerichtet. Der Verkäufer tritt auf ihn zu.*

Verkäufer: *»Sie interessieren sich für das neue X?«*
Kunde: *»Ja, genau! Ich habe da nur noch ein paar Fragen!«*
Verkäufer: *»Sehr gerne! Darf ich Ihnen auch das neue Modell von Y zeigen? Das ist sehr beliebt.«*
Kunde: *»Nein, danke! Da gibt es ja immer Probleme mit der Akkuzeit.«*
Verkäufer: *»Nein, nein, das war nur vor dem letzten Software-Update. Jetzt ist die Stand-by-Zeit super!«*
Kunde: *»Nein, das ist auch bei der neuen Version so. Ich habe da erst gestern den Bericht darüber in der »Handy 123«-Zeitschrift gelesen.«*
Verkäufer: *»Nein, das ist eine neue Software-Version jetzt. Die 6.4er. Ich habe das Handy selbst und da passt jetzt alles.«*
Kunde: *»Nein, ich meine schon die 6.4er. Da gibt es Probleme. Sagen auch meine Kollegen.«*
Verkäufer: *»Das kann ich mir nicht vorstellen. Da gibt es keine Probleme mehr. Ich glaube, Sie meinen die 6.3er-Software «*
Kunde: *»Nein, die neueste!«*
Verkäufer: *»Wissen Sie was? Ich gehe schnell zum Computer und suche den Artikel auf der Homepage von »Handy 123« und drucke Ihnen den aus. Die haben sicher die alte Software-Version gemeint.«*
Kunde: *»Nein, danke! Brauchen Sie nicht. Ich weiß schon, was ich sage. Ich würde jetzt gerne ...«*
Verkäufer: *»Ich bin gleich wieder da!«*

Und schon eilt unser eifriger Verkäufer weg, um das Beweisstück auszudrucken. Der Kunde schaut mich verärgert an und sagt »Na, glaubt man das. Der hat keine Ahnung, von was er spricht!« Ich nicke ihm zu und sage (Überraschung!): »Da haben Sie sicher recht!« Der Kunde nimmt einen tiefen Atemzug und entspannt sich. Sein Ego ist beruhigt. »Na, mir ist das jetzt auf alle Fälle zu blöd. Sagen Sie dem Verkäufer, dass ich das Telefon jetzt

online bestelle. Das war eigentlich sowieso mein Plan. Wiedersehen!« Eine
Minute später kommt der Verkäufer freudestrahlend mit seinem ausgedruck-
ten Testbericht zurück. Nach meiner Mitteilung über den Verbleib des Kunden
verfinstert sich sein Blick. »Na, super! So sind sie, die Leute. Kennen sich
nicht aus und dann rennt man extra herum, um ihnen zu helfen. Und dann
so was! Undankbar sind die Leute!« Und was antworte ich unserem Spitzen-
verkäufer wohl? Dreimal darfst du raten! Genau! »Da haben Sie recht!« Und
schon ist er wieder zufrieden und bereit, mir ohne große Diskussionen meine
eigenen Fragen zu beantworten.

Der Verkäufer hat sich von seinem Ego leiten lassen. Anstatt dem Kunden
einfach recht zu geben und das eigentliche Ziel, nämlich den Verkauf des
Telefons, zu erreichen, hat er auf der ganzen Linie versagt: kein Umsatz,
kein Kunde, Ärger und Frust! Es war in Wirklichkeit vollkommen egal, wer
recht hatte. Vielleicht ahnte der Kunde ja auch schon, dass er mit seiner
Behauptung vielleicht danebenlag. So oder so: Sein Ego befahl ihm, nach
den Belehrungen des Verkäufers ein deutliches Zeichen zu setzen: Rück-
zuck! Spätestens beim zweiten Beharren des Kunden auf seiner Meinung
hätte der Verkäufer sein eigenes Ego ausschalten und sich auf das wirklich
Wichtige konzentrieren sollen: den Verkauf!

Verkäufer: *»Sie interessieren sich für das neue X?«*
Kunde: *»Ja, genau! Ich habe da nur noch ein paar Fragen!«*
Verkäufer: *»Sehr gerne! Darf ich Ihnen auch das neue Modell von Y zeigen?*
          Das ist sehr beliebt.«
Kunde: *»Nein, danke! Da gibt es ja immer Probleme mit der Akkuzeit.«*
Verkäufer: *»Nein, nein, das war nur vor dem letzten Software-Update. Jetzt*
          ist die Stand-by-Zeit super!«
Kunde: *»Nein, das ist auch bei der neuen Version so. Ich habe da erst*
          gestern den Bericht darüber in der »Handy 123«-Zeitschrift ge-
          lesen.«
Verkäufer: *»Ach so, verstehe! Da haben Sie sicher recht! Gut, dann schauen*
          wir uns einmal das feine X-Stück an.«

So wird verkauft! Das eigene Ego unter Kontrolle haben, taktisches Recht-Geben, Umsatz machen! Zum Abschluss ein passender Auszug aus dem Buch *Das neue Verhandeln* von Christoph Krüger und Peter Kensok:

»Casanova reist über eine lange Strecke mit der Kutsche. Ein Mitreisender prahlt stolz mit einem wunderschönen Schwert, das vor ihm einem Heiligen gehört habe. Die anderen Passagiere verhöhnen diesen Mann, er könne niemals beweisen, dass dieses Schwert das des Heiligen sei. Casanova, seinem Ruf nach mindestens bei Frauen ein großartiger Verhandler, stutzt: »Ich glaube dir. Du hast zweifellos das Schwert dieses Heiligen!« Nach diesem partnerschaftlichen Ansatz entwickelt sich ein Gespräch, das in eine konkrete Verhandlung mündet. Am Ende verkauft Casanova seinem Gegenüber zu dessen berühmtem Schwert auch noch die passende Lederscheide, die er – ach so zufällig – gerade bei sich führt. Verhandler werden eben nicht dafür bezahlt, auf eine kleinkarierte Weise recht zu behalten, sondern dafür, ein insgesamt optimales Ergebnis zu erzielen. Wer recht hat, das ist einem Verhandler wie Casanova in diesem Fall egal, das Verhandlungsergebnis jedoch nicht.« [12]

Recht geben kannst du übrigens auf viele Arten. Von direkt und schnörkellos bis hin zum Recht-Geben unter gewissen, versteckten Vorbehalten.

»Sie haben absolut recht!
»Du hast recht«
»Das stimmt!«
»Da hast du sicher recht!«
»Da haben Sie wohl recht!«
»Von Ihrem Standpunkt aus haben Sie recht!«
»So gesehen haben Sie natürlich recht!«
etc.

9.5 Wir kommen auf keinen gemeinsamen Nenner – Na und?!

Das Recht-Geben ist eine sehr starke Form, um andere verstummen zu lassen und Konflikte zu vermeiden. Manchmal ist es aber so, dass es dir aus verschiedenen Gründen nicht möglich ist, deine eigene Meinung oder dein eigenes Wissen im Sinne des Rechtgebens unter den Tisch fallen zu lassen – sei es beruflich oder privat. Gehen wir jetzt weiters davon aus, dass dein Gesprächspartner auch nicht gewillt ist, seine eigene Meinung zurückzunehmen, dann entsteht eine schwierige Situation. Was tun? Hierfür empfehle ich dir eine wunderbare Technik, die es sowohl dir als auch deinem Gegenüber erlaubt, recht zu behalten. Setze sie jedes Mal ein, wenn du merkst, dass eine weitere Diskussion eurer verschiedenen Standpunkte zu nichts führt. Die Technik kommt ursprünglich aus dem Englischen und nennt sich ›Twogreement‹. Es gibt also keine Einigung (Agreement) in der Sache, sondern du einigst dich mit deinem Gesprächspartner schlicht und ergreifend einfach darauf, dass ihr zwei verschiedene Meinungen zu einem gewissen Thema habt. Eine ›Zweinigung‹ sozusagen. Es gibt kein Richtig und kein Falsch. Nur ein Anders. Konflikt gebannt! Respekt bewahrt! Alles ist gut!

»Gut, Herr Prankenwallner. Wir haben jetzt beide unsere Standpunkte ausführlich diskutiert. Die Meinungen der von uns vertretenen Abteilungen weichen stark voneinander ab. Einigen wir uns darauf, dass wir hier verschiedene Standpunkte haben, und kommunizieren wir das dann auch so in unserem Bericht an die Geschäftsführung.«

»Okay, mein Schatz. Wir haben jetzt lang gesprochen und ich denke, wir kommen da auf keinen gemeinsamen Nenner. Wir haben einfach zwei verschiedene Meinungen zu dieser Sache. Ich respektiere, dass du die Sache anders siehst.«

»Das macht Sinn. Was ist aber, wenn eine Entscheidung her muss?«, fragen mich an dieser Stelle oft Teilnehmer im Training. Eine berechtigte Frage! Gerade im geschäftlichen Umfeld muss es nun einmal eine Entscheidung geben. In diesem Fall gibt es zwei Möglichkeiten. Wenn du in der Vorgesetztenrolle bist, empfehle ich dir, den Argumenten deines Mitarbeiters, auch wenn sie deiner eigenen Meinung widersprechen, Aufmerksamkeit zu schenken. Dann begründest du deine eigene Sicht der Dinge und zeigst ihm, bevor du deine Entscheidung triffst, Respekt für seinen Standpunkt – unabhängig davon, dass du diesen nicht übernimmst.

»Gut, Herr Dostal. Vielen Dank noch einmal für Ihre Darstellungen. Ich sehe, Sie haben sich viele Gedanken gemacht und interessante Punkte angesprochen. Unsere Meinungen zum Thema Kundenkontakt gehen auseinander. Wir haben einfach zwei verschiedene Meinungen. Nun muss natürlich eine Entscheidung her und als Endverantwortlicher, der dafür geradesteht, treffe ich diese. Ich werde die Betriebsleitung davon unterrichten, dass meine eigene Einschätzung hierfür ausschlaggebend war und dass Sie hier eine andere Sichtweise haben.«

Und wenn dein Kollege und du auf der gleichen Hierarchiestufe arbeiten? Tja, dann sucht ihr euch am besten jemanden eine Stufe über euch, dem ihr eure beiden Meinungen unterbreitet und die Entscheidung überlässt.

9.6 Wenn es heftig wird – Das Krokodil im Hirn

Manchmal arten Gespräche trotz aller Bemühungen aus: Ärger, Emotionen, Wut. Dein Gesprächspartner ist, aufgrund seiner eigenen Wahrnehmung und Sicht der Dinge, dabei, anstrengend zu werden und deine Nerven gehörig zu strapazieren. Er wird laut. Er wird unsachlich. Er fängt vielleicht sogar zu brüllen an und wird zunehmend beleidigend und verletzend. Mit klassischen kommunikativen Instrumenten und Methoden ist er in diesem Stadium nicht mehr oder nur mehr schlecht als recht zu kontrollieren.

Erfolgreiche Gesprächsführung wird zunehmend schwieriger oder gestaltet sich dir schlichtweg als unmöglich. Und als ob das alles nicht schon Herausforderung genug wäre: Auch deine eigenen Emotionen beginnen zu brodeln. Es rumort in dir. So lässt du nicht mit dir reden! Also was tun? Hierzu bringe ich bei Trainings oder Coachings einleitend immer folgenden Vergleich. Stelle dir einfach vor, dass jedes menschliche Gehirn aus zwei Teilen besteht. Dem Verstand und dem Krokodilhirn. Das ist zwar anatomisch ein Blödsinn, aber wir machen ja auch keine medizinische Vorlesung hier. Es ist das Bild, das zählt!

Hast du schon einmal ein Krokodil in freier Wildbahn gesehen? Oder in einem Zoo? Im Fernsehen vielleicht? Ja? Sehr gut! Was macht ein Krokodil so den ganzen langen Tag am liebsten? Genau! Nicht sehr viel. Unser grünes Reptil liegt mehr oder weniger die meiste Zeit regungslos da. Und zwar mit geöffnetem Maul. Dies tut es, abgesehen vom Vorteil der hierdurch auftretenden Kühlung des Körpers, aus einem nicht ganz uneigennützigen Grund. Denn in vielen Gebieten, wo Krokodile leben, gibt es eine spezielle kleine Vogelart. Diese Vögel fliegen dem Krokodil ins Maul und picken Nahrungsreste aus seinen Zähnen. Und was macht unser Krokodil? Nein! Es schnappt nicht zu, schluckt und sagt: ›Danke!‹, sondern lässt ganz im Gegenteil die kleinen Vögel gewähren. Die gefiederten Freunde freuen sich über ihr gefundenes Fressen und das Krokodil kommt in den Genuss einer natürlichen Zahnbürste. Eine klassische Symbiose. Die beschriebene Vogelart wird übrigens ›Krokodilwächter‹ genannt.

Gut, soviel zum offenen Maul. Stell dir nun vor, du begegnest einem trägen, daliegenden Krokodil, Maul weit offen. Du marschierst zielstrebig auf das Fünfmetertier zu und verpasst ihm einen ordentlichen Tritt. Was passiert jetzt wohl? Bleibt es liegen? Sagt es ›Danke!‹?

Natürlich nicht! In Sekundenschnelle erwacht unser geschuppter Freund aus seiner Lethargie und du nimmst besser schnell deine Beine in die Hand und läufst, was das Zeug hält. Denn ein wütendes Krokodil kann verdammt schnell sein, auch an Land. Und wenn dich sein schnappendes Maul erst einmal in seinen Fängen hat, stehen deine Karten mehr als schlecht.

Das gleiche Prinzip spielt sich in deinem Gehirn ab. Dein Krokodilhirn schläft die meiste Zeit. Es ist nicht aktiv. Wird es aber heftig genug gereizt, also sprichwörtlich von jemandem oder etwas getreten, erwacht es in Sekundenschnelle zum Leben und sorgt dafür, dass du den Auslöser des Tritts kommunikativ ›schnappend‹ verfolgst und attackierst. Je nach Ursache mag das sofort, nach einem einzigen Tritt, passieren oder auch erst nach mehreren, wenn deiner Meinung nach das Fass zum Überlaufen gebracht wurde. Dabei macht es meist keinen Unterschied, wer die vorhergehenden einzelnen Tritte gegeben hat beziehungsweise dein ›Fass des Ärgers‹ bereits bis ganz oben aufgefüllt hat: Dein aktueller Gesprächspartner oder jemand anderes.

Wenn dein Krokodilhirn erst einmal die Kontrolle übernommen hat, ist dein Verstand ausgeschaltet. Du sagst Dinge und legst ein Verhalten an den Tag, das dir normalerweise nicht entspricht. Du kennst das sicher! Ein Streit (vielleicht hast du auch schon einen miesen Tag hinter dir), ein Wort gibt das andere und die Dinge eskalieren. Es kracht! Und der Epilog der Geschichte? Wenn du dich später beruhigt hast, tut dir das Ganze meist leid oder du hinterfragst zumindest deine Wortwahl, deine Äußerungen sowie die Heftigkeit deines emotionalen Ausbruchs.

Vom Umgang mit Krokodilen

Richten wir jetzt unsere Konzentration auf eine Situation, in der das besagte Krokodil im Hirn deines Gesprächspartners erwacht. Er wird unfreundlich, laut und reitet verbale Attacken gegen dich. Vielleicht, je nach Eskalationsstärke, sogar bis hin zu massiven persönlichen Angriffen und Beleidigungen. Natürlich wäre nun die optimale Variante eine, die das Erwachen des Krokodils im Hirn deines Gesprächspartners schlichtweg verhindert. Einige hilfreiche Techniken, die dir helfen, Konflikte zu vermeiden oder zumindest zu minimieren, habe ich dir ja bereits vorgestellt.

Diese alleine sind aber keine Garantie dafür, dass dein Gegenüber nicht einmal aggressiv wird. Denn solche Reaktionen sind von vielen Variablen abhängig: emotionalen Komponenten, subjektiven Wahrnehmungen, Bewertungen, Erfahrungen, Erwartungen sowie dem generellen Gemütszustand. Darum ist es immer gut, für den Fall der Fälle gewappnet zu sein.

9.7 Konflikttypen erkennen – Aber was hilft es?

Virginia Satir war eine bedeutende Kommunikationsexpertin und Therapeutin, die sich intensiv der Kommunikation innerhalb von Familien gewidmet hat. Hierbei stellt sie ein Typenmodell auf, das beschreibt, wie Menschen in konfliktbehafteten Situationen reagieren. Dieses Modell dient heute noch den meisten Konfliktmanagement-Trainings als wichtiger Grundbaustein.

Schauen wir uns nun also die vier verschiedenen Typen an, verbunden mit der Überlegung, wie die einzelnen Strategien wohl bei einem Krokodil oder einem aggressiven Gesprächspartner wirken.

Attackieren

Der Attackierer wird schnell laut und greift andere verbal an. Feindselig, dominant, aggressiv, beschuldigend sind typische wahrgenommene Ausdrucks- und Verhaltensweisen von ihm.

Diese Taktik würde also darauf hinauslaufen, sich auf das angreifende Krokodil zu stürzen und es außer Gefecht zu setzen. Ganz nach dem Motto: ›Angriff ist die beste Verteidigung!‹ Fraglich, ob dies eine wirklich sinnvolle Strategie gegenüber einem ausgewachsenen Krokodil darstellt oder doch eher lebensmüde ist.

Auf die Kommunikation umgelegt bedeutet das, dass du aggressives verbales Verhalten des anderen auf gleiche Art und Weise konterst. ›Feuer mit Feuer bekämpfen!‹ – Gegenattacken, eigene beleidigende Äußerungen, das Gespräch wird von dir und deinem Kontrahenten zusehends lauter und gnadenloser gestaltet. So steht die Chance extrem hoch, dass die Situation eskaliert und du oder dein Gesprächspartner die Unterhaltung schlussendlich wutentbrannt beendest. Alles in allem: definitiv keine sehr Erfolg versprechende Strategie.

Beschwichtigen

Der Beschwichtiger verhält sich genau gegensätzlich. Er gibt, wann immer möglich, nach. Er wird niemals laut. Er versucht Konflikte zu vermeiden, auch um den Preis, dass er die eine oder andere Beleidigung schluckt und seine eigenen Wünsche und Rechte hintanstellt. Dieser Typ läuft vor der Bedrohung des Krokodils davon. Ohne Wenn und Aber! Wahrscheinlich in diesem speziellen Fall ein durchaus sinnvolles Verhalten.

Im Alltagsleben jedoch ist das ständige Nachgeben kein empfehlenswerter Zugang. Im Gegenteil! Du beschwichtigst den anderen auf Kosten deines eigenen Selbstwerts. Du übermittelst die Botschaft, dass du nicht wichtig bist! Dass du dir alles gefallen lässt! Dies ist der beste Weg, nicht ernst genommen zu werden und über kurz oder lang in eine Opferrolle zu geraten. Also, verbale Attacken über sich ergehen zu lassen und diese zu akzeptieren, scheidet als sinnvolles Vorgehen ebenfalls aus.

Rationalisieren

Der Rationalisierer denkt und handelt ausschließlich auf der Verstandesebene. Er blendet Emotionen komplett aus. Er agiert übertrieben logisch. »Man kann alles vernünftig klären!«, »Es gibt keinen Grund, emotional zu werden!«, »Kein Grund sich aufzuregen!« Stichwort: Mr. Spock. Dieser Vertreter würde also dem angreifenden Krokodil entgegengehen und ihm mit ruhiger und belehrender Stimme erklären, dass sein Verhalten unangebracht und falsch ist. Tja, viel Glück!

Im Alltag ist diese Taktik bei akuter Gefahr im Verzug der beste Weg, deinen schon verärgerten Gesprächspartner noch wütender zu machen. Dieser ist ja bereits hoch emotional. Das Einzige, das er jetzt noch braucht, um endgültig zu explodieren, sind Appelle an seine Vernunft und logische Belehrungen. Rationalisieren ist also auch keine Option.

Ablenken

Der Ablenker, zu guter Letzt, reagiert auf Bedrohung – wie schon sein Name sagt – mit der Strategie des Ablenkens. Er versucht, die Aufmerksamkeit von unliebsamen Themen oder Situationen auf anderes zu lenken. Häufige Themenwechsel, Clownereien und das Vermeiden, sich auf etwas festzulegen, sind typische Verhaltensweisen von ihm. Das angreifende Krokodil wird also abgelenkt. Einen Stein in den Busch werfen? Ihm einen Witz erzählen? Eine kleine Tanzeinlage? Das Ergebnis wird wohl in jedem Fall mit zumindest einem abgebissenen Menschenbein enden.

Wenn du bei einem emotional werdenden Gespräch versuchst, den anderen von dem Grund seines Ärgers abzulenken, ist das, im wahrsten Sinne des Wortes, ein Schuss ins eigene Bein. Denn dein verärgerter Gesprächspartner will jetzt seinen Ärger loswerden und sein Anliegen ausdiskutieren. Versuchst du ihn offensichtlich von seinen momentanen Interessen abzulenken, erreichst du nur Eines: Er wird noch ungehaltener. Somit auch kein möglicher Zugang.

Zusammengefasst sehen wir also, dass keine der vier typischen Reaktionen in einer solchen schwierigen Gesprächssituationen Erfolg versprechen. Auch der Hinweis von Virginia Satir, dass optimales Verhalten ein abwägendes, situationsbezogenes ist, hilft hier nicht weiter. Dies stimmt zwar sicherlich für generelles Konfliktverhalten, in der angewandten Kommunikation gibt es aber keine punktuelle Situation, in der Attackieren, Beschwichtigen, Rationalisieren oder Ablenken einen aggressiv werdenden Gesprächspartner in deinem Sinne beeinflussen. Im Gegenteil: Alle vier Taktiken haben am Ende des Tages nur zwei mögliche Ergebnisse. Entweder

der andere wird noch lauter und emotionaler oder du opferst deine eigenen Rechte und Bedürfnisse für seine Zufriedenheit.

Die Praxis

Bei meinen Trainings fragen mich an dieser Stelle die Teilnehmer oft: »Schön und gut, aber was soll ich jetzt machen? Ich soll es mir nicht gefallen lassen, aber auch nicht zurückschlagen ...«. Hierzu drei kleine Beispiele. Bei allen drei ist der Gesprächspartner hoch emotionalisiert und dabei, laut und beleidigend zu werden. Also was tun? Dagegenhalten?

Angriff	Dagegenhalten
Du immer mit deinen Alleingängen! Du hast mich vor deiner Mutter hingestellt wie das Letzte! Wie kannst du nur erwähnen, dass ich zurzeit bei meiner Arbeit Probleme habe?! Du Verräter! Das ist das allerletzte Mal, dass ich auf eine Familienfeier gehe!	*Du brauchst dich da gar nicht aufregen! Wie sprichst du überhaupt mit mir?! Du hast mit keinem Wort erwähnt, dass ich das nicht sagen darf! Du und deine Überempfindlichkeit! Und überhaupt, ich erinnere mich noch sehr gut, wie du ...*
Sie sind wohl der inkompetenteste Mitarbeiter, den ich je erlebt habe! Wegen Ihrer Laschheit bei der Präsentation wackelt der gesamte Auftrag! Ich frage mich, wie Sie überhaupt ein Diplom erhalten haben!	*Entschuldigung bitte! So einfach geht es ja wohl nicht! Hätten Sie mir, wie versprochen, rechtzeitig die Unterlagen zukommen lassen, dann hätte ich mich auch dementsprechend vorbereiten können. Und das versprochene Pre-Meeting hat auch nicht stattgefunden. Ich arbeite Tag und Nacht und lasse mich sicher nicht auf diese Art behandeln ...*
Es ist immer das Gleiche bei Ihnen. Ein Sauhaufen! Seit drei Tagen erhalte ich keine Antwort wegen dem Schimmel in meiner Küche! Das ist ein Skandal! Ich will jetzt den Hausverwalter sprechen! Ihr Verein ist wirklich das Allerletzte!	*Jetzt ist es aber gut! Ich habe Ihnen schon mehrmals gesagt, dass wir Ihr Anliegen bearbeiten. Sie sind nicht der einzige Mieter von uns! Und brüllen Sie mich gefälligst nicht an ...*

Tja, die Folgen dieser Reaktionen sind ziemlich klar. Ehestreit, Zerwürfnis zwischen Chef und Mitarbeiter, ein wütender Mieter samt Beschwerdebrief an die Abteilungsleitung oder Geschäftsführung. Stattdessen die Attacken akzeptieren und aussitzen? Auch keine sinnvolle und akzeptable Alternative!

9.8 Wie du Konflikte und Aggressivität im Handumdrehen beendest

In dem Moment, in dem das Krokodil im Hirn deines Gesprächspartners erwacht, denkt dieser nicht mehr rational. Sein Verstand ist ganz oder zu großen Teilen ausgeschaltet. Empathie, ganzheitliche Sichtweisen und Verständnis für deine Argumente können von ihm zu diesem Zeitpunkt nicht mehr aufgebracht werden. Die Technik, die hier ein für alle Mal Abhilfe schafft, ist im Grunde nicht nur einfach, sondern auch faszinierend kurz. Wichtig bei dem Einsatz selbiger ist, dass du sie sofort dann anwendest, wenn dein Gegenüber erste deutliche Anzeichen von Aggressivität zeigt. Wartest du zu lange, verschlechtern sich deine Chancen für optimale Ergebnisse. Zusätzlich sprichst du dein aufgebrachtes Gegenüber immer mit einer klaren, ruhigen Stimme an. Keine übertriebenen Emotionen, kein Lautwerden! Die Grundversion besteht gerade mal aus drei simplen Teilen:

• Ansprache mit Namen
• Benennung des Verhaltens des anderen
• Still sein

Durch die Ansprache deines Gesprächspartners mit seinem Namen stellst du sicher, dass er versteht, dass es bei dem, was du jetzt sagst, um ihn persönlich geht. Nicht um die Situation, nicht um verschiedene Ansichten oder Meinungen. Hierdurch umgehst du sein Krokodil und aktivierst den logischen Teil des Gehirns deines verärgerten Gegenübers. Einfach gesprochen: Er hört dir zu! Es geht jetzt um ihn! Also: ›Petra‹, ›Herr Maier‹, ›Frau Huber‹.

Als Zweites machst du etwas für ihn komplett Unerwartetes. Er ist ja aus seinem Erfahrungsschatz in solchen Situationen komplett andere Dinge gewohnt und erwartet von dir zum Beispiel eine der folgenden Reaktionen: Gegenangriffe, Argumentationen, Ärger, Rechtfertigungen, beleidigt sein oder Rückzug. Stattdessen machst du Folgendes. Du beschreibst ganz neutral das Verhalten deines Gesprächspartners.

Angriff	Beschreibung des Verhaltens
Du immer mit deinen Alleingängen! Du hast mich vor deiner Mutter hingestellt wie das Letzte! Wie kannst du nur erwähnen, dass ich zurzeit in meiner Arbeit Probleme habe?! Du Verräter! Das ist das allerletzte Mal, dass ich auf eine Familienfeier gehe!	*Petra, du **wirst gerade** emotional.*
Sie sind wohl der inkompetenteste Mitarbeiter, den ich je erlebt habe! Wegen Ihrer Laschheit bei der Präsentation wackelt der gesamte Auftrag! Ich frage mich, wie Sie überhaupt ein Diplom erhalten haben!	*Herr Maier, Sie **werden gerade** sehr laut und persönlich.*
Es ist immer das Gleiche bei Ihnen. Ein Sauhaufen! Seit drei Tagen erhalte ich keine Antwort wegen dem Schimmel in meiner Küche! Das ist ein Skandal! Ich will jetzt den Hausverwalter sprechen! Ihr Verein ist wirklich das Allerletzte!	*Frau Huber, Sie **werden gerade** laut und beleidigend.*

Wichtig ist, dass du eine ›werden‹-Form benutzt und keine ›sein‹-Formulierung (Sie sind laut und beleidigend.). So verhinderst du bei dieser Erstintervention Diskussionen (Ich bin überhaupt nicht laut ...) und gibst dem anderen unterbewusst die Chance, seine Würde zu behalten. Er ›ist‹ nicht, sondern er ist ›auf dem Weg‹ zu etwas. Sein Einlenken bedeutet für ihn keinen Gesichtsverlust. Das Wort ›gerade‹ unterstützt dieses Vorgehen. Benutze auch bitte keine zu negativen Verhaltensbeschreibungen (Du wirst gerade unausstehlich, lächerlich, unmöglich ...). Wenn du dann diese Feststellung getätigt hast, brauchst du nur noch an Eines denken. Mund halten! Nichts mehr sagen! Dein Gesprächspartner braucht nun ein paar

Sekunden. Sein Verstand schaltet sich gerade ein. Er denkt jetzt über das von dir Gesagte nach. Jetzt ja keine Ablenkung oder weitere Information!

In den meisten Fällen wirst du anschließend Folgendes erleben: Dein Gesprächspartner atmet durch und wird bedeutend ruhiger. Du hast sein Krokodil ausgeschaltet.

Die zweite (und vielleicht auch dritte) Runde

Wenn die Emotionen schon am Überkochen waren oder du einen Heißläufer als Gesprächspartner hast, kann es sein, dass dessen Krokodil nicht so einfach zum Rückzug bereit ist.

Beschreibung des Verhaltens	Konter
Petra, du wirst gerade emotional!	*Hör auf, mir jetzt auch noch Vorwürfe zu machen!*
Herr Maier, Sie werden gerade sehr laut und persönlich.	*Ja und! Wundert Sie das etwa?*
Frau Huber, Sie werden gerade laut und beleidigend.	*Das ist mein gutes Recht! Bei diesem unfassbaren Verhalten von Ihrer Seite! Ich werde mich über Sie beschweren! Sie Callcenter-Würstchen!*

In diesem Fall, der selten, aber doch manchmal eintritt, wiederholst du die Technik einfach. Jetzt wechselst du allerdings in die ›sein‹-Form. Denn dein Gesprächspartner macht ja munter weiter mit seinen Attacken. Und das weiß er auch!

Konter	Beschreibung des Verhaltens in der Gegenwart
Hör auf, mir jetzt auch noch Vorwürfe zu machen!	*Petra, wie gesagt, **du bist** jetzt emotional.*

Konter	Beschreibung des Verhaltens in der Gegenwart
Ja und! Wundert Sie das etwa?	*Herr Maier, wie gesagt,* **Sie sind** *gerade sehr laut und persönlich.*
Das ist mein gutes Recht! Bei diesem unfassbaren Verhalten von Ihrer Seite! Ich werde mich über Sie beschweren! Sie Callcenter-Würstchen!	*Frau Huber, wie gesagt,* **Sie sind** *laut und zunehmend beleidigend zu mir.*

An dieser Stelle empfehle ich dir, wann immer irgendwie möglich, deinem schwierigen Gesprächspartner irgendeine Art von Verständnis entgegenzubringen. Noch einmal: Verständnis auszudrücken heißt nicht, dass du mit dem Gesagten des anderen einverstanden bist!

Konter	Kundgebung von Verständnis und Beschreibung des Verhaltens in der Gegenwart
Hör auf, mir jetzt auch noch Vorwürfe zu machen!	*Petra,* **ich verstehe,** *dass dich das aufregt. Das ist in Ordnung. Wie gesagt, du bist jetzt sehr emotional.*
Ja und! Wundert Sie das etwa?	*Herr Maier,* **ich kann** *Ihren Ärger bis zu einem gewissen Grad* **nachvollziehen.** *Wie gesagt, Sie sind gerade sehr laut und persönlich.*
Das ist mein gutes Recht! Bei diesem unfassbaren Verhalten von Ihrer Seite! Ich werde mich über Sie beschweren! Sie Callcenter-Würstchen!	*Frau Huber,* **ich verstehe,** *dass das eine ärgerliche Situation für Sie ist. Wie gesagt, Sie sind laut und zunehmend beleidigend zu mir.*

Spätestens jetzt werden bei neun von zehn deiner Gesprächspartner die Attacken in ihrer Intensität deutlich nachlassen.

Die Abschlussrunde – wenn gar nichts mehr hilft

Sehr selten ist dein Gesprächspartner selbst durch die beschriebene Technik einfach nicht zu beruhigen. Sein Krokodil lässt sich trotz der verschiedenen Betäubungspfeile, die schon in ihm stecken, im Moment einfach nicht besänftigen. In diesem Fall wendest du die Technik ein allerletztes Mal an und verbindest sie je nach Situation mit einem der drei folgenden Bausteine. Diese kannst du natürlich auch kombinieren. Wichtig: Diese Bausteine wendest du frühestens in der dritten Runde an. Machst du es früher, ist das Krokodil im Gehirn deines Gesprächspartners noch zu wild. Dein Gegenüber hat die Situation und sein eigenes Verhalten noch nicht ausreichend überdenken können.

- Vorschlag
- Aufforderung
- Ankündigung Konsequenz

»Petra, wie gesagt, ich verstehe, dass du verärgert bist. Du bist noch immer sehr aufgeregt. Was hältst du davon, wenn wir jetzt einen Spaziergang zum Café um die Ecke machen und dort die Sache in Ruhe miteinander besprechen?«

»Herr Maier, wie gesagt, ich kann Ihren Ärger ja verstehen. Sie sind nach wie vor sehr laut und persönlich. Wollen wir nicht die Emotionen runterfahren und sachlich über die Fehler und eine Lösung für das Projekt sprechen?«

»Frau Huber, wie schon erwähnt, ich verstehe Ihren Ärger. Sie werden aber immer lauter und beleidigender. Ich schlage vor, dass wir die Unterhaltung jetzt auf einer sachlichen Ebene weiterführen und gemeinsam eine Lösung für Ihr Schimmelproblem finden. Ansonsten sehe ich mich gezwungen, unser Gespräch zu beenden.«

10.
DAS GEWÜNSCHTE ERREICHEN –
Wie du Vorstellungen durchsetzt
und Entscheidungen lenkst

10.1 Kopfnicken – So einfach kann Beeinflussung sein

Die Bedeutung eines Kopfnickens (und auch die eines Kopfschüttelns) kennst du seit deiner frühesten Kindheit. Durch das Kopfnicken wurden dir damals schon grundlegende Bedeutungen angezeigt.

- »Ja!«
- »Ist in Ordnung!« »Klar!«
- »Mache ich!« »Machen wir!«
- »Machst du das bitte?!«
- »Ich habe dich gehört/verstanden.« »Ich verstehe!«

Kopfnicken ist in unserer Kultur ein deutliches Anzeigen von Verständnis, Zustimmung und Bejahung. Jeder kennt es. Jeder interpretiert das Nicken eines Kopfes auf die gleiche Art und Weise. Die Wirkung des Nickens selbst ist sogar um vieles stärker als das Wort ›Ja‹ selbst. Ein kleines Experiment:

Gehe zu einem Hot Dog-, Nudel- oder Döner-Stand. Bestelle dir eine Speise deiner Wahl, die es sowohl in einer milden, als auch in einer scharfen Version gibt. Achtung: Tue dies ohne zu sagen, auf welche Art du dein Gericht zubereitet bekommen willst. Alles klar? Wunderbar! Wenn dich der Verkäufer dann fragt: »Scharf?«, sagst du laut und verständlich: »Nein, danke!« Gleichzeitig nickst du mehrmals deutlich. Ich wünsche guten Appetit und scharfe Momente!

Nicken und Zustimmung sind unterbewusst verbunden

Nicken ist wie ein Kopfschütteln ein unterbewusster, automatischer Ablauf. Wenn du Zustimmung oder Bejahung ausdrückst, so tust du dies, ohne viel nachzudenken, über das Auf- und Abbewegen deines Kopfes. Manchmal als Unterstützung des von dir Geäußerten, andere Male auch wortlos. Das Gleiche gilt für deine Reaktionen auf das Nicken anderer Menschen. Nickt dir jemand zu, so wertest du das innerhalb von Bruchteilen von Sekunden als ein ›Ja!‹, ein ›Einverstanden!‹ oder irgendeine andere Art von Zustimmung der anderen Person. Kaum ein anderes Körpersignal wird von dir, ganz ohne Hinterfragen und Überdenken, so schnell einer bestimmten Aussage gleichgesetzt wie das Kopfnicken eines Menschen.

Menschen brauchen Zustimmung

Als soziale Wesen ist es uns – bewusst oder unterbewusst – außerordentlich wichtig, Zustimmung für unser Tun und von uns umgesetzte oder geplante Handlungen zu erhalten. Wichtige Entscheidungen, Strategien, Einkäufe und Ähnliches werden niemals vollständig alleine entwickelt und umgesetzt. Betrachten wir einfach einmal das Beispiel einer teuren Anschaffung (Auto, Wohnung, Urlaub – du hast die Wahl). Du blätterst in Katalogen, lässt dich von Verkäufern informieren, sprichst darüber mit Freunden und Familie, besuchst das eine oder andere Internet-Forum – kurzum: Du lässt dich beraten. Man könnte nun meinen, dass es dir bei all diesen Gesprächen und Recherchen um die Einschätzungen anderer geht. Um zusätzliche Information. Um die Optimierung deines Wissensstandes.

In Wahrheit ist es jedoch so, dass du ab einem gewissen Zeitpunkt deine Entscheidung ja meist schon längst getroffen hast. Bewusst oder unterbewusst. Trotzdem setzt du diese nicht sofort um, sondern präsentierst sie erst einmal anderen als konkrete Idee. Denn unterbewusst suchst du nach Zustimmung. In diesem Fall zu deiner neuesten, teuren Anschaffung. Du bist auf der Suche nach einer Verstärkung deines Sicherheitsgefühls. Du willst darin bestätigt werden, die richtige Wahl getroffen zu haben.

»Das steht Ihnen ausgezeichnet!«, »Damit haben Sie garantiert viel Freude!«, »Eine ausgezeichnete Wahl!« … Wie oft hörst du als Kunde heute nicht solche oder ähnliche Motivationsspritzen von Verkäufern und Beratern. Dementsprechend bist du, gleich allen anderen Menschen, zunehmend skeptischer und vorsichtiger, gerade bei ›Einflüsterern‹, die sich außerhalb deines Bekannten- und Familienkreises befinden, wenn dir Zustimmung auf verbale Art und Weise mitgeteilt wird. Du hinterfragst in solchen Situationen bewusst Inhalt und Gültigkeit des Gesagten und nimmst nicht einfach alles für bare Münze.

Körpersprache hingegen wird kaum hinterfragt. Solange Gestik und Mimik deines Gesprächspartners nicht in einem Widerspruch zu dem von ihm Gesagten stehen, zweifelst du diese körpersprachlichen Zeichen auch nicht an. Oft nimmst du ein Nicken, einen Augenaufschlag oder eine Geste mit der Hand auch gar nicht bewusst wahr. Und genau das ist das Schöne, wenn wir Körpersprache als Beeinflussungsinstrument benutzen. Dein Gegenüber merkt in 99 Prozent der Fälle die von dir gesetzten Manipulationen nicht. Nur sein Unterbewusstsein registriert diese und veranlasst deinen Gesprächspartner, ohne dass dessen Verstand dies registriert, die von dir gewünschten Handlungen in deinem Sinne zu überdenken und umzusetzen.

Auch bei dieser Technik kommen die guten alten Spiegelneuronen ins Spiel. Diese bewirken ja die schon beschriebene Tatsache, dass es dir schwerfällt, auf Dauer böse zu schauen, wenn dich jemand anlächelt. Und genau diese Spiegelneuronen sind auch dafür verantwortlich, dass es dich immer eine gewisse Anstrengung kostet ›Nein‹ zu sagen, wenn dir jemand aufmunternd zunickt. Jeder Mensch geht, wo möglich, gerne den Weg des geringsten Widerstands. Und ein ›Nein‹ auszusprechen und zu vertreten, gerade dann, wenn dich jemand, verbunden mit einem Nicken, freundlich und offen anlächelt, bedeutet für dich immer viel mehr Anstrengung als dem Fragesteller ein einfaches ›Ja‹ zu gewähren.

Nicken als Entscheidungshelfer

Denke kurz an die Millionen-Show. Egal ob Assinger oder Jauch, achte einfach einmal darauf, wie sich Kandidaten verhalten, wenn sie sich einer Antwort nicht sicher sind und damit hadern, ob sie zum Beispiel eine Antwort (oder einen Joker) riskieren sollen. Immer etwas unsicher, ob sie dem Moderator nun trauen können, hören sie mit gespitzten Ohren auf dessen Antworten oder Empfehlungen. Diese sind natürlich meist schwammig und alles andere als konkrete Hilfestellungen. Manchmal geht es für die Teilnehmer glücklich aus, oft lassen sie sich aber auch gewaltig in die Irre führen.

Was hierbei nun allerdings faszinierend zu beobachten ist, ist die Kraft des Kopfnickens. Wann immer der Moderator (willentlich oder unwillentlich) während seiner Kommentare nickt, folgen die Quiz-Teilnehmer innerhalb kürzester Zeit ihrer vorab ausgedrückten Absicht. Das Nicken des Kommentators wird sofort – und zwar unterbewusst – als eine Zustimmung beziehungsweise Aufforderung interpretiert. Unterstütze deswegen Empfehlungen, Aufforderungen und Vorschläge, von denen du willst, dass sie angenommen werden, immer mit einem Kopfnicken. Dieses Nicken führst du entweder bewusst langsam (Grundregel: Dauer der kompletten Nickbewegung – ab und auf – mindestens ein bis zwei Sekunden) oder auch, wenn passend, schneller und öfter aus. In beiden Fälle geschieht dies stets auf eine natürliche, unauffällige Art. Alles zu Hektische und Offensichtliche schadet dir bei dieser Technik viel mehr, als dass es dir hilft. Übe deswegen ein solches unterschwelliges Überzeugungsnicken am besten vor einem Spiegel.

10.2 Wie du Informationen richtig setzt

Sicherlich kennst du das Spiel ›Ich packe meinen Koffer …‹. Jeder Mitspieler darf sich, wenn er an der Reihe ist, eine Sache aussuchen, die er in einen imaginären Koffer packt. Der Erste in der Runde beginnt: »Ich packe in meinen Koffer einen Fußball.« Der Zweite muss nun wiederholen, was schon im Koffer ist, und es weiter ergänzen – sinnvoll oder auch nicht: »Ich packe in meinen Koffer einen Fußball und meinen kleinen Bruder.« Und so geht das Ganze so lange munter weiter, bis einer der Mitspieler die Reihenfolge durcheinanderbringt oder eine Sache aus dem Koffer vergisst. Meistens wird es ab rund acht Begriffen, die man sich merken muss, schwer. Das Entscheidende daran ist nun, dass, wenn jemandem ein Fehler passiert, dies niemals eintritt, weil er sich nicht mehr an die ersten oder letzten Begriffe erinnern kann, sondern an etwas aus dem Mittelteil. So arbeitet unser Gehirn! Wenn auf dich zu viele Informationen einprasseln, kannst du sie nicht mehr alle speichern. Wir alle sind in unserer Wahrnehmung limitiert. Die Konzentration kann nicht unbegrenzt aufrechterhalten werden. Das Letztgehörte ist noch präsent und das am Anfang Aufgenommene aufgrund der Setzung am Beginn – wo wir noch voll konzentriert waren – abrufbar. Die Dinge aus dem Mittelteil jedoch, die machen dir – mir – uns allen erinnerungstechnisch gesehen die größten Probleme: Sie verblassen einfach!

Achte dementsprechend darauf, wenn du verschiedene positive Argumente setzen kannst, die wichtigsten richtig zu platzieren. Nämlich genau dort, wo sie bei deinem Gesprächspartner die größte Wirkung zeigen: am Ende und am Anfang. Und erinnere dich: Die Reihenfolge der Wichtigkeit von Argumenten muss nicht immer mit deiner persönlichen oder der allgemein gängigen Meinung identisch sein. Sie ergibt sich vielmehr daraus, dass du bei deinem Gegenüber dessen Werte vorab richtig erkannt hast und deine Argumente dementsprechend ordnest. Nehmen wir an, dir stehen für deine Überzeugungsarbeit fünf Argumente zur Verfügung. Argument 1 ist das wertvollste, Argument 5 das am wenigsten Gewinn versprechende. Dann platzierst du die Argumente wie folgt:

- Argument 2
- Argument 4
- Argument 5
- Argument 3
- Argument 1

Willst du jedoch etwas von dir Geäußertes verstecken oder zumindest auf der emotionalen Ebene etwas weicher wirken lassen, dann gehst du genau umgekehrt vor. Stichwort: Das richtige Geben von Feedback. Am Anfang und am Ende deines persönlichen Feedbacks steht stets etwas Positives (und es gibt immer etwas Positives zu sagen!). Die eigentliche Kritik – also das Negative – stellst du in die Mitte deiner Ausführungen. Diese Technik wird auch gerne als Sandwich-Technik bezeichnet.

»Ursula, das Angebot ist deutlich besser als das letzte. Bravo! Das Layout und die Genauigkeit im Allgemeinen kannst du sicher beim nächsten Mal noch optimieren. Alles in allem: Gute Leistung! Ich freue mich, dass du solche Fortschritte machst!«

10.3 Ich treffe deine Entscheidung! – Das Steuern von Wahlverhalten

Viele der in diesem Abschnitt folgenden Techniken leiten sich aus der Entscheidungspsychologie ab. Diese beschäftigt sich damit, warum wir Menschen in gewissen Situationen so entscheiden, wie wir es schlussendlich tun. Experten wie Robert Cialdini und der mit dem Nobelpreis ausgezeichnete Daniel Kahneman verfassen zu diesem Thema umfangreiche Bücher, die wissenschaftliche Erkenntnisse abbilden. Das ist spannend und interessant – keine Frage! – aber der letzte, entscheidende Schritt fehlt. Genau diesen machen wir nun auf den nächsten Seiten. Ich erzähle dir, wie du das bestehende Wissen in der angewandten Kommunikation für deine eigenen Interessen nützt. Stell dir vor, du erhältst über eBay zwei Angebote für ein Geschirr-Set einer bestimmten Porzellanmanufaktur.

	Set 1	Set 2
Unterteller	6 St., gut erhalten	6 St., gut erhalten
Suppenteller	6 St., gut erhalten	6 St., gut erhalten
Speiseteller	6 St., gut erhalten	6 St., gut erhalten
Dessertteller	6 St., gut erhalten	6 St., gut erhalten
Untertassen	6 St., 3 davon kaputt	–
Tassen	6 St., 4 davon kaputt	–

Welches Set ist wohl mehr wert? Ganz klar: Set A. Es besteht aus den gleichen Teilen wie Set B und zusätzlich erhältst du noch drei Untertassen und zwei Tassen. In verschiedenen Untersuchungen, die ein solches Beispiel oder ähnlich gelagerte Szenarien abfragen, ergibt sich auch genau dieses Bild. Die Befragten sind im Schnitt bereit, für das Set A etwas mehr zu zahlen als für das Set B. Spannend wird es nun, wenn das Experiment ausgeweitet wird. Neue Versuchspersonen werden herangezogen und erhalten diesmal immer nur die Aufgabe, entweder Set A oder Set B zu bewerten – ohne über Informationen bezüglich des anderen Sets zu verfügen. Und siehe da: Plötzlich wird Set B viel höher bewertet als Set A. Was ist passiert? Die kaputten Teile im Set schrecken ab! Wir sind unterbewusst immer bereit, für etwas Heiles mehr zu zahlen als für etwas mit einem negativen Beigeschmack. Und zwar unabhängig davon, ob Letzteres im Gesamten das bessere, rationalere Geschäft ist!

Dies bedeutet für deine Kommunikation, dass du – wo unnötig – Nachteile oder Negatives niemals freiwillig darlegst! Es mag zwar von großer Ehrlichkeit zeugen, ist aber taktisch gesehen eine Katastrophe! Ich erlebe es immer wieder bei Verkaufstrainings: Berater glauben dem Kunden etwas Gutes zu tun, wenn sie ihn auf Nachteile hinweisen – ohne überhaupt zu wissen, ob diese ihn überhaupt interessieren – und erhoffen so, auf der Freundschafts- und Vertrauensebene zu punkten. Dummerweise passiert dann genau das Gegenteil. Egal ob es dem Kunden eigentlich wichtig ist: Der genannte Nachteil wird zur Bedrohung, das Interesse am Produkt sinkt in Sekundenschnelle. Überzeuge und verhandle daher stets über Vorteile, niemals über die freiwillige Einbeziehung von Nachteilen! Denn Nachteile verfügen, wie auch das oben genannte wissenschaftliche Experiment zeigt, über viel stärkere Beeinflussungskraft als Vorteile. Das ist zwar im gesamten Kontext oft irrational, aber so ticken wir Menschen eben.

Umfang der Beschreibung	Ergebnis
Diese Alarmanlage ist die beste am Markt. Sie ist einfach zu bedienen und mehrfach ausgezeichnet. Sie können von jedem Punkt der Welt zugreifen und sind über sie direkt mit den Einsatzkräften gekoppelt. **Einzig und allein die Codierung und Programmierung verlangt etwas mehr an Zeit.**	Hm, okay ... zeigen Sie mir doch noch andere Modelle, bitte!
Diese Alarmanlage ist die beste am Markt. Sie ist einfach zu bedienen und mehrfach ausgezeichnet. Sie können von jedem Punkt der Welt zugreifen und sind über sie direkt mit den Einsatzkräften gekoppelt.	Okay, das hört sich gut an! Erzählen Sie mir mehr.

›Oder‹

Das kleine Wörtchen ›oder‹ ist ein wahrhaft mächtiges. Hiermit trennst du zwei Optionen für deinen Gesprächspartner. Beachtest du diese aufeinander aufbauenden, grundlegende Regeln, schaffst du es in neun von zehn Fällen, den anderen so zu beeinflussen, dass er die von dir gewünschte Alternative wählt.

Regel	Beispiel
Ungewollt/gewollt: Grundregel: Das zuletzt Genannte verankert sich immer stärker im Unterbewusstsein deines Gegenübers.	*Weißburgunder? Da haben wir den 2011er von Lammerer **oder den Lummerer aus dem Jahr 2006.***
Neutral/beschrieben: Die Soll-Option beschreibst du bildhaft.	*... oder den **exzellenten, vollmundigen** Lummerer aus dem Jahr 2006.*
Mit Nachteil/ohne Nachteil: Wenn es passt, fügst du der unerwünschten Variante noch einen Nachteil bei.	*Weißburgunder? Da haben wir den 2011er von Lammerer. **Den muss ich allerdings erst noch runterkühlen.** Oder ...*

Regel	Beispiel
Weich/hart: Das unerwünschte Angebot weichst du rhetorisch auf. Das andere drückst du in der Gegenwartssprache aus.	*Weißburgunder? Da **hätten** wir den 2011er von Lammerer. Den muss ich allerdings erst noch runterkühlen. Oder Sie nehmen ...*
Ohne/mit Ankündigung: Du kündigst die Zielvariante Interesse erhöhend an.	*Weißburgunder? Da hätten wir den 2011er von Lammerer. Den muss ich allerdings erst noch runterkühlen. Oder Sie nehmen **etwas Besonderes** und genießen den exzellenten, vollmundigen Lummerer aus dem Jahr 2006.*

Unterschiede ausnutzen

Gerne führe ich bei Verkauftrainings folgende kleine Übung durch. *Ich stelle drei Eimer Wasser nebeneinander auf einen Tisch. Im linken Eimer befindet sich Eiswasser, im rechten heißes Wasser und in dem in der Mitte lauwarmes Wasser. Dann bitte ich einen Teilnehmer, zu mir zu kommen. Er steckt nun gleichzeitig für rund dreißig Sekunden seine linke Hand in das Eiswasser und seine rechte Hand in das heiße Wasser. Anschließend legt er beide Hände in den Eimer in der Mitte. Ich bitte ihn der Gruppe zu beschreiben, wie sich das Wasser in dem mittleren Behälter anfühlt: Kalt, warm oder heiß? Das Ergebnis ist stets dasselbe. Der arme Kerl tut sich schwer, eine eindeutige Antwort zu geben. Denn auf seiner linken Hand empfindet er das Wasser als heiß, auf seiner rechten allerdings als kalt.*

Dieses Phänomen erklärt sich durch das Kontrastprinzip. Dieses besagt, dass wir Menschen zwei schnell aufeinander folgende Reize unterschiedlicher wahrnehmen, als sie eigentlich sind – solange diese sich voneinander unterscheiden. Siehst du in Supermarkt A ein Markenprodukt für 19,99 Euro und wenig später dasselbe in Supermarkt B für 18,99 Euro, so erscheint dir das zweite Angebot als günstig. Plauderst du auf einer Party mit einer ausnehmend attraktiven Person, so erscheint dir die darauf folgende

Bekanntschaft als weniger sexy, als sie eigentlich ist. Stemmst du im Fitnessstudio eine Zwanzig-Kilo-Hantel, so kommen dir die darauf folgenden Übungen mit einer Sieben-Kilo-Hantel leichter vor, als wenn du gleich mit diesem Gewicht begonnen hättest.

Das Prinzip des Kontrasts ist ein sehr starkes Instrument, wenn du Entscheidungen anderer steuern willst. Durch die taktisch richtige Anwendung beeinflusst du unterbewusst subjektive Einschätzungen und Bewertungen. Viele wissenschaftliche Untersuchungen belegen dies. Ein beliebter Ablauf solcher Experimente sieht wie folgt aus. Eine Teilnehmergruppe erhält zum Beispiel folgenden Fragebogen:

»Ist der höchste Baum der Welt größer oder kleiner als 400 Meter?«
»Wie hoch, glauben Sie, ist der höchste Baum der Welt?«

»War Pierre de Coubertin älter oder jünger als 32 Jahre, als er starb?«
»In welchem Alter starb Pierre de Coubertin?«

Ergebnis: Die Höhe des größten Baums wird durchschnittlich sehr weit oben eingeschätzt. Der angenommene Todeszeitpunkt des Begründers der olympischen Spiele der Neuzeit befindet sich hingegen in dessen jungen Alter.

Die zweite Gruppe erhält folgenden Fragebogen:
»Ist der höchste Baum der Welt größer oder kleiner als 45 Meter?«
»Wie hoch, glauben Sie, ist der höchste Baum der Welt?«

»War Pierre de Coubertin älter oder jünger als 112 Jahre, als er starb?«
»In welchem Alter starb Pierre de Coubertin?«

Tja, und schon schauen die Ergebnisse ganz anders aus: Der höchste Baum der Welt ist plötzlich um vieles kleiner und Herr Coubertin schafft es ins hohe Greisenalter.

Das Kontrastprinzip in der Praxis

Unterm Strich lautet die Regel: Lass den Vorschlag, den du durchsetzen willst, gut aussehen! Dafür platzierst du ihn so, dass er im Vergleich zu einem anderen plötzlich attraktiv und wünschenswert erscheint. Noch einfacher ausgedrückt: Als Erstes schlägst du deinem Gesprächspartner stets eine für ihn unbefriedigende oder verstörende Variante vor. Und erst dann rückst du mit deinem eigentlichen Angebot heraus. Diese Methodik hat in unserer Welt System und ich bin mir sicher, dass du selbst, genauso wie ich, schon oft mit ihr Bekanntschaft gemacht hast.

Hast du schon einmal die Dienste eines Immobilienmaklers in Anspruch genommen? Wenn ja, wie war das? Hast du gleich beim ersten Objekt, das er dir gezeigt hat, zugeschlagen? Ich wette ›Nein!‹. Denn jeder halbwegs erfahrene Immobilienexperte kennt das Kontrastprinzip. Also zeigt er dir erst einmal ein wenig überzeugendes Objekt. Du bist enttäuscht. Dann fahrt ihr zu einem etwas besseren Objekt. Noch immer bist du alles andere als begeistert. Langsam, aber sicher kommt Frust in dir auf. Kannst du deine Wünsche in deinem Budgetrahmen überhaupt umsetzen? Dein Makler verspricht dir, sichtlich zerknirscht, sich noch einmal ganz viel Mühe zu geben und bis morgen noch alles in Bewegung zu setzen, um ein passendes Haus oder die richtige Wohnung zu finden. Und siehe da: Die nächste Besichtigung ist ein voller Erfolg! Endlich hast du dein Traumobjekt gefunden. Ist er nicht ein Schatz, dein Makler? Er hat das Unmögliche möglich gemacht. Tja, entweder das, oder er kennt das Kontrastprinzip: Spiele dein Trumpf immer erst dann aus, wenn der andere zuerst genug schlechte Karten zu sehen bekommen hat!

New Mexico, 1999. Es klingelt. Zwei junge Pfadfinder stehen vor meiner Tür. Mit großen Augen erzählen sie mir aufgeregt, dass sie Karten für den jährlich stattfindenden New Mexico Pfadfinder-Konvent verkaufen. Und das Ganze für nur dreißig Dollar, wobei das Geld ihrer Gruppe zugutekommt. Ich erfinde alle möglichen Ausreden, um dieses Angebot abzulehnen. Die Augen der beiden werden traurig. Sie bedanken sich und während sich der eine mit hängenden Schultern abwendet, kramt der andere Junge in seinen Taschen und hält mir zwei Packungen Kekse unter die Nase. »Sir!«, sagt er. »Ich verstehe, dass Sie keine Zeit haben. Könnten Sie uns aber wenigstens diese beiden Packungen Kekse abkaufen? Der Erlös wird auch für unsere Ausflüge verwendet.« Und was macht der gute Martin? Natürlich kauft er die beiden Packungen für zehn Dollar und denkt sich, was für nette Kinder das doch sind. Erst Minuten später dämmert es mir: Ich habe gerade Kekse gekauft. Ich esse aber keine Kekse! Und ich habe für eine Packung das ungefähr Zehnfache von dem gezahlt, was diese im Supermarkt kosten. Ganz allmählich begreife ich: Ich wurde Opfer des Kontrastprinzips.

Dieser Trick war und ist übrigens keine geniale Eigenerfindung der beiden jungen Burschen. Das Ganze hat System! Schon Robert Cialdini beschreibt in seinem Buch *Die Psychologie des Überzeugens* diese beliebte Taktik amerikanischer Pfadfinderorganisationen. So oder so: Du kannst das Kontrastprinzip auf verschiedenste Arten einsetzen. Sei erfinderisch! Denke nur einmal an den klassischen Verkauf im Einzelhandel. Ist der Berater geschult, wird er dir zuerst stets das teure Produkt verkaufen, bevor er mit dem Zusatzverkauf beginnt. Durch den Kontrast erscheint dir nämlich nach der ersten Kaufentscheidung alles andere günstig. Also zuerst der teure Dreiteileranzug, dann Schuhe, Hemd und Krawatte. Oder zuerst der teure PC, dann der Drucker, der Scanner und die Infrarot-Maus.

10.4 Mal was anderes! – Verhaltensänderung durch Wörtersets

Ein legendäres Experiment, wenn es um das Prägen von menschlichem Verhalten geht, wird vor einiger Zeit von John Bargh an der New York Universität durchgeführt. Die Teilnehmer, alles junge Studenten, haben als Erstes eine einfache Aufgabe zu lösen. Sie erhalten fünf Wörter. Aus diesen dürfen sie vier auswählen und bilden anschließend daraus einen Satz. Eine Gruppe bekommt folgendes Wort-Set: Florida, vergesslich, Glatze, grau, Falten.

Beachte, dass alle Wörter zum Bedeutungsfeld ›Alter‹ gehören. Florida deswegen, da dieser Staat in den USA als Rentnerparadies gilt.

Nachdem die Studenten die Aufgabe gelöst haben, werden sie aufgefordert, in einen anderen Bereich der Universität zu gehen, um dort andere Aufgaben zu lösen. Der Weg dorthin bildet den eigentlichen Untersuchungskern. Es wird gestoppt, wie lange die Teilnehmer für den Fußweg brauchen. Ergebnis: Diejenigen, die das ›Florida‹-Wörter-Set bekommen haben, brauchen deutlich länger. Sie gehen langsamer, ganz wie alte Menschen. Unterbewusst passen sie ihr Verhalten den vorher erhaltenen Wortbildern an. Wortwelten beeinflussen deine Gesprächspartner, und zwar unterbewusst. Wenn du willst, dass sie sich tendenziell in deinem Sinne verhalten, unterstützt du dies sehr effizient durch das unauffällige Setzen entsprechender Wörter, die du aber natürlich immer sprachlich betonst.

Flirt: Erweckung sexuellen Interesses

*»Tja, weißt du, wenn ich so diese sehr **liebevoll** gemachte Speisekarte anschaue, bekomme ich so richtig **Lust** darauf, wieder einmal selbst zu kochen. Ich finde ja, Kochen hat etwas **Sinnliches**. Ein guter Koch braucht **Leidenschaft** und **Hingabe**. Das muss man einfach **gerne machen** und **wollen**. Wenn jemand schon **stöhnt**, wenn er einmal kochen muss, dann hat er sich den **Spaß** des Kochens ja schon von Anfang an **verdorben**. Wie siehst du das?«*

Verkauf: Erzeugung schneller Kaufentscheidungen

*»Frau Müller, ich kopiere Ihnen **schnell** die Produktbeschreibung von dem Modell. Das geht **ruck zuck**! Ich **eile** dafür auf der Stelle in unser Sekretariat und werfe **sofort** den Kopierer an. Wollen Sie inzwischen noch einen **raschen Espresso**?«*

Entwickle einfach deine eigenen Wörter-Sets, die für bestimmte gewünschte Verhaltensarten stehen. Je kreativer und umfassender du sie in deinem Beruf oder privat einsetzen kannst, desto besser. Hierbei bietet es sich an, auch ein wenig ›Out of the Box‹ zu denken. Schauen wir uns hierzu, als kleinen Anstoß, abschließend noch ein weiteres Experiment an. *In diesem geht es um das Prägen durch den Begriffskomplex ›Geld‹. Die Teilnehmer müssen wieder aus einigen Begriffen, die mit Geld zusammenhängen, eine kurze schriftliche Aufgabe lösen. Zusätzlich gibt es auch versteckte ›Geldanker‹, wie ein paar Scheine Monopoly-Geld, die zufällig auf einem Tisch in der Ecke liegen, oder ein im Hintergrund laufender Bildschirmschoner, der Dollarsymbole zeigt. Nach der Prägung sind folgende, äußerst interessante Verhaltensänderungen bei dieser Experimentgruppe festzustellen.*

- *Die Teilnehmer zeigen selbstständigeres Verhalten. Sie beschäftigen sich doppelt so lange eigenständig mit Aufgaben, bevor sie um Hilfe fragen, wie Teilnehmer ohne ›Geldprägung‹.*
- *Sie sind selbstorientierter und verweigern Kollegen stärker Hilfestellungen.*
- *Sie halten im Schnitt um vierzig Zentimeter mehr Abstand zu anderen Personen.*

10.5 Wie du ganz nebenbei die Stärke von Überzeugungen beeinflusst

Stell dir vor, ich stelle dir zwei Fragen. *»Denke bitte an zwei Situationen, in denen du uneigennützig warst.«*, und dann: *»Auf einer Skala von 0 (gar nicht) bis 10 (absolut): Für wie uneigennützig hältst du dich?«*

Gut. Stelle dir nun vor, ich hätte die erste Frage anders gestellt: »Denke bitte an zwölf Situationen, in denen du uneigennützig warst.« Was glaubst du? Hätte sich deine Antwort auf die zweite Frage (»Auf einer Skala von 0 (gar nicht) bis 10 (absolut): Für wie uneigennützig hältst du dich?«) verändert? Studien sagen ja. Das überrascht soweit nicht. Was allerdings spannend ist, ist die Art der Veränderung. Man sollte davon ausgehen, dass du, je mehr Beispiele du für ein bestimmtes Verhalten gibst, umso überzeugter bist, dieses auch zu besitzen. Die Wirklichkeit schaut aber genau umgekehrt aus! Je mehr Beispiele jemand für ein gewisses Verhalten geben muss, desto negativer bewertet er sich anschließend bei seiner generellen Einschätzung bezüglich seiner Fähigkeiten in diesem Bereich. Was steckt dahinter? Denke einfach zurück an die Frage. Zwei Beispiele zu geben, wo du dich uneigennützig verhalten hast, fällt dir sicher leicht. Um aber zwölf Beispiele zu geben, musst du schon einiges an Erinnerungsarbeit leisten. Und genau das ist der Knackpunkt: Je schwerer es dir fällt, Beispiele für ein gewisses Verhalten auszugraben, desto negativer bewertest du dich später in deiner Selbsteinschätzung. Daniel Kahneman listet in seinem Buch hierzu einige interessant-paradoxe wissenschaftliche Erkenntnisse auf:

- Menschen glauben, dass sie ihre Fahrräder weniger oft benutzen, wenn sie sich an mehr statt weniger Begebenheiten hierfür erinnern.
- Menschen sind sich weniger sicher, ob eine Entscheidung richtig war, je mehr Argumente sie dafür geben müssen.
- Menschen sind weniger überzeugt, dass eine Sache verhindert hätte werden können, je mehr Wege sie auflisten, wie das möglich gewesen wäre.
- Menschen sind von einem Auto weniger beeindruckt, je mehr Vorteile sie darüber aufzählen sollen.

Interessant, oder? Wenn du andere von etwas überzeugen willst, ist es genau der falsche Weg, sie möglichst viele Argumente dafür aufzählen zu lassen: Der Coach oder Therapeut, der den anderen in guter Absicht immer weiter darum bittet, Situationen aufzuzählen, in denen XYZ schon funktioniert hat. Der Verkäufer, der den Kunden immer wieder fragt, wie zufrieden er denn mit seiner Firma sei. Die Eltern, die ihr Kind immer wieder dazu auffordern, sich daran zu erinnern, wie und wann es schon einmal eine gute Schularbeit geschrieben hat. Alles nett gemeint, aber falsch! Statt Sicherheit erreichst du Verunsicherung. Darum: Fragen ja, aber nur einmal und solange es deinem Gesprächspartner leichtfällt zu antworten! Weniger ist deutlich mehr! Umgekehrt bietet es sich natürlich an, dass du in Verhandlungssituationen genau das Gegenteil machst. Du lässt den anderen immer mehr und mehr Vorteile seines Angebots oder Produkts aufzählen. Je länger du dieses Spielchen spielst, desto mehr sinkt seine eigene Überzeugung. Und das nutzt du dann in deinem Sinne aus.

10.6 Es war einmal ... – Erinnerungen als Verstärkungsanker

Zwei kurze Fragen an dich.

»Du hast zwei Möglichkeiten. Du buchst deinen Traumurlaub für 2.000 Euro, oder du buchst den exakt gleichen Urlaub für 1.500 Euro. Der kleine Haken bei der billigeren Option: Du kannst dich nach deiner Rückkehr an nichts im Urlaub Erlebtes erinnern. Alles ist wie ausgelöscht! Welche Variante wählst du?«

»Du benötigst eine orthopädische Operation. Du hast zwei Möglichkeiten. Du machst die klassische Variante und musst nachher zwölf Wochen unter Schmerzen auf Krücken gehen. Oder du entscheidest dich für ein neues Verfahren, wo du keine Krücken brauchst und schon am Tag nach der OP schmerzfrei bist. Allerdings bekommst du in diesem Fall keine Narkose während der Operation und hast während selbiger furchtbare, unmenschliche Schmerzen. Nach der Operation bekommst du dann ein ganz neues Medikament. Es lässt dich einschlafen, und wenn du aufwachst, ist deine Erinnerung an die Operation und die erlebten Schmerzen ausgelöscht. Du kannst aufstehen und nach Hause gehen. Welche Variante wählst du?«

Erinnerungen sind mächtig! Wir lieben es, uns an Schönes zu erinnern, und würden viel dafür geben, wenn wir negative Erinnerungen einfach löschen könnten. Obwohl du bewusst weißt, dass deine Erinnerungen aus der Vergangenheit sind, erlebst du diese, sowohl im Positiven als auch im Negativen, immer in der Gegenwart. Deine Emotionen und sogar dein

Körper verarbeiten Erinnerungen, als ob sie gerade eben passieren würden. Eine einfache Untersuchung in Deutschland zeigt die Wirkung positiver Erinnerungen. Die erste Gruppe von Studenten erhielt folgende zwei Fragen:

»Wie geht es dir heute?«
»Wie viele Dates hattest du letzten Monat?«

Nach Auswertung der Fragen das ernüchternde Ergebnis: Die Anzahl der Dates hatte keinen Einfluss auf das Wohlbefinden. Bei der zweiten Gruppe wurde die Fragenfolge umgedreht.

»Wie viele Dates hattest du letzten Monat?«
»Wie geht es dir heute?«

Und schau an: Je mehr Dates jemand hatte, desto höher war seine Einschätzung des persönlichen Wohlbefindens im Moment.

Daraus folgt eine einfache Regel. Wenn du andere in eine positive Stimmung bringen willst (Und das solltest du am Anfang jedes einzelnen Gesprächs, in dem du überzeugen willst, tun!), kannst du dies innerhalb von Sekunden über den Aufruf ihrer Erinnerungen tun. Hier reden wir natürlich immer von schönen, positiv besetzten Erinnerungen! Das Beste dabei: Es reicht schon, wenn du die Erinnerung aktivierst. Du brauchst nicht einmal wissen, an was der andere im Detail denkt. Es reicht, wenn der Film in seinem Kopf läuft. Dazu musst du diesen nur aktivieren.

»Frau Müller, wie war denn Ihr Urlaub in Spanien, auf den Sie sich so gefreut haben?«

»Herr Frenzen, freut mich, dass wir uns heute noch treffen konnten. Ich habe, als ich in Ihr Unternehmen gekommen bin, daran denken müssen, wie toll und erfolgreich unsere letzte gemeinsame Präsentation vor Ihrem Vorstand war.«

»Weißt du noch, wie du die ganzen Geschenke bekommen hast letzte Woche bei den Großeltern? Hm, ja, das war toll, gell? So zum Thema Geschenke. Ich wünsch mir jetzt auch was zum Thema Zimmer aufräumen ...«

10.7 Wie du mir, so ich dir! – Die Sache mit der Reziprozität

Du kennst das sicher. Ein Arbeitskollege oder ein Onkel, von dem du es nicht erwartet hast, überreicht dir plötzlich ein Geburtstagsgeschenk. Die Folge? Natürlich bekommt der großzügige Geselle dann bei seinem eigenem Freudentag auch ein Geschenk von dir. Du willst ja nicht undankbar oder gar geizig erscheinen! Historisch gesehen haben wir Menschen im Laufe der Zeit gelernt, dass, wenn wir anderen etwas schenken, wir auch damit rechnen können, etwas zurückzubekommen. Nur so konnten sich vor langer, langer Zeit Netzwerke gegenseitiger Unterstützung und des erfolgreichen Handels entwickeln. »Reiner Altruismus hat sich in unserer Evolution nicht bewährt. Bewährt hat sich dagegen das Prinzip ›Wie du mir, so ich dir‹.«, sagt hierzu Prof. Franz M. Wuketits in der Zeitschrift *Psychologie Heute* 2008.

Gut, das letzte Beispiel steht dafür, dass du bewusst Geschenke erwiderst. Tatsache ist jedoch, dass du, genau wie jeder Mensch, auch unterbewusst Gefallen jeglicher Art erwiderst. Hierzu beschreibe ich dir in aller Kürze ein sehr bekanntes Experiment, das die Macht und Bedeutung der sogenannten Reziprozitätsregel zeigt.

1971 führt es der Psychologe Dennis Regan durch. Eine Versuchsperson wirkt an einer Studie zum Thema ›Kunstverständnis‹ mit. Das eigentliche Experiment hat aber ein ganz anderes Ziel beziehungsweise Thema. Die Versuchsperson kommt in den Warteraum und trifft dort auf einen weiteren Teilnehmer der Untersuchung. Dieser ist in Wirklichkeit ein Assistent der Projektleitung. Seine Aufgabe ist einfach: In einigen Fällen tut er der nicht ein-

geweihten Versuchsperson einen kleinen Gefallen, indem er kurz den Raum verlässt, zwei Dosen Cola besorgt und ihr eine davon schenkt. Bei anderen Teilnehmern holt er nur eine Dose Cola und trinkt diese allein. Später, ganz beiläufig, bittet der Assistent die Versuchspersonen, ihm Lose abzukaufen. Und was passiert? Du hast es erraten! Hat er dem anderen vorher einen Gefallen getan – sprich ihm ein Cola geschenkt –, ist der andere dazu bereit, deutlich mehr Lose zu kaufen als diejenigen Personen, die kein kleines, unerwartetes Geschenk erhalten haben. Genau das ist das Prinzip der Gegenseitigkeit oder wie es Psychologen nennen: Das Prinzip der Reziprozität. Entscheidend dabei: Dieses Prinzip ist stärker als Sympathie! Die persönliche Einschätzung der Sympathie hat keinen Einfluss auf die Anzahl der gekauften Lose! Vielmehr ist das Gefühl, jemand anderem etwas schuldig zu sein, der eigentliche Antreiber für das gezeigte Verhalten.

Als junger Student gehe ich über den Jakominiplatz in Graz. Plötzlich spricht mich ein Mitglied einer Sekte an. Sandalen, Umhang, ein freundliches Lächeln im Gesicht. Während ich versuche einem Gespräch auszuweichen, fischt er drei Bücher aus seiner Tasche und drückt sie mir in die Hand. »Ein Geschenk!«, sagt er freudestrahlend. Ich lehne intuitiv ab, aber mein großzügiger Freund lächelt einfach weiter und sagt: »Ich bestehe darauf!« Gut, ich nehme die Bücher, bedanke mich und will meinen Weg fortsetzen. Da stellt sich mir mein Gegenüber in den Weg, hält mir seine offene Hand hin und sagt zu mir mit großen Augen: »Eine kleine Spende erbitte ich!« Und was mache ich?! Gehe ich einfach weiter? Aber nicht doch! Stattdessen ziehe ich meine letzten fünf Euro aus der Brieftasche und drücke sie ihm in die Hand. Als Dank dafür bekomme ich dann auch noch ein viertes Buch. Tja, was soll ich sagen? Die Bücher verstauben heute noch in meinem Schrank, denn sie sind allesamt in einem mir nicht verständlichen Sanskrit geschrieben. So funktioniert das Prinzip der Gegenseitigkeit! Selbst ein aufgezwungenes Geschenk löst in uns unterbewusst einen Reflex aus, sich erkenntlich zu zeigen. Es funktioniert weltweit, wie auch die drei folgenden Sprichwörter aus Italien, Japan und Amerika zeigen.

»Wer ein Geschenk annimmt, verliert die Freiheit!«
»Nichts ist so teuer wie das, was du umsonst bekommst!«
»Es gibt nichts wie ein sogenanntes Gratis-Essen!«

Das Prinzip der Gegenseitigkeit wird seit vielen Jahrzehnten erfolgreich angewandt:

- Kellner warnen vor ›schlechten‹ Speisen auf der Karte und kassieren für einen solchen Gefallen reichlich Trinkgeld.
- Gäste, die dem Kellner vorab ein Trinkgeld geben, werden besser bedient.
- Supermärkte verteilen Gratiskostproben und erfreuen sich darauf folgender ›Spontankäufe‹.
- Vertriebsfirmen lassen Vertreter unaufgefordert Gratisgeschenke bringen und erreichen dadurch plötzlich große Bestellungen.
- Pharmafirmen beschenken Ärzte oder laden diese ein, um ihre Produkte gut zu platzieren.
- Chinarestaurants setzen auf den kostenlosen Pflaumenwein am Ende des Essens, um mehr Trinkgeldlaune zu schaffen.
- Marktuntersuchungsfirmen, die Rücklaufquoten steigern wollen, geben ein kleines Geldgeschenk vor dem Ausfüllen eines Fragebogens – nicht nachher!

Besonders gut funktioniert diese Taktik, wenn du sie unerwartet einsetzt. Tust du jemandem einen Gefallen oder machst ihm ein Geschenk, wenn er es nicht erwartet, erzielst du die größte Wirkung auf sein Unterbewusstsein. Er fühlt sich, ob er das will oder nicht, verpflichtet dir auch etwas Gutes zu tun. Zum Nachdenken ist es zu spät! Er tut sich irrsinnig schwer, dir einen Gefallen abzuschlagen.

Die kommunikative Praxis

In der angewandten Beeinflussungskommunikation nutzt du das beschriebene Prinzip dadurch, dass du auf der einen Seite sicherstellst, anderen wo möglich Gefallen zu erweisen. Hierbei spielt es keine Rolle, ob diese groß oder klein sind, aufwendig oder einfach. Im zweiten Schritt stellst du, und das ist der entscheidende Punkt, sicher, dass dein Gegenüber sich im Klaren darüber ist, dass du ihm eben oder vor einiger Zeit einen Gefallen getan hast.

Direkt nach dem Gefallen

Wenn du anderen Menschen einen Gefallen erweist, bist du gut beraten, diesen möglichst ›teuer‹ zu verkaufen. Gefallen sind gerade im geschäftlichen, aber auch im familiären Leben heutzutage normal. Je weniger du den Gefallen heraushebst, desto mehr läufst du Gefahr, dass selbiger als selbstverständlich gesehen wird.

»Lieber Herr Bluxingen, machen wir es so. Ich gehe zum Leiter der Werkstatt und rede mit ihm, dass wir Ihr Auto zum halben Preis lackieren. Das ist die Ausnahme von der Regel! Ich schulde dann Herrn Muist selber einen Gefallen. Ich mache das gerne für Sie, weil Sie ein langjähriger Kunde sind. Das bleibt aber bitte unter uns! Wie gesagt, ich kann so ein Entgegenkommen nur ein bis zwei Mal im Jahr anbieten.«

»Schatz, okay, ich mache das mit deinem Vater. Ich hoffe, du weißt, dass mich dieser Ausflug mit ihm enorm viel Selbstbeherrschung und Energie kostet. Für dich, Kathrin, mach ich das – auch wenn das mich meine letzten Nerven kostet, dieser Gefallen!«

»Frau Jakobi, Sie sagen, Ihrem Unternehmen ist der Punkt »Zahlungszeit« wichtig. Gut, ich mache jetzt etwas, das ich normalerweise niemals tue: Ich rufe den Verantwortlichen bei uns an und bitte ihn um Sonderkonditionen für Sie. Das ist sehr schwierig und ich tue Ihnen diesen Gefallen nur deswegen, weil Sie mir sehr sympathisch sind und ich davon überzeugt bin, dass dieses Geschäft für unsere beiden Unternehmen äußerst lohnend ist.«

Erinnerung an den Gefallen

Menschen vergessen schnell. Stelle deswegen immer sicher, dass du sie, wenn du etwas von ihnen willst, auch daran erinnerst, welche persönlichen Gefallen und Dienste du ihnen bereits erwiesen hast. Nur so sind sie bereit, sich dann auch bewusst oder unterbewusst bei dir zu revanchieren.

»Herr Bluxingen, wie geht es Ihnen? Die Farbe schaut ja toll aus! Das haben wir beide gut hinbekommen, auch wenn der Herr Muist von der Werkstatt noch immer etwas grantig ist auf mich ...«

»Schatz, ich habe da eine Bitte an dich. Genau wie ich vor ein paar Wochen das mit deinem Vater auf mich genommen habe, brauche ich jetzt auch etwas von dir ...«

»Liebe Frau Jakobi, ich bin Ihnen, obwohl das für mich sehr schwierig war, gerne bei den Konditionen bezüglich des Zahlungsdiensts entgegengekommen. Das war ein schweres Unterfangen. Jetzt ...«

10.8 Sicher nicht! – Auch ›Nein!‹ sagen muss gelernt sein

Gefallen zu geben und zu nehmen ist die eine Sache. Sich ›Gefallen‹ aufzwingen lassen eine ganz andere. Ich erlebe es immer und immer wieder. Mitarbeiter sprechen mich in Trainings an und fragen mich, was sie tun sollen, wenn ihr Chef wieder einmal das Unmögliche von ihnen fordert. Hierbei reden wir nicht nur von klassischen Angestellten, sondern auch von Führungskräften. Denn 99 Prozent aller Führungskräfte haben selber noch einen Chef über sich. Tatsache ist, dass wir Menschen uns oftmals irrsinnig schwertun ›Nein!‹ zu sagen – sei es im beruflichen oder im privaten Umfeld. Wir wollen ja niemanden enttäuschen und jedem zeigen, dass auf uns Verlass ist! Tatsache ist aber, dass irgendwo der Spaß aufhört: Nämlich genau dann, wenn du innerlich genau weißt, dass ein ›Nein!‹ angebracht gewesen wäre, du aber nicht den Mut oder die Mittel dazu hattest, dieses auch zu sagen. Du kannst auf viele Arten ›Nein!‹ sagen. Probiere es einfach aus. Du erkennst schnell, dass es leicht ist, und bist verblüfft, wie einfach es doch ist, auch einmal für dich selber einzustehen.

Ein ›Nein!‹ braucht eine Begründung

Das ist die Faustregel. Lehne niemals etwas ab, ohne es zu begründen!

18.00 Uhr

Butzinger: »Herr Mannigl, Sie wissen ja: Morgen ist meine große Präsentation vor dem Vorstand. Die ist für uns alle sehr wichtig. Bitte seien Sie so nett und bereiten Sie mir noch bis morgen meine PowerPoint vor. Ich verlasse mich auf Sie!«

Mannigl: »Frau Butzinger, dazu muss ich leider ›Nein!‹ sagen. Ich habe mehrere wichtige Projekte, die morgen für unsere Kunden perfekt aufbereitet sein müssen. Zusätzlich kommt heute Abend, in zwei Stunden, meine Mutter nach Wien und ich muss mich um sie kümmern. Sie ist 87.«

Weiterführende Techniken

›Nein‹-Techniken	Beispiele
›Nein!‹ + Begründung + Alternative	Frau Butzinger, dazu muss ich leider ›Nein!‹ sagen. Ich habe mehrere wichtige Projekte, die morgen für unsere Kunden perfekt aufbereitet sein müssen. Zusätzlich kommt heute Abend, in zwei Stunden, meine Mutter nach Wien und ich muss mich um sie kümmern. Sie ist 87. Sehr gerne mache ich aber für Sie noch die Gliederung und bereite die Grafiken vor.
›Nein!‹ + Begründung + Stattdessen	Frau Butzinger, dazu muss ich leider ›Nein!‹ sagen. Ich habe ... Stattdessen rede ich gerne mit der Frau Ostermayer, dass sie unter meinen Instruktionen dies für Sie bis morgen optimal erledigt.

›Nein‹-Techniken	Beispiele
›Nein!‹ + Begründung + Letztes Mal	*Frau Butzinger, dazu muss ich leider ›Nein!‹ sagen. Ich habe ... Es ist mir klar, dass das für Sie sehr wichtig ist. Deswegen folgender Vorschlag: Ich mache das heute noch ein letztes Mal von zu Hause aus. Beim nächsten Mal, wenn so kurzfristig etwas notwendig ist, sprechen wir entweder rechtzeitig darüber oder planen gleich Frau Ostermayer ein. Einverstanden?*
›Nein!‹ + Begründung + Dafür	*Frau Butzinger, dazu muss ich leider ›Nein!‹ sagen. Ich habe ... Ich mache das gerne für Sie, aber das geht nur, wenn ich dafür morgen bis 13.00 Uhr Homeworking machen kann.*
›Nein!‹ + Begründung + Nur wenn	*Frau Butzinger, dazu muss ich leider ›Nein!‹ sagen. Ich habe ... Ich mache das gerne für Sie, wenn Frau Ostermayer mir dann die Präsentation für Kunde XY abnimmt.*
›Nein!‹ + Begründung + Anders	*Frau Butzinger, dazu muss ich leider ›Nein!‹ sagen. Ich habe ... Falls Sie mir die Rohfassung aufbereiten, schaue ich aber gerne heute am späten Abend noch darüber und optimiere die Präsentation für Sie.*

10.9 Mach, was ich dir sage! – ›Danke!‹ als Zauberwort

»Was ist das Zauberwort?« »Bitte!« »Richtig! Und was ist das zweite?« »Danke?« Ja, genau! Das sind die beiden Zauberwörter. Jeder von uns hat wohl schon einmal als Kind oder auch als Erwachsener, diese Weisheiten gehört. Ein ›Bitte!‹ kann natürlich nie schaden. Es drückt deine Höflichkeit und deinen Wunsch nach etwas aus. Doch darum geht es in diesem Kapitel nicht. Sondern um das vom Standpunkt sprachlicher Beeinflussung aus sehr vernachlässigte zweite Zauberwort. Ein richtig eingesetztes ›Danke!‹ besitzt große Überzeugungsmacht. Schon als Kind lernst du immer schön brav ›Danke!‹ zu sagen, wenn es angebracht ist, sich für eine Leistung oder ein Verhalten erkenntlich zu zeigen. Das heißt, du benutzt eben dieses Wort immer dann, wenn du zum Ausdruck bringen willst, dass du das Tun eines anderen (in welcher Form auch immer) schätzt. Du bedankst dich für etwas, das soeben oder bereits vor einiger Zeit passiert ist.

»Danke für den Bericht, Frau Müller!«

»Schatz, ich habe deine liebe Nachricht erhalten. Vielen Dank!«

Ein ›Danke!‹ setzt immer etwas voraus

Wenn du dich für etwas bedankst, das schon geschehen ist, liegt hierfür eine Voraussetzung vor. Diese Vergangenheit-Gegenwart-Verknüpfung ist tief im Unterbewusstsein aller Menschen verankert. Es hat eine Handlung stattgefunden und deswegen bedanke ich mich jetzt dafür. Und warum ist dieser Zusammenhang so tief in deinem Unterbewusstsein verankert? Ganz einfach: Stelle dir einfach die Frage, wie oft du dich in deinem Leben schon für irgendetwas bedankt hast, das jemand für dich getan hat. 10.000 Mal? 100.000 Mal? 1.000.000 Mal? Dementsprechend ist dieses kausale Muster durch die ständige Anwendung und Wiederholung ganz fest in dir gespeichert. Ähnlich wie das schon besprochene Kopfnicken und Kopfschütteln, das du sofort auf eine eindeutige Art interpretierst.

Spannend wird es jetzt, wenn wir uns die zweite Anwendungsart des Bedankens genauer anschauen. Die zweite Möglichkeit, ein ›Danke!‹ einzusetzen, liegt darin, sich für etwas im Voraus zu bedanken – also für ein Verhalten, das so noch nicht geschehen ist.

»Frau Müller, können Sie bitte das Fenster öffnen? Danke!«
»Schatz, bitte richte dem Peter aus, dass ich sehr stolz auf ihn bin. Danke!«
»Klaus, gibst du mir bitte die Fernsteuerung her? Danke!«

Du bedankst dich für etwas, das noch nicht stattgefunden hat. Und wenn du dich in Zukunft genau beobachtest, stellst du fest, dass du in diesem Fall immer dann ein ›Danke!‹ deiner Bitte folgen lässt, wenn du die Umsetzung des Gewünschten mehr oder weniger voraussetzt. Das passiert unterbewusst – denn du hast ja gelernt, ›Danke!‹ nur dann zu sagen, wenn ihm eine gewisse erbrachte Leistung gegenübersteht. Und da es deinem Unterbewussten komplett egal ist, ob dies schon passiert ist oder sicher passieren wird, sprichst du ohne viel nachzudenken ein ›Danke!‹ am Ende deiner Bitte aus. Bist du allerdings unsicher, ob deinem Wunsch stattgegeben wird, verwendest du kein ›Danke!‹. Ganz automatisch! Du sitzt an einer Bar und flirtest mit einer netten Person. Sagen wir, du hättest gern die Telefonnummer der Bekanntschaft. Was sagst du? Wahrscheinlich so etwas wie »Würdest du mir deine Handynummer geben?« oder wenn du mutiger bist »Gib mir bitte deine Handynummer!«. Kein ›Danke!‹. Sehr schade, denn so wird das nichts!

›Danke!‹ als Beeinflussungstechnik

Auch jeder deiner Gesprächspartner verbindet ein Bedanken deinerseits automatisch damit, dass er etwas getan hat (oder eben gleich tun wird). Und genau das nutzt du aus. Du forderst nicht einfach auf. Denn dann passiert, mit einer ziemlich hohen Wahrscheinlichkeit zum Beispiel Folgendes:

Aufforderung	Antwort	Ergebnis
Können Sie mich bitte mit Herrn Hauptmann verbinden?	*Was wollen Sie denn von Herrn Hauptmann?*	Erklärungsversuche, Abblocken vonseiten der Assistentin, Misserfolg
Peter, mach jetzt die Hausaufgaben fertig!	*Aber ...*	Ablenken, nörgeln, Diskussion, genervte Eltern, trotziges Kind
Würdest du mir deine Handynummer geben?	*Nein!*	Überredungsversuche, keine Telefonnummer

Aufforderung	Antwort	Ergebnis
Ich brauche Ihre Kontaktdaten.	*Wieso?*	Zeitverlust
Gerald, sag uns doch deine Meinung zu diesem Thema.	*Hm, tja ...*	Achselzucken, verlegenes Schauen, Trainer und angesprochener Teilnehmer wirken nicht gerade kompetent

Und wie vermeidest du das? Ganz einfach: Du setzt deiner Bitte oder Aufforderung einfach ein ›Danke!‹ hinterher. Im Optimalfall drückst du vorab deinen Wunsch oder deine Aufforderung in der Gegenwartssprache aus und sprichst den anderen mit seinem Namen an. Wenn angebracht, kannst du auch das erste Zauberwort ›Bitte!‹ benutzen, um die benutzte Befehlsform etwas aufzuweichen.

»Frau Müller, bitte verbinden Sie mich mit Herrn Hauptmann. **Danke!***«*
»Peter, mach jetzt die Hausübung fertig! **Danke!***«*
»Anna, gib mir bitte deine Handynummer! **Danke!***«*
»Herr Steiner, ich brauche Ihre Kontaktdaten. **Danke!***«*
»Gerald, sag uns doch deine Meinung zu diesem Thema. **Danke!***«*

Probiere diese Technik einfach aus. Du bist sicher überrascht, wie oft sich durch das kleine Wort ›Danke!‹ Widerstand vermeiden beziehungsweise brechen lässt.

10.10 Die Königsklasse beeinflussender Kommunikation

Hypnotische Sprachmuster kommen ursprünglich, wie ihr Name sagt, aus der Hypnose beziehungsweise der Hypnose-Therapie. Sie erlauben es, den Gesprächspartner schneller in eine Trance oder einen tranceähnlichen Zustand zu befördern, und wirken stets auf dessen Unterbewusstsein. Wenn ein Seminaranbieter das Wort ›Hypnotische Sprachmuster‹ in die Inhaltsbeschreibung eines Kommunikationstrainings aufnimmt, steigen die Chancen für zahlreiche Anmeldungen beträchtlich. Menschen lieben es, diese ›geheimen‹ Vorgehensweisen vorgestellt zu bekommen und erhoffen sich dadurch oft neue, fast schon übermenschliche Fertigkeiten, wenn es um die Beeinflussung anderer geht. Vorweg: Übermenschlich ist dabei natürlich gar nichts. Richtig eingesetzt erlauben dir die Techniken allerdings beachtliche Erfolge in sämtlichen Gesprächen. Damit dies auch wie gewünscht klappt, bedarf es eines genauen Verstehens der Hintergründe und eines passenden, situationsbezogenen Einsatzes. Und noch wichtiger: Die sichere Beherrschung der bisher vorgestellten Kommunikationstechniken.

Die Kunst einer erfolgreichen Anwendung bedarf der Übung, Übung und nochmals Übung. Der Gebrauch der Techniken, die ich dir nachfolgend vorstelle, birgt zwei grundlegende Herausforderungen. Einerseits musst du die Formulierungen unbedingt unauffällig in das von dir Gesagte einbinden, ansonsten klingst du sehr schnell unnatürlich oder gar albern. Andererseits verlangen hypnotische Sprachmuster oftmals das Umdrehen von dir bereits bekannten Rhetorikregeln. So erreichst du zum Beispiel das Unterbewusstsein deines Gesprächspartners dadurch, dass du dich oft vage ausdrückst oder Handlungsbefehle für dein Gegenüber in den Ausdruckskonstruktionen versteckst. All dies erfordert Übung – gerade in Alltagsgesprächen.

Der Hintergrund

Hypnotische Sprachmuster arbeiten meist mit versteckten Befehlen. Um deren Wirkung zu verstehen, ist es notwendig, dass wir beide uns zuerst kurz mit der englischen Sprache auseinandersetzen. Im Englischen lautet, im Gegensatz zur deutschen Sprache, die Form des Zeitwortes (Verbs) bei ›Du‹, ›Sie‹, ›Ihr‹ sowie die Grundform gleich wie die Befehlsform.

to see	sehen
You see	Du siehst
You see	Sie sehen
You see	Ihr seht
See!	Sieh!/Sehen Sie!/Seht!

Dadurch kannst du auf Englisch nur durch die Änderung der Betonung aus einem konjugierten Zeitwort oder einer Grundform einen Befehl entstehen lassen.

*»And while you think about my words you can **relax and close your eyes**.«*
*»I don't know how soon you will **feel better**.«*

Auf Deutsch schaut das leider schon ganz anders aus. Hier kannst du durch Betonung sprachlich keinen grammatikalisch korrekten Befehl ausdrücken.

*»Und während du über meine Worte nachdenkst, kannst du **entspannen und deine Augen schließen**.«*
*»Ich weiß nicht, wie schnell Sie sich **besser fühlen**.«*

Das bedeutet, dass die im Englischen mögliche Setzung von direkten, versteckten Befehlen in den allermeisten Techniken auf Deutsch nicht oder nur holprig möglich ist. Machen deswegen hypnotische Sprachmuster in unserer Sprache keinen Sinn? Nein! Sie funktionieren einwandfrei. Frag nach bei Hypnoseexperten. Und zwar tun sie das, da diese Techniken auch immer noch etwas weiteres Entscheidendes machen: Sie lassen im Kopf deines Gesprächspartners Bilder und Filme entstehen, die diesen über die Zeit beeinflussen.

Betonung und Verstärkung

Damit die Techniken optimale Auswirkungen haben, ist es gerade in der deutschen Sprache unbedingt notwendig, dass du sie richtig betonst und verbal unterstreichst. Tust du das nicht, kannst du mit hypnotischen Sprachmustern ohne Ende um dich werfen – es wird genau wenig bis gar nichts passieren. Betone deswegen immer den versteckten Befehl beziehungsweise das gezeichnete Bild.

- Lautstärke erhöhen
- Änderung der Intonation
- Pausensetzung vorher

Noch einmal: Der Schlüssel zum Erfolg ist Übung, Übung und nochmals Übung! Zusätzlich verstärkst du, wenn du dies willst, den versteckten Befehl beziehungsweise das eingebettete Bild (Film) durch weitere Techniken wie zum Beispiel:

- Nicken
- Augenbrauen heben
- Verstärkung durch eine Handbewegung

Milton Erickson, der bekannte Hypnosetherapeut, verdrehte an den passenden Stellen immer seinen Kopf, um so seinem Gesprächspartner unterbewusst das Gefühl zu geben, dass der versteckte Befehl aus einer anderen Richtung kommt.

Die grundlegenden Techniken

Technik	Funktionsweise	Beispiele
Verbindungen: und; aber; während; seit; bevor; wenn; nachdem; weil; später; zurzeit; zusätzlich; das bedeutet; ...	Hier besteht der Trick darin, dass du etwas Wahres mit der von dir gewünschten Verhaltensanweisung verbindest.	*Weil Sie, Frau Berger, Ihre Hunde und Katzen über alles lieben, weiß ich:»Sie wollen nur das beste Futter für sie.«*
Wenn-Dann: wenn, dann; weil; deswegen; bestärkt; rechtfertigt; begründet; ...	Bei der Wenn-dann-Technik verbindest du eine Behauptung mit einer weiteren, die beide das gewünschte Verhalten des anderen beschreiben.	*Der wunderschöne Klang dieser Geige **bestärkt** Sie, wenn **Sie** sie ausprobieren, sicherlich in Ihrem Wunsch, dieses einzigartige Stück zu erwerben.*
Einbindung Widerstand: je, desto; falls, dann; wenn, dann; dass, denn; ...	Hier nutzt du einen erkannten Widerstand, um das von dir Gewünschte zu verstärken.	***Dass** Sie diese Einwände darbringen, ist gut, **denn** das zeigt, dass Sie großes Interesse an unserer Zusammenarbeit haben.*
Scheinbare Auswahl: zuerst; als Erstes, als Zweites; ein anderer; ...	Dein Gesprächspartner erhält die scheinbare Kontrolle über eine selbstständige Auswahl.	*Herr Bauer, interessiert Sie **dieser** Anzug am meisten oder doch **der andere**?*
Scheinbare Alternative: das oder das; jetzt oder später; mit oder ohne; ...	Hier gibst du dem anderen eine scheinbare Wahlmöglichkeit. In Wirklichkeit laufen jedoch beide Alternativen auf das gleiche Ergebnis hinaus.	Zeitlich: *Sean, willst du mich **gleich** küssen **oder** nehmen wir zuerst noch einen Drink?* Menge: *Wollen Sie zum Frühstück **ein oder zwei** Gläser Orangensaft?*

Technik	Funktionsweise	Beispiele
Weichmacher: wenn du willst/ magst; kannst; könntest; vielleicht; darfst; unter Umständen; irgendwann; irgendwie; ...	Durch den Einsatz von Weichmachern erweckst du bei deinem Gegenüber den Eindruck, dass er alleine entscheidet.	*Vielleicht, Frau Ust, nehmen Sie gleich beide Hautcremes mit – die für den Tag und die für die Nacht.*
Veränderung: beginnst; hörst auf; beendest; startest; führst fort; machst weiter; schon; noch; noch immer; ...	Durch diese Sprachmuster nimmst du bei deinem Gesprächspartner eine Veränderung vorweg.	*Herr Quastl, Sie machen das ausgezeichnet. **Machen Sie weiter** damit, die Übungen so exakt auszuführen.*
Bewusstheit: bemerken; merken; mitbekommen; wissen; schaffen; fühlen; wahrnehmen; verstehen; wissen; okay sein; ...	Du nimmst etwas an und unterstellst dem anderen, dass er sich dessen auch bewusst ist.	*Ich **merke**, dass Sie sich bereits für eines der drei Produkte entschieden haben.*
Eingebettete Fragen: Ich frage mich, ob; Haben Sie/Hast du gewusst, dass; Ich bin gespannt, ob; Mich interessiert, ob; Ich kann mir gut vorstellen, dass; ...	Ähnlich gelagert wie die letzte Technik, allerdings durch eine vorgeschobene Frage etwas weicher.	***Ich kann mir sehr gut vorstellen**, dass Sie auch über das De-Luxe-Paket nachdenken.*

Technik	Funktionsweise	Beispiele
Gedankenlesen: wollen; ein Teil will; wissen; möchten; gespannt sein; ...	Durch diese Technik sagst du deinem Partner etwas auf den Kopf zu.	*Sie **möchten** sicherlich als Erstes das Auto von innen sehen.*
Verallgemeinerung: jeder; man; alle; niemand; immer; niemals; ...	Verallgemeinerungen überfordern meist das Bewusstsein deines Zuhörers. Er nimmt den Inhalt eher als gegeben hin.	***Man** weiß heute, dass dieses Material das mit Abstand verträglichste ist.*
Verneinungen: kein; nicht; nie; niemals; ...	Wenn du verneinte Aufforderungen benutzt, entstehen bei deinem Gesprächspartner trotzdem die von dir gewünschten Bilder.	*Verschwenden Sie **keine** Gedanken an das Spezialangebot.*

Nachwort

Mensch und Kommunikation sind untrennbar verbunden. Und dasselbe gilt auch für dich: Du bist die Summe deiner kommunikativen Fähigkeiten. Vergiss das niemals und arbeite stets und umfassend an deinen Fertigkeiten in diesem Bereich. Dann und nur dann wird es dir deine neue Wirklichkeit danken – an jedem Tag, in jeder Situation! Als Abschluss und zugleich Ausklang zwei Textstellen aus einer Abhandlung zum Thema Kommunikation von Klaus Krippendorff, University of Pennsylvania: *»Historisch gesehen, war das Bewusstsein für Kommunikation nicht nur in westlichen Kulturkreisen gering ausgebildet. Das Wort ›Komyu-ni-ke-shon‹ ist erst kürzlich in die japanische Sprache eingeführt worden. Viele Japaner können es zwar lesen, benutzen diesen Ausdruck aber nur selten.«* [...]

»Bei der Suche nach alten Kommunikationsvorstellungen hat Shutaro Mukai die Aufmerksamkeit auf das geschriebene Wort ›Nin-gen‹ für ›Mensch‹ gelenkt. Das Wort besteht aus zwei getrennten Schriftzeichen: ›Nin‹, das einer abstrakten menschlichen Figur ähnelt und ›jemand‹, ›einer‹, etwa wie ›man‹ bedeutet, aber nie allein verwendet wird; und ›Gen‹ oder ›Ma‹, was ›Zwischen‹ (in Raum und Zeit) bedeutet. Demzufolge ist im Japanischen ein Mensch jemand mit Zwischenraum/-zeit. Bemerkenswerterweise ist jemand ohne Zwischenraum/-zeit (geschrieben ›Ma-Nuke‹) ein Geistesgestörter. ›Ma‹ ist zudem ein Zeichen, das aus zwei Bildern zusammengesetzt ist: einem Tor, einem von Menschen geschaffenen Gebilde also, das geöffnet oder geschlossen werden kann, um Dinge oder Personen einzulassen oder ihnen den Zugang zu verwehren, und einer Sonne, einem natürlichen Gegenstand. Daher ist es naheliegend, das japanische ›Ma‹ als eine archaische Form unseres heutigen Kommunikationsbegriffs zu sehen. Zweifellos benennt es eine räumliche und zeitliche Beziehung, die man als grundlegend für menschliche Individuen sieht, eine Beziehung, deren Abwesenheit jemanden zu etwas anderem als einem Menschen macht, zu jemandem, der nicht fähig ist zu denken, der sich nicht verständlich machen kann und damit letztlich unfähig ist, das zu besitzen, was ihn zum menschlichen Individuum macht: Sprache kommunikativ zu gebrauchen. Man könnte gar sagen, Kommunikation ist Ma ...« [13] In diesem Sinne: Möge das ›Ma‹ immer mit dir sein!

Anhang

Anmerkungen

[1] Carroll (2011), Seite 11
[2] ebenda
[3] Watzlawick (2005), Seite 6
[4] Isaacson (2011), Seite 145
[5] Beck (2012), Seite 297
[6] Mehrabian: http://www.kaaj.com/psych/smorder.html
[7] Held/Scheier (2006), Seite 61
[8] Held/Scheier (2006), Seite 60
[9] Luczak (2000), Seite 136
[10] Charriere (2011), Seite 14
[11] Kerkeling (2013), Seite 25
[12] Krüger/Kensok (2012), Seite 162
[13] Krippendorff (1990), Seite 23

Literaturverzeichnis

Beck, Gloria (2012): Verbotene Rhetorik. Die Kunst der skrupellosen Manipulation. Piper Taschenbuch, München.

Carroll, Lewis (2011): Alice im Wunderland. Bassermann Verlag, München.

Charrière, Henri (2011): Papillon. Fischer Taschenbuch Verlag, Frankfurt am Main.

Cialdini, Robert B. (2007): Die Psychologie des Überzeugens: Ein Lehrbuch für alle, die ihren Mitmenschen und sich selbst auf die Schliche kommen wollen. Huber Verlag, Bern.

De Shazer, Steve; Andreas Schindler (2010): Worte waren ursprünglich Zauber: Von der Problemsprache zur Lösungssprache. Carl-Auer, Heidelberg.

Die Gazette – das politische Kulturmagazin. Edmund Stoiber am 20. Januar 2002 in der Talkshow Sabine Christiansen.

Enkelmann, Nikolaus B. (1995): Überzeugen, aber wie? Rhetorik: Das ABC der Beeinflussungskunst. Panorama, Michaelbeuern bei Salzburg.

Fábián, Annamária (2012): Diskursanalyse des deutschen TV-Duells 2009 zwischen den Kanzlerkandidaten Steinmeier und Merkel. Grin Verlag, München.

Harris, A.; Irmela Brender (1975): Ich bin o.k. – Du bist o.k. Wie wir uns selbst besser verstehen und unsere Einstellung zu anderen verändern können. Eine Einführung in die Transaktionsanalyse. rororo, Reinbek.

Havener, Thorsten (2009): Ich weiß, was du denkst: Das Geheimnis, Gedanken zu lesen. rororo, Reinbek.

Held, Dirk; Christian Scheier (2006): Wie Werbung wirkt. Erkenntnisse des Neuromarketing. Haufe-Lexware, Freiburg.

Isaacson, Walter; Antoinette Gittinger; Oliver Grasmück; Dagmar Mallett (2011): Steve Jobs: Die autorisierte Biografie des Apple-Gründers. 2. Auflage. C. Bertelsmann Verlag, München.

Jung, Lorenz; Carl Gustav Jung (2011): Taschenbuchausgabe in 11 Bänden: Archetypen. Deutscher Taschenbuch Verlag, München.

Kahneman, Daniel; Thorsten Schmidt (2012): Schnelles Denken, langsames Denken. Siedler Verlag, Berlin.

Kensok, Peter; Christoph Krüger (2012): Das neue Verhandeln: Vom Schlachtfeld zum Verhandlungstisch. BusinessVillage, Göttingen.

Kerkeling, Hape (2013): Ich bin dann mal weg: Meine Reise auf dem Jakobsweg. Piper Taschenbuch, München.

Krippendorff, Klaus (1990). Der verschwundene Bote – Metaphern und Modelle der Kommunikation. University of Pennsylvania.

Libet, Benjamin (1985): Unconscious cerebral initiative and the role of conscious will in voluntary action. In: Cignition, 88.

Luczak, Hania (2000): Wie der Bauch den Kopf bestimmt. In: GEO Magazin 11/00

Mehrabian, Albert (1981). Silent messages: Implicit communication of emotions and attitudes. Belmont, CA: Wadsworth.

Pfeffer, J. Alan (1975). Grunddeutsch. IDS, Mannheim.

Rizzolatti, Giacomo; Leonardo Fogassi; Vittorio Gallese (2006). Mirrors in the Mind. Scientific American, Band 295, Nr. 5.

Satir, Virginia; John Banmen; Jane Gerber; Theo Kierdorf (2007). Das Satir-Modell: Familientherapie und ihre Erweiterung. Junferman, Paderborn.

Schulz von Thun, Friedemann (2010): Miteinander reden 1: Störungen und Klärungen – Allgemeine Psychologie der Kommunikation. rororo, Reinbek.

Shafir, Rebecca Z. (2001): Zen in der Kunst des Zuhörens. Ariston, München.

Titze, Michael (2007): Die heilende Kraft des Lachens: Mit Therapeutischem Humor frühe Beschämungen heilen. Kösel-Verlag, München.

Trenkle, Bernhard (2010): Das Ha-Handbuch der Psychotherapie: Witze – ganz im Ernst. Carl-Auer, Heidelberg.

Watzlawick, Paul (2005): Wie wirklich ist die Wirklichkeit? Wahn, Täuschung, Verstehen. Piper Taschenbuch, München.

www.kaaj.com
www.nlp-bibliothek.de
www.redenwelt.de

ad hoc präsentieren

Anita Hermann-Ruess
ad hoc präsentieren
Kurz, knackig und prägnant
argumentieren und überzeugen

226 Seiten; 2012; 21,80 Euro
ISBN 978-3-86980-187-2; Art-Nr.: 899

Es ist fast wie beim Elevator-Pitch. Sie haben nur wenig Zeit, Ihre Idee zu präsentieren, und vor allem kaum Vorbereitungszeit – alles muss schnell gehen. Nur: Diesmal versuchen Sie nicht im Fahrstuhl den Vorstandsvorsitzenden um den Finger zu wickeln. Diesmal müssen Sie in einer Teamsitzung, beim Projekttreffen, bei einem Kunden oder in einem Vieraugengespräch mit dem Chef für einen Aha-Effekt sorgen. Sie müssen ad hoc charmant, wirkungsvoll und mit Substanz begeistern. Ganz gleich ob die Vorbereitungszeit zwei Stunden oder nur zwei Minuten beträgt – Sie müssen die überzeugenden Daten, Fakten und Argumente liefern und freihändig präsentieren.

Die Präsentations- und Rhetorikexpertin Anita Hermann-Ruess zeigt in diesem Buch, wie Sie auch unter Zeitdruck immer und überall überzeugende Ad-hoc-Präsentationen entwerfen, mit einfachen Mitteln visualisieren, einen bleibenden Eindruck hinterlassen und nachhaltig positiv wirken.

Die Autorin
Anita Hermann-Ruess ist eine gefragte Expertin zum Thema Präsentieren und Rhetorik. Sie verbindet auf einzigartige Weise die klassische Rhetorik mit Erkenntnissen aus der Neurobiologie.

Genial ist kein Zufall

Jens-Uwe Meyer, Henryk Mioskowski
Genial ist kein Zufall
Die Toolbox der erfolgreichsten
Ideenentwickler

248 Seiten; 2013; 21,80 Euro
ISBN 978-3-86980-193-3; Art-Nr.: 898

Woher haben großartige Erfinder, Designer und Entwickler ihre Ideen? Wie entwickeln innovative Unternehmen neue Produkte, Geschäftsmodelle und Dienstleistungen? In diesem Buch erfahren Sie es: Erfolgreiche Ideenentwicklung hat System!

Erstmals öffnen die Ideeologen®, Deutschlands kreativste Innovationsexperten, ihre Toolbox zur Entwicklung genialer Ideen. Sie lernen systematisch aufeinander aufbauende Techniken kennen, die Sie Schritt für Schritt zu neuen Ideen bringen.

Sie erhalten eine einzigartige Sammlung von Methoden für den gesamten Kreativprozess: Von der Identifizierung neuer Chancenfelder über die Entwicklung von Fragestellungen und die Vertiefung bestehender Ideenansätze bis zur Generierung, Optimierung und Bewertung von Ideen.

Jeder in diesem Buch beschriebene Schritt der systematischen Ideenentwicklung wurde in Hunderten von Projekten erfolgreich erprobt und weiterentwickelt. Dieses Buch wird Sie in die Lage versetzen, geniale Ideen zu generieren und erfolgreich umzusetzen.

Das innere Spiel

Kurt Völkl, Heinz Peter Wallner
Das innere Spiel
Wie Entscheidung und Veränderung
spielerisch gelingen

232 Seiten; 2013; 24,80 Euro
ISBN 978-3-86980-219-0; Art-Nr.: 923

Haben uns unsere Gewohnheiten fest im Griff? Oder haben wir genug Kraft, uns zu verändern?

Wir wissen viel über Veränderung, sind voller Ideen für eine bessere Welt und scheitern doch zu oft an der eigenen Trägheit und an den Widerständen anderer. Veränderungen – sowohl persönliche als auch solche in unserem Umfeld – scheinen uns trotz großer Anstrengungen immer schwieriger.

Dabei erkennen wir nicht, dass die alten bewährten Spielregeln – die bisher doch immer zum Erfolg führten – ausgedient haben. Wer noch nach ihnen spielt, hat ausgespielt und wird mit den neuen und zukünftigen Anforderungen kaum Schritt halten können – er wird scheitern. ›Das innere Spiel‹ liefert einen spielerischen Blick auf die Welt der Veränderung und auf wichtige Entscheidungen im Arbeitsleben.

Es löst mit innovativen Regeln unlösbar scheinende Widersprüche auf, eröffnet neue Optionen, und der Weg der Veränderung wird zum Flow-Erlebnis.

Kurt Völkl und Heinz Peter Wallner stellen in diesem Buch ihr lebendiges Veränderungsmodell vor, das mit wenigen, leicht verständlichen Spielregeln zeigt, wie wir den Herausforderungen unserer Zeit aktiv begegnen. Denn das neue Spiel heißt ›Zwischen den Polen und mitten im Fluss‹. Wer es spielt, wird seine Energie an der Batterie des Lebens tanken und im Fluss des Lebens ›floaten‹.